SUTTON
VERLAG

Kaspertheater, Bilderbogen, um 1860.

DRESDNER
PUPPENSPIELMOSAIK

Olaf Bernstengel und
Manfred Scholze

ZUM BUCHEINBAND

Auf dem Titelbild ist der Marionetten-Kasper von Günther Loohß (Gelenau, 1978) auf dem Pferd Augusts II. (Goldener Reiter) in Dresden zu sehen. Die Rückseite des Einbandes zeigt Maximilian, den sächsischen Hofzwerg aus „Rabbi Löw und der Golem“ (Gestaltung: Jana Pogorielová, 2004). Das kleine Motiv im Buchrücken bildet den Hohnsteiner Kasper von Gerhard Berger ab (1978).

Impressum
Sutton Verlag GmbH
Hochheimer Straße 59
99094 Erfurt
www.suttonverlag.de

Gestaltung und Herstellung: Markus Drapatz
ISBN 3-89702-915-4

INHALTSVERZEICHNIS

BILDNACHWEIS

C.F. Peters Musikverlag: S. 10
SLUB, Fotothek: S. 12, S. 17
Archiv Bernstengel: S. 14, S. 19, S. 21, S. 28, S. 31, S. 42, S. 47, S. 53, S. 60, S. 63, S. 67, S. 70, S. 75, S. 77, S. 95, S. 97, S. 100, S. 103, S. 107, S. 108, S. 116, S. 140, S. 143, S. 154
Foto O. Bernstengel: S. 34, S. 56, S. 79, S. 113, S. 131, S. 150
Archiv Scholze: S. 39, S. 51, S. 73, S. 118, S. 124
SKD, Puppentheatersammlung: S. 24, S. 111
Foto F. Höhler: S. 36, S. 147
Foto E. Dombrowsky: S. 45
Archiv Museum Burg Mylau: S. 82
Archiv Freismuth: S. 86
Foto: I. Reunert: S. 89
Archiv DIAF: S. 121/122
Chronik, Jugend & KunstSchule Schloss Albrechtsberg Dresden: S. 129
Archiv Richter: S. 133
Foto: E. Döring: S. 137

PROLOG

Die Geschichte des Puppenspiels und der Puppenspieler in Dresden ist ereignisreich. Sie reicht von Vorstellungen am kurfürstlichen Hofe im 17. Jahrhundert bis zu Aufführungen im Puppentheater der Stadt Dresden heute. Sie erzählt von den Aufführungen des Apel'schen Marionettentheaters auf der Görlitzer Straße in der Dresdner Neustadt genauso wie vom Heimatschutzkasper Oswald Hempel im Kurländer Palais oder von Besuchen beim Dresdner Zoo-Kasper. Diese sehr volksnahe Theatergeschichte weiß aber auch von mehr als zwölf Bühnen zu erzählen, die heute den guten Ruf des Dresdner Puppenspiels in andere Bundesländer und zu Gastspielreisen in alle Welt tragen.

Es ist eine äußerst lebendige Geschichte, die so noch nie aufgeschrieben wurde. Dieses Buch soll ein erster Schritt dazu sein. Die Autoren bezeichnen sie ganz bewusst als ein „Mosaik“, das sich lose aus verschiedenen farbigen Bausteinen zusammenfügt. Die Bausteine können eines Tages wieder auseinander geschoben und durch weitere Farbtupfer, Themen und Persönlichkeiten, ergänzt werden. Das kann durch Historiker geschehen, die ein neues Buch auf den Tisch legen oder schon dadurch, dass der geschätzte Leser dem Buch Ausschnitte aus der aktuellen Dresdner Presse zum Thema „Puppentheater“ beilegt.

Es bleibt also zu wünschen, dass dieses Mosaik eines Tages eine solche Vollendung gefunden hat, dass die Steine zu einer „Geschichte des Puppenspiels der Stadt Dresden“ fest verbunden werden können.

I. VON BAROCKER HAUPT- UND STAATSAKTION ZUM INTIMEN HAUSTHEATER DES BIEDERMEIER (1644-1835)

Das Dresdner Puppenspiel begann in Freiberg

Erste Hinweise auf das Agieren mit Puppen vor 360 Jahren

So paradox es auch klingt, die einzige schriftliche Quelle, die das Puppenspiel erstmals für Dresden belegt, ist die „Geschichte der Musik und des Theaters am Hofe zu Dresden“ von Moritz Fürstenau, erschienen 1861. Der Musikhistoriker und Kustos der königlichen Musikaliensammlung zitiert aus den kurfürstlichen Hofkalendern: „Im Jahre 1644, den 8. Mai haben die fürstlichen Durchlauchten in durchl. Prinzessin Sommergemach die Gaukler von Freyberg springen lassen, einen Bären tanzen, mit den Puppen agiren und eine Fechtschule gehalten.“

Leider ist diese Quelle heute nicht mehr zu überprüfen, denn diese Kalender gehören zu den Kriegsverlusten des Staatsarchivs Dresden. Sie ist trotzdem der älteste Verweis auf das Dresdner Puppenspiel, wenngleich sich der Hof an diesem Tag auf dem Friedstein in Freiberg aufhielt. Die Wettiner unter Kurfürst Georg I. hatten offenbar besonders beim „Tapetenwechsel“ Freude an einer solchen Unterhaltung. Und die Gaukler, von denen die Rede ist, brauchten dafür keinen langen und beschwerlichen Reiseweg anzutreten, denn es handelte sich um die Truppe von Hans Schilling, einem gebürtigen Erfurter, der zu dieser Zeit schon Bürger von Freiberg war.

Bereits im Oktober 1628 wandte sich Schilling an Kurfürst Johann Georg I. mit der Bitte um das Privileg, in der Stadt Dresden und am Hofe auftreten zu können. Am 1. Dezember 1628 erhielt er die Permission, ein kursächsischer Hofkomödiant zu sein. Zuvor hatte er seine Künste der kurfürstlichen Familie anlässlich eines Jagdaufenthaltes im Erzgebirge vorgestellt. Schilling trat somit die Nachfolge der englischen Komödianten unter Leitung von Green an, die im Herbst 1628 Sachsen verlassen hatten.

Eine zweite Eintragung in den Hofkalendern nennt den 9. Oktober 1644 und die Aufführung „Die Komödie von der Erschaffung der Welt“. Im Anschluss daran tanzte die Truppe drei Correnten, einen damals sehr beliebten italienischen Gesellschaftstanz im schnellen 3/4-Takt. Wenig später, am 15. Oktober, traten sie im Riesensaal des

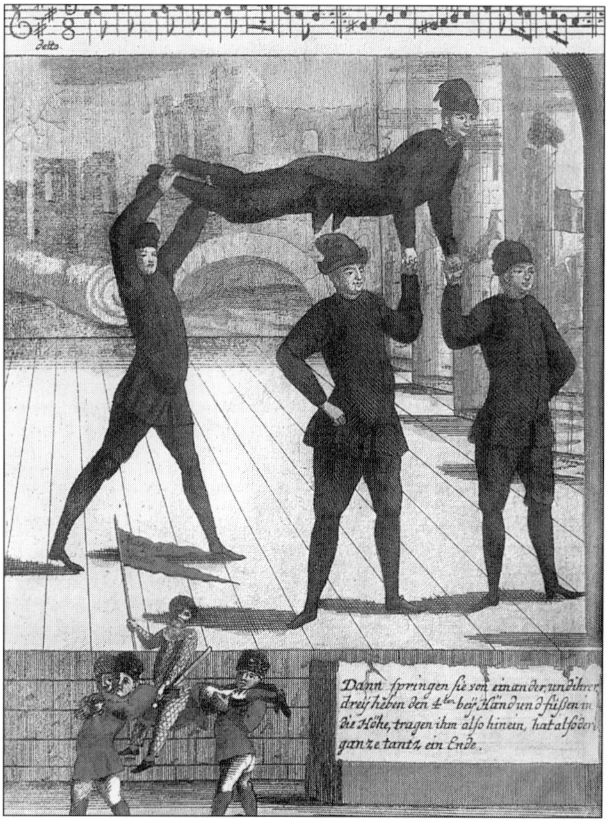

Tänzer aus Gregoria Lambranzis „Neue und curieuse theatrialische Tantz-Schul", Nürnberg 1716. So ähnlich agierten die Freiberger Springer Jahrzehnte zuvor im kurfürstlichen Sommergemach.

Dresdner Schlosses mit der „Tragödie von Romeo und Julia" auf und tanzten danach zu Acht eine Sarabande, einen höfischen Schreittanz und eine Mascarade.

Die Kalendereintragungen zeigen das Typische für Komödianten des 16./17. Jahrhunderts. Sie waren nicht auf eine Darstellungsweise spezialisiert, sondern waren Spielleute im besten Sinne des Wortes. Sie priesen sich als Akrobaten (Springer), Schauspieler, Tänzer, Musikanten, Puppenspieler, Jongleure, Tierbändiger und Taschenspieler an.

Ob die „Erschaffung der Welt" 1644 mit Handpuppen, Marionetten oder mittels mechanischer Figuren in der Art der Passionsdarstellungen aufgeführt wurde, bleibt im Dunklen. Mit großer Wahrscheinlichkeit scheiden jedoch Handpuppen bei der Darstellung des biblischen Stoffes aus.

Der früheste Hinweis auf ein Marionettenspiel in Europa ist aus dem Jahr 1667 überliefert. Ein Peter Resonier und ein Joan Baptista wandten sich an den Bürgermeister der Prager Kleinseite, um eine Erlaubnis für Auftritte „mit einem lustigen englischen Figurenspill" zu erhalten. Für Dresden ist der Begriff „Marionette" erst für die Jahre 1686 und 1688 verbürgt. Er befindet sich in den „Cammer-Rechnungen des Raths der Stadt Dreßden" unter dem Kapitel Städtegeld. Der Puppenspieler Salomon Friedrich bezahlte für sein Auftreten im Gewandhaus täglich zwölf Groschen. Der Ratsschreiber trug – damals noch in Unkenntnis der Materie – die Bezeichnung „Mariotte-Spieler“ ein. 1688 entrichtete eine Gertraud Landolphi ebenfalls Städtegeld für ihr Marionettenspiel.

Das Marionettenspiel setzte sich offensichtlich in der zweiten Hälfte des 17. Jahrhunderts allmählich durch. Dennoch muss das nicht bedeuten, dass die Schilling'sche Truppe 1644 noch kein Marionettentheater aufgeführt hätte. Die so genannten „Biblischen Kästen“, mechanische Spielwerke mit der Darstellung der Passion Jesu Christi, wurden vor allem im 16. Jahrhundert gezeigt. Der bisher älteste Hinweis auf eine bewegliche Darstellung mit Figuren ist in einem Zwickauer Ratsprotokoll vom 20. März 1561 zu lesen. Darin bittet ein Spielmann, mit einem „Gaukelwerk“, also vermutlich mit einem solchen Passions-Spiel, auftreten zu dürfen. Ein ähnliches Gesuch richtete der Pirnaer Bürger Christoph Hartwigk 1585 an den Rat zu Lüneburg. In seinem Bittgesuch zählt er 14 biblische Szenen auf.

So bleiben die Fürstenbergischen Zitate aufgrund der schmalen Quellenlage die wichtigsten Belege dafür, dass das Dresdner Puppenspiel vor 360 Jahren am sächsischen Hofe begann.

„Aufn Gewandthauße mit Pöppken gespielt!“

Das alte Dresdner Gewandhaus – Spielstätte wandernder Theater- und Marionettenbühnen

Kurfürst Christian I. ließ 1591/92 ein Gewandhaus am Neumarkt erbauen, das die Brot- und Fleischbänke enthielt und ebenfalls den Tuchhändlern vorbehalten war. Diese breiteten ihre Stoffe im Saal des Obergeschosses aus, der auch kulturellen Zwecken diente. In ihm fanden Versammlungen des Rates, festliche Veranstaltungen und Theateraufführungen statt.

Ungefähr seit 1680 – so belegen es die Kammerrechnungen – sind Wanderbühnen von Schauspielern im Festsaale des Gewandhauses nachweisbar. Zum Beispiel trat 1679 die Truppe von Stefano Landolffi, einst Impressario der Hoffeste bei Kurfürst Johann Georg II., auf. Für sein Spiel „Aufn Gewandthauße mit Pöppken ...“ zahlte er für die Zeit vom 24. bis 27. November täglich einen Taler.

Klangvolle Namen von Wanderschauspielbanden der deutschen Theatergeschichte sind mit Auftritten „aufn Gewandthauße“ zu finden: die Veltens, die Elensons, die Haacke/Hoffmannsche Bande und natürlich die „Chursächsischen Hofcomoedianten“ unter Caroline Neuber.

Veltens Truppe war übrigens die erste, die vom Kurfürsten ein „Hofkomödianten-Patent“ erhielt und vom Hofe bezahlt wurde. 1687 erhielt die elfköpfige Schauspielerbande – der Hoftrauer wegen – nur die Hälfte ihres Deputats. Die Direktion, bestehend aus Magister Velten, Christian Starke und Johann Wolfgang Ries, gastierte deshalb nicht mehr in Dresden. Sie spielten nun das schaurig-schöne Puppenspiel „Das Leben und der Todt des großen Ertz-Zauberers D. Johannes Faustus“ zur Neujahrsmesse in Leipzig und am 18. Mai 1688 in Bremen. 1691 fanden sie sich wieder in

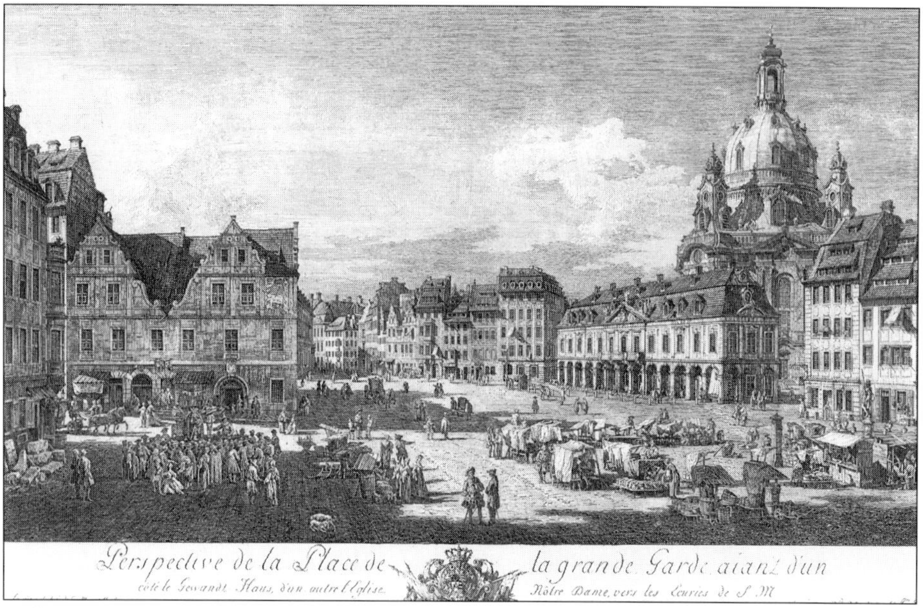

Radierung „Der Neumarkt in Dresden um 1750" nach Bernardo Bellotto, genannt Canaletto (1721-1780). Die linke Bildhälfte zeigt das Gewandhaus mit Musikanten und einen Ausrufer während ihres Auftrittes.

Dresden ein und zahlten ein erhöhtes Städtegeld, „... weil der Rat das Theatrum, die Verschlagung und die Bänke hat fertigen lassen."

Nicht nur diese Fürsorge des Stadtrates zeugt von der Beliebtheit der Spielstätte, sondern auch die Tatsache, dass sich die Wanderbühnen bei Abwesenheit wegen der Leipziger Neujahrs-, Oster- oder Michaelismesse das Dresdner Gewandhaus reservieren ließen und die Bühne an befreundete oder verwandtschaftlich verbundene Schauspielerbanden vermittelten. Waren ihre auswärtigen Gastspiele beendet, konnten sie so auf ihren alten Platz zurückkehren. Zwischen 1712 und 1714 wechselte die Haackesche Truppe oft mit dem Puppenspieler Johann Baptist Hilverding oder der Schauspieltruppe von Johann Ferdinand Elenson, dem Schwager der Sophie Haacke.

Im November 1712 gastierte die Bande der „Mecklenburg-Schwerin Hochfürstlichen Comoedianten" unter der Prinzipalin Sophia Haacke im Dresdener Gewandhaus. Ein Jahr später hatte sie einen hohen Gast unter den Zuschauern: Zar Peter I. Er war auf der Rückreise von Karlsbad beim Hofjuwelier Dinglinger abgestiegen. Da sich August der Starke mit seinem Gefolge in Warschau befand, war das Zarenquartier so bürgerlich wie sein Besuchsprogramm. Er sah am 19. November im Gewandhaus das Lustspiel „Arlequin, der trunkene Bauer" und amüsierte sich derart, dass er drei Tage später wieder bei der Haackeschen Truppe weilte.

Sophia Haacke ließ nicht nur an der Commedia dell'Arte orientierte Lustspiele aufführen, sondern auch Dramen nach biblischen Stoffen wie zum Beispiel „Joseph und seine Brüder" und „Der verlorene Sohn" oder Dramen, die nur am Hofe Bestand hatten, genannt seien „Hercules und Alceste" oder die Moliere-Komödie „Der eingebildete Kranke".

Auf den Programmen der Wanderbühnen standen auch politische Zeitstücke. Für das Jahr 1717 wissen wir, dass die Becksche Truppe auf dem Gewandhaus „Die Comoedie von des Königs von Schweden unglückliche Begebenheit zu Bender" aufführte und damit in einer „Haupt- und Staatsaktion" von der Niederlage Karls XII. im Nordischen Krieg 1709 bei Poltawa berichtete. Auch Sophia Haacke hatte 1724 ein solches Stück im Programm „Des Schwedenkönigs Karl XII. Tod. Mit Harlekin als Kürassreiter und Plappermäulchen, eine Marquetenderin als weitere lustige Person". Die steife „Staatsaktion" wurde so durch Harlekinaden aufgelockert und damit zu einer Publikumsattraktion. Nach dem Tode der Sophia Haacke 1727 – sie ist auf dem Alten Katholischen Friedhof in Dresden-Friedrichstadt begraben – bemächtigten sich Johann und Caroline Neuber dieser Schauspielerbande.

Das brillante Spiel der Neuberin fand bei den Bürgersleuten im Gewandhaus mehr Beachtung als bei Hofe. So berichten es jedenfalls die Chronisten, wenn sie den Auftritt der Neuberin in „Das Gespräch im Reiche der Todten" beschreiben. Sie spielte darin vier Studenten mit ganz unterschiedlichen Charakteren.

Von der schon damals großen Theaterbegeisterung der Dresdner zeugt, dass die „Sächsisch-Weißenfelsischen oder Querfurter Hofcomoedianten" 1730 Folgendes ankündigen konnten:

„Während der Monate Februar bis Oktober werden wir aufm Gewandhaus in Dresden täglich von 5 bis 7 Uhr abends Marionetten, das sind 1 ½ Ellen hohe Figuren, allerhand sehenswerte Comoedien, Tragödien, Ballette, Schäfereyen, unterschiedliche Täntze, Maschinen, Flugwerke, allerhand seltsame Meerwunderthiere und lustige Harlequinaden aufführen." Die Truppe vermochte über Monate hinweg die Dresdner in Bann zu halten. Das spricht ganz sicher auch für die Qualität ihrer Spielweise.

Das alte Gewandhaus hatte ein Stück Dresdner Theatergeschichte erlebt, ehe es durch die preußischen Truppen im Siebenjährigen Krieg 1760 zerstört und 1791 endgültig abgerissen wurde.

Heute können wir dieses Renaissance-Gebäude noch auf dem Gemälde des Hofmalers Bernardo Bellotto, genannt Canaletto, bewundern. Es entstand Mitte des 18. Jahrhunderts und zeigt u.a. eine agierende Schauspielerbande vor dem Gewandhaus, die die gaffende Menge belustigt und zum Besuch ihrer Aufführung animiert.

Marionetten tanzen Menuett

Der Puppenspieler Anton Franz Fincenz Lorgie (1765-1853) in Dresden

Das 19. Jahrhundert wird als Blütezeit des sächsischen Wandermarionettentheaters bezeichnet. Doch Zeugnisse über das Auftreten solcher Bühnen zu Beginn des Jahrhunderts sind rar. Aktenkundig, und damit für die Forschung nachweisbar, wurden

Ein Rokoko-Tanzpaar aus der Zeit um 1800 von Franz Lorgie, später von der Familie Apel gespielt. Zeichnung: Inge Brüx.

die Puppenspieler meist nur, wenn sie sich „unanständig" betrugen oder gar Gesetze verletzten. Ihre Existenz lässt sich auch in den Konzessionsakten nachweisen. Letztere sind aber wenig aussagekräftig für Form und Inhalte der Spiele.

Das war bei Anton Franz Fincenz Lorgie nicht anders. Der bekannte Marionettenspieler Albert Apel (1847-1906) weiß zu berichten, dass Lorgie ein gebürtiger Franzose gewesen sei und in Dresden die erste Vorstellung mit französischen Marionetten gab. 1802 hatte er in Possendorf beim Schankwirt Rüger, aber auch in der Umgebung, unerlaubt eine Puppenkomödie aufgeführt und auf diese durch Anschlagzettel hingewiesen. Er verstieß damit gegen das „General-Rescript" von 1793, das – angesichts der Französischen Revolution und des Bauernaufstandes von 1790 in Sachsen – die Anweisung enthielt, in den Dörfern und besonders in Orten nahe den Universitäten und der Residenz keine Schauspielerbanden oder Marionettenspieler zu dulden.

Dennoch muss Lorgie schon 1801 im Umland von Dresden gespielt haben, denn der Oberhofmeister der sächsischen Prinzen Anton und August hat ihn aufgesucht und gebeten, vor den Prinzen und dem Hofstaat, der sich im Sommergemach des Pillnitzer Schlosses aufhielt, zu spielen. Aber, so könnte der Oberhofmeister gesprochen haben, er solle aufpassen, dass sein Kasper keine ungehörigen Worte fallen lasse, er solle auf die zarten Ohren der Prinzen und des Hofstaates Rücksicht nehmen. Lorgie überlegte eine Weile: „Ja, was spiele ich denn da? Ach, ich weiß, ja es wird ‚Fanny und Durham' gegeben werden."

Und dann war es soweit. Im Pillnitzer Schloss hob sich der Vorhang der Marionettenbühne und im Halbdunkel war eine Insel mit einem Schiffbrüchigen zu erkennen, der erschöpft am Strand lag. Plötzlich erschien im Hintergrund der Kasper, ganz leise schlich er sich näher. Da sprach der Schiffbrüchige mit Stentorstimme: „Wer da? Gebe er einen Laut!" Und Kasper folgte ihm aufs Wort: „Pffs!" Ein Pups war deutlich zu vernehmen. Der Oberhofmeister schrie auf und veranlasste, dass sofort der Vorhang fiel und der Puppenspieler seine Vorstellung abbrach. „Aber, der Kasper hat doch noch gar nichts gesagt", verteidigte sich Lorgie. „Nein", entgegnete der Oberhofmeister, „aber getan und das ist viel, viel schlimmer!"

Das war Lorgies Auftritt bei Hofe. Diese Episode verdanken wir dem Dresdner Jugendschriftsteller Gustav Nieritz (1795-1876), der sie in seiner „Selbstbiographie" zum Besten gab.

Da der Dresdner Marionettenspieler Albert Apel 1878 von der Witwe des Puppenspielers Lorgie einen Teil der Bühne und Marionetten kaufte, haben wir noch mehr Kenntnisse über den Altmeister sächsischer Puppenspielkunst. Die Puppentheatersammlung Dresden bewahrt einige dieser wertvollen Marionetten auf, so zum Beispiel zwei Tanzpaare in Rokoko-Kostümen. Sie wurden 1978 von der Familie Apel-Böttger erworben.

Die Rokokotanzpaare sind mit 21 Fäden so wunderbar geschnürt, dass ein kundiger Spieler ein richtiges Menuett aufführen kann. Obwohl die Apels die Tanzpaare um 1900 neu gekleidet haben – Puppenspieler, die auf sich hielten, achteten immer auf eine saubere und flickenfreie Kleidung ihrer Protagonisten –, die Marionettenkörper könnten noch aus einer frühen Spielphase von Franz Lorgie sein und damit bereits 1800 auf der Bühne gestanden haben. Mithin hätte der Prinz 1801 im Schloss Pillnitz die Tanzpaare im damals üblichen Nachspiel erleben können, wenn die Vorstellung nicht vorzeitig abgebrochen worden wäre.

Anhand von Theaterzetteln und wenigen Nachrichten lassen sich das Repertoire Franz Lorgies und seine Reisewege leider nur unvollkommen rekonstruieren. Aber es wird ersichtlich, dass er sich der damals modernsten Spielweisen, so auch des Metamorphosentheaters, eines Balletts mit Klappfiguren, bediente. 1813 „gewährte er den Dresdnern diesen Winter wieder eine angenehme Unterhaltung", erfahren wir aus einem Modejournal und lesen dort von „kleinen mechanischen Acteurs von der Größe acht- bis zehnjähriger Kinder ... deren Bewegungen nicht die gewöhnliche Puppensteifheit haben." Vom Repertoire künden zwei erhalten gebliebene Textbücher und Theaterzettel, so „Don Juan oder der vierfache Mord" und „Genovefa".

Wir haben auch von einem Zauberspiel „Die Zwerge" mit Kasperle und Pimperl aus der Zeit um 1820 Kenntnis und wissen, dass Franz Lorgie, nachdem er 1813 im Dresdner Winterquartier gespielt hatte, im Frühjahr des darauf folgenden Jahres wiederum auf Reisen ging, denn 1814 trat er in Prag mit seinem „Großen Mechanischen Theater" auf. Am Sonntag, dem 15. Mai spielte er eine Posse in drei Akten: „Hanns Klachel von Przelautsch“. Stückwahl und Personage – beispielsweise der Einsatz der böhmischen Marionette Pimperl – zeigen, dass Franz Lorgie sich auf das Prager Publikum gut einzustellen wusste. Wenig später suchte er in Merseburg um eine Spielerlaubnis nach. Er kündigte sein Ballett mit mechanischen Kunstfiguren in Nationalkostümen an.

Franz Lorgie gilt mit seinem Bruder Charles (Carl Johann Lorgie) als Begründer einer ganzen Dynastie von Marionettenspielern, Schaustellern und Artisten. Die Söhne Carl Johanns reisten im 19. Jahrhundert als Gebrüder Lorgie durch die Lande.

Durch die Heirat mit einer Adligen (Marie Appolonia Benedikta von Sepp) kam Anton Franz Fincenz Lorgie zu Besitz und Ansehen. Auf der Friedrichstraße in Dresden erwarb er das Gasthaus „Zum Elefanten“ und des Weiteren kaufte er ein Haus in der Palmstraße. 1853 starb er. Sein Grab befindet sich in Dresden-Friedrichstadt auf dem Alten katholischen Friedhof: „Hier ruhet in Gott Franz Anton Fincenz von Lorgie, gest. d. 23. April 1853. Im Jenseits werden dich die Lorbeeren krönen, die du erwarbst.“

Die sächsischen Prinzen sollten sein Stück nicht sehen, aber das Volk liebte diesen Puppenspieler, der so manche Verordnung missachtete, um vor Mägden und Gesellen seine Puppenkomödien zur Aufführung zu bringen.

Ein geschundener Ritter und ein jubelndes Publikum

Das Theater der Witwe Magnus

„Das Deader des Verwischenen fiehre ich weidr“ hatte die Witwe 1849 am Grabe des verstorbenen Wandertheaterprinzipals Johann Joseph Magnus versprochen. Und ihr blieb auch gar nichts anderes übrig, hatte ihr der Gatte doch zehn Kinder hinterlassen, davon fünf aus erster Ehe und auch noch ein ungeborenes.

Zu seiner Hinterlassenschaft gehörte aber auch ein Theaterstück, das der bekannte Jugend- und Reiseschriftsteller Friedrich Gerstäcker 1844 geschrieben hatte, „... um diesem letzten der reisenden Komödianten-Direktoren einmal eine richtige Einnahme zu verschaffen.“ Das Schauerdrama „Kunibert von Eulenhorst oder der geschundene Raubritter“ sollte für die Witwe eine Geldquelle werden.

Doch vorerst ging die 37-jährige Witwe als Puppenspielerin auf Reisen. 1851 spielte sie nahe bei Dresden, im Schönfelder Hochland, im Gasthof Eschdorf mit Marionetten und wenige Jahre später hatte sie wieder eine kleine Truppe von Schauspielern zusammengebracht, mit denen sie in den Gasthöfen „Brabanter Hof“ oder „Zum Affen“ in Dresden-Friedrichstadt auftrat. Da gab es beispielsweise den „Freischütz“, der von insgesamt drei Darstellern „heruntergewürgt“ wurde oder solche Rührstücke wie „Der Fluch des Vaters“ oder „Das ungewollte Kind“. Der Hauptanziehungspunkt aber blieb „Der geschundene Raubritter“, das Gerstäcker-Stück. Dieser Raubritter, der es nicht lassen konnte, ehrbare Nürnberger Kaufleute zu überfallen und im Blutrausch auch zu morden, wurde am Ende doch von den Bürgern besiegt und geschunden. Doch zuerst

Titelblatt der Zeitschrift „Kikeriki", 1869 der Vogelwiese gewidmet. Mitte rechts: Das Theater der Witwe Magnus kündigt die Vorstellung „Der geschundene Raubritter" an. Mitte linker Bildrand: ein Kaspertheater.

saß er auf hohem Ross und wetterte: „Na wartet, ich lohn's euch heut und still mit Blut mein Durst. Und haben will ich's. Mein Name sei sunst nicht Eulenhorst!"

Ein Zuschauer hatte seinen Durst wörtlich genommen und ihm ein Bier auf die Bühne gereicht. Das führte dazu, dass ständig in die Szenen eingegriffen und mitgespielt wurde. Geschäftstüchtig verlangte die Witwe Magnus dafür einen Sechser mehr Eintritt. Als ein Mal die berühmten Hofschauspieler Emil Devrient und Bogumil Davidson mehrere Taler auf den Kassenteller legten, zuckte es ihr wohl in den Fingern, dann aber kamen der Prinzipalin die stolzen Worte über die Lippen: „Ne, Kollechen nähm nischt vonenander!"

Das Fünf-Akte-Stück vom Raubritter wurde immer kürzer und reduzierte sich auf die Szenen, in denen in den Verlauf eingegriffen und dem Mimen Bier gereicht und Würstchen auf die Bühne geworfen wurden. Das brachte der Witwe Magnus immerhin so viel ein, dass sie sich ein Bühnenzelt leisten konnte und nun mit ihrer Truppe von Jahrmarkt zu Jahrmarkt, zur Leipziger Messe und auf die Dresdner Vogelwiese ziehen konnte.

Das Raubritterstück wurde immer spektakulärer. Die Witwe, selbst mehr eine stimmgewaltige als gute Schauspielerin, ging mit Extempores auf aktuelle Tagesprobleme ein und heizte damit die Stimmung an. Bis zu 20 Mal am Tag musste gespielt werden. All zu viele wollten den Hauptspaß erleben, wenn am Ende des Stückes der geschundene Leichnam des Raubritters als Strohpuppe wieder auf die Bühne geschleift wurde. Denn jetzt konnten sich die Zuschauer am Zerfleischen des Unholds beteiligen, dass die Lumpenfetzen und Strohgarben nur so flogen.

Der alte Magnus entstammte einer bayrisch-sächsischen Puppenspielerfamilie. 1776 wurde sein Vater Anton Magnus angezeigt, weil er im „Schwan" in der heutigen Dresdner Maxstraße „ohne Erlaubnis vom Amte oder Rathe zu haben, Marionetten gespielt" hatte. 1802 suchte sein Sohn J.J. Magnus um eine Konzession nach, „um mit lebenden Personen spielen zu dürfen." Das war der Gatte der späteren Witwe Magnus. Sie selbst, 1812 in Jöhstadt im Erzgebirge als Amalie Auguste Groll geboren, gehörte einer Schaustellerfamilie an. Deshalb waren der Jahrmarkt und das Spektakel auch ihr Lebenselixier und ihr Theater einer der Hauptanziehungspunkte der Dresdner Vogelwiese zwischen 1860 und 1874. Da nämlich wurde das Theater der Witwe Magnus „zu großen Skandals halber" behördlich geschlossen. Sie musste, nun 62-jährig, wieder auf Reisen gehen. Im Thespiskarren starb sie am 7. Juni 1881 in Großhartmannsdorf bei Freiberg, wie der Dresdner Anzeiger Nr. 168/1881 zu berichten weiß.

Schützes „Afterprinzipal"

Carl Friedrich Reibehand – der erste bekannte Dresdner Puppenspieler

In den Leipziger Messrechnungen taucht zwischen 1734 und 1751 regelmäßig ein Carl Friedrich Reibehand „aus Dreßden" auf. Er spielte mit Marionetten vor dem Peterstor und führte regelmäßig sein Stand- und Konzessionsgeld an den Stadtrat zu Leipzig ab. Er war nicht der einzige Marionettenspieler vor dem Peterstor, aber aufgrund der Häufigkeit seines Gastierens sicher einer der erfolgreichsten. Leider nennen uns die Messrechnungen keine Stücktitel oder andere, das Spiel näher beschreibende Bemerkungen. Reibehand wäre sicherlich heute vergessen, wenn er nicht in Johann Schützes „Hamburgischer Theatergeschichte" aus dem Jahre 1794 eine unrühmliche Bewertung erhalten hätte. Schütze schrieb: „Reibehand, ein Schneider, entzog sich unberufenerweise einem der Gesellschaft nützlichen Handwerke, um das Komödiantenhandwerk zu kultivieren. Mit einem Lorenz in Kompagnie dirigierte er zuerst hölzerne Marionetten, nachher lebendige Maschinen, die er zu Haupt- und Staatsaktionen, Possenspielen und Volksnarren dressierte. [Reibehand übertrieb hier arg, wenn er auf seinen Ankündigungen seine Figuren als lebendige Maschinen bezeichnete. Anm. der Autoren] 1744 begann schon seine Truppe. ... zu klagen hatte ... Held Reibehand nicht, denn seine Bude war oft, und mit Hilfe marktschreierisch ausgewiesener Spektakel für den Abend gedrängt voll. Nur ein Pröbchen des Reibehandschen Komödienzettelunsinns, wie er in den Dokumenten der Hirnlosigkeit des Komödiantenmeisters vor uns liegt: ... aus der bekannten alten geistlichen Farce ‚Der verlohrene Sohn' machte er eine extramoralische Hauptaktion der Beifügungen: der von allen vier

Auf der Seite aus dem Messrechnungsbuch zur Ostermesse 1734 ist zu lesen: „Carl Friedrich Reibehand Marinetten-Spiehler von Dreßden spiehlte vorm Peters Thor 13. Tage als den 17.-21., 24.-28., 31. May und 1.-4. Juny".

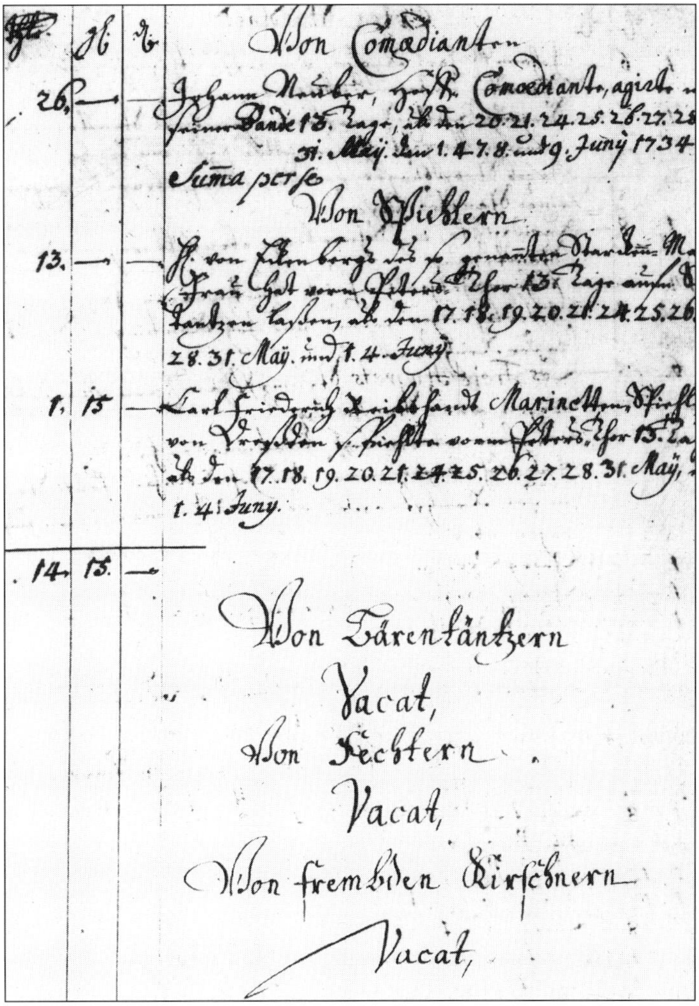

Elementen verfolgte Erzverschwender erhielt mit Arlequin einen lustigen Reisegefährten als Begleiter. Dies extramoralische Stück wardt mit viel Prunk gegeben. Früchte, die der Verlohrene essen sollte, verwandelten sich in Totenköpfe; Wasser, das ihn zu trinken lüstete, in Feuer. Felsen wurden vom Blitz zerschmettert und repräsentierten einen Galgen, an welchem ein armer Sünder hing, welcher stückweise herunterfiel, sich wieder zusammensetzend aufstand, und den verlohrenen Sohn verfolgte."

Schütze beschreibt damit als einer der ersten relativ ausführlich eine Marionettenaufführung. Mit der Kenntnis des traditionellen Wandermarionettentheaters, wie es bis in unsere Zeit noch erlebbar ist, kann diese Beschreibung nachvollzogen werden. Verwandlungen von Kulissen und Figuren zählten, wie aus dem Barock-Theater schon bekannt, zu den Anreißern der Marionettenbühnen. Die Figur, die vom Galgen fällt, ist nach dem Prinzip des heute noch bekannten „Tanzenden Tod" gearbeitet. Durch die einzelnen Gliedmaßen läuft ein Faden, der gelockert werden kann. Dadurch vereinzeln sich die Glieder und werden die Fäden angezogen, zieht sich die Figur wieder zusammen. Schütze zählte Reibehand zu den „Afterprinzipalen", also zu den „Allerletzten". Gemeint sind damit vor allem jene, die sich der Neuber'schen Theaterreform nicht anschlossen bzw. dies nur sehr zögerlich taten. Und wenn diese dann dennoch gegenüber den reformierten Schauspieltruppen Erfolg beim Publikum hatten, dann galten sie als Schmach der Kunst, als künstlerisch wertlose Komödianten.

Auch Eduard Devrient äußerte sich in seiner „Geschichte der deutschen Schauspielkunst" 1848 abfällig über Reibehand. Vermutlich fußt seine Einschätzung nur auf der Kenntnis des Schütze'schen Textes, denn Reibehand, der um 1755 verstarb, konnte er nicht mehr erlebt haben.

„Unter den … Marionetten- und Komödiantentruppen wurden die von Kuniger und dem Schneider Reibehand sprichwörtlich, um Gauklerwirtschaft zu bezeichnen. Letzterer schaffte endlich die Menschen ganz ab und hielt sich an die Puppen, weil diese, wie er versicherte, ihm niemals Verdruß gemacht hätten."

Eingedenk dessen, dass die führenden Theaterleute im 18./19. Jahrhundert um ein deutsches Nationaltheater rangen, das vor allem der bürgerlichen Bildung zu dienen hatte, ist es nur verständlich, dass für Carl Friedrich Reibehand und andere Marionettenspieler keine guten Worte gefunden wurden. Reibehand war für die Schauspieltruppen ein erfolgreicher Konkurrent, denn bei aller „Hanswurst-Verbannung", die angeblich Caroline Neuber in Einklang mit Gottschedt vollzogen haben soll – was neueste Forschungen widerlegen – wollte das Publikum weiterhin seinen Arlequin auf der Bühne erleben und über seine Späße lachen.

Über Reibehands Wirken in Dresden ist nichts bekannt geworden. Die Quellen beziehen sich nur auf Hamburg und Leipzig. Aber ganz sicher wird er auch vor oder in der Residenzstadt Dresden aufgetreten sein.

Vom Charme des Papiertheaters

Heimtheateraufführungen in Dresdner Bürgerhäusern

Die Dresdner Malerfamilie Gerhard von Kügelgen, die in der Dresdner Neustadt auf der Hauptstraße wohnte, führte zu Beginn des 19. Jahrhunderts ein gastliches Haus. So bedeutende Persönlichkeiten wie Caspar David Friedrich, Ludwig Tieck, August Wilhelm Schlegel, Heinrich von Kleist und Johann Wolfgang von Goethe waren hier zu Gast. Über diese aufregende Zeit im Hause Kügelgen schreibt der Sohn, Wilhelm von Kügelgen, in seinen 1870 erschienenen „Jugenderinnerungen eines alten Mannes". Sein Buch ist ein wichtiges Zeitdokument für die Geschichte der Stadt Dresden.

Aus seinen Erinnerungen erfahren wir aber auch von der damals gar nicht so unüblichen Reaktion eines Knaben auf sein erstes Theatererlebnis. In einem Saal mit funkelndem Kronleuchter hatte er die Aufführung „Kindermord in Bethlehem" einer

Proszenium mit Märchenfiguren und Versatzstück. Der Theaterbilderbogen stammt aus Frankreich, Ende des 19. Jahrhunderts.

reisenden französischen Marionettenbühne erleben dürfen. „Und wie prächtig war dieser dunkelrote König Herodes. Wie zermalmend sein Grimm, als er sich vom Throne erhob und zornig mit seinem Reichsapfel Fangeball spielte!", und von Kügelgen beschreibt den langen, nicht enden wollenden Trauerzug der Mütter, die ihre Kinder zur Schlachtbank führten, im Marionettentheater begleitet von einem sanften, zu Herze gehenden Trauermarsch. „Zu Hause hatte ich nichts eiligeres zu tun", schrieb von Kügelgen, „als alles nachzumachen. Es wurde ein Theater konstruiert, gepappt, geklebt und angestrichen. Auf Notenpapier malte ich den König Herodes und die übrigen, wie sie mir im Gedächtnis waren, schnitt sie sauber aus ..." Zur Aufführung gaben die Geschwister das Publikum und das Orchester zugleich ab. Der Bruder trompetete und schmetterte, begleitet von der kleinen Schwester, „bis ich klingelte und die Vorstellung ihren Anfang nahm. Ich wurde ein berühmter Puppenspieler unter meinesgleichen", urteilte Wilhelm von Kügelgen über sich selbst. Da er alles selbst schuf, das Theater, die Figuren, die Malerei, den Text und auch die Aufführung, hatte er „seinen Nutzen an der Spielerei."

Diese verständliche Reaktion, das erlebte Bühnengeschehen nachzuahmen, hatte zu fast gleicher Zeit, nämlich 1811, den Londoner Grafikhändler William West auf die

Idee gebracht, einen Bilderbogen herauszugeben. Dieser enthielt acht kleine Figuren zu einer Pantomime, die gerade auf den Bühnen Londons Furore machte.

Damit war eine Marktlücke entdeckt und der Siegeszug des Papiertheaters begann. Noch zu Anfang des 20. Jahrhunderts ließen die bunten Ausschneidebögen, die es überall zu kaufen gab, jedes Kinderherz höher schlagen. Mit etwas Geschick auf Pappe geklebt und ausgeschnitten, entstand ein Heimtheater, auf dem man Stücke in eigener Regie aufführen konnte. Die Handhabung war nicht schwierig: Die Figuren wurden an einem Draht von oben geführt oder an einem kleinen Stäbchen von der Seite in die Kulissengasse hineingeschoben. Bilderbogenverlage wie Arnz & Co. in Düsseldorf, Winckelmann & Söhne in Berlin, vor allem aber die Neuruppiner Verlage Gustav Kühn sowie Oehmigke & Riemenschneider gaben seit den 20er- und 30er-Jahren des 19. Jahrhunderts Bogen mit Theaterfiguren und Hintergrunddarstellungen sowie Proszenien heraus.

Wäre Wilhelm von Kügelgen zwei Jahrzehnte später geboren worden, hätte er es also mit dem Bau eines Papiertheaters wesentlich einfacher gehabt …

In den Dresdner Bürgerstuben geschah in der Weihnachtszeit das Gleiche, was der Schriftsteller G. Julius Haidvogel beschreibt. Er erinnerte sich, dass sein Vater von allen Stücken am liebsten den „Freischütz“ spielte: „Das war eine Komödie nach seinem Sinn: reine Liebe und teuflische Schurkerei nebeneinander, wie Kamillengeist und Pflaumenbranntwein. Und die Auffahrt des bösen Geistes … Hexensabbat um Mitternacht mit Teufelsbeschwörung und Freikugelgießen und der kaum erwartete, endliche Sieg der Rechtschaffenheit, das war einmal den ganzen Kulissenzauber und das Kolophonium wert, das mein Vater zur Fabrikation künstlicher Blitze brauchte …“. Das Spektakel mit Blitz und Donner bei derartigen Aufführungen musste über die Starrheit der Figuren hinwegtäuschen, denn während des ganzen Stückes behielten sie die ihnen einmal gegebene Pose bei. Max, der Jäger, trug nicht nur in der Wolfsschlucht sein Gewehr geschultert, sondern auch in der Liebesszene mit Agathe.

Die Theaterbegeisterung in den Bürgerhäusern des 19. Jahrhunderts war Anreiz für die Verleger, nicht nur ständig neue und bessere Ausschneidebögen herauszubringen, sondern auch die Texthefte mitzuliefern. Neben dem „Freischütz“ waren es Mozarts „Zauberflöte“ und – dem Zeitgeschmack geschuldet – die Opern von Meyerbeer sowie Schillers „Räuber“, die am meisten verlegt und verkauft wurden. Diese Texte folgten zumeist nicht dem Original, sie waren oftmals eine recht reduzierte Bearbeitung der Stücke.

„Was gleicht wohl auf Erden dem Jägervergnügen, wem sprudelt der Becher des Lebens so reich? Jo ho! Tralalala!“ – So stellte sich der gesamte Jägerchor in einer Kurzversion des „Freischützes“ dar, die 1928 auf Schellackplatten gepresst wurde. Auf diese Weise brachte man die gesamte Oper in einer guten halben Stunde „an den Mann“.

Nein, diese Papiertheater waren nicht nur frei erdachtes Spielzeug für Kinder. Nicht selten stammten die Vorlagen für die Figurenbogen von den Originalentwürfen der Theater. So entsprachen beispielsweise die 1841 bei Winckelmann erschienenen „Freischütz“-Figuren den Kostümentwürfen der Berliner Uraufführung von 1822. Deshalb sind bis heute auch die Bestände der Papiertheatersammlungen Gegenstand theaterwissenschaftlicher Forschung.

„Knallrot, Blitzblau, Donnergrün, – gedruckt und zu haben bei Gustav Kühn in Neuruppin“ – so hieß es um 1870. Dieser bekannte Verlag gab in jener Zeit seine Papiertheaterbogen bereits als Farblithographien heraus. Das machte sie attraktiver, aber auch teurer. Bis zur Jahrhundertwende hin ist eine stete Weiterentwicklung der Bilderbogen für das Papiertheater zu beobachten. Das hing vor allem damit zusammen, dass jetzt den speziellen Bedürfnissen der Kinder mehr Rechnung getragen wurde. Gegen Ende des 19. Jahrhunderts unterstützten diese Heimtheater nicht nur die humanistische Bildung, die das Bürgertum seinen Töchtern und Söhnen angedeihen ließ, sondern – auf neue Art und Weise – die in der Volksschulgesetzgebung verankerte Elementarbildung der Arbeiterkinder.

Eine Neuerung auf dem Gebiet des Papiertheaters brachte das Schreiber'sche Kindertheater. 1878 hatte der Verlag J.F. Schreiber in Esslingen begonnen, bearbeitete Texte und Bogen mit Märchenfiguren herauszugeben. Dieses bunte Repertoire entsprach den Interessen der Kinder und in zunehmendem Maße wurde das Papiertheater zu einer Angelegenheit des Kinderzimmers. Was einstmals zu Weihnachten oder bei wichtigen Familienfeiern von den Gastgebern zelebriert wurde, war nun ein alltägliches Spielzeug.

In unserer Zeit trägt diese Art des spielerischen Umgangs mit dramatischen Handlungen eher nostalgische Züge. Die Dresdner Bastler – und nicht nur sie – haben längst andere Betätigungsfelder entdeckt bzw. lassen sich viel lieber von den Medien des Films und Fernsehens faszinieren.

Teile der Winckelmann'schen, Kühn'schen und Schreiber'schen Bögen sind rar geworden. Sie werden aber noch für Liebhaber als Reprint produziert. So manches Kolophonium- oder Magnesiumfeuerwerk hat derartige Theater vernichtet oder die Mäuse auf den Dachböden haben die dort gelagerten Figuren zerfressen.

Gerade deshalb reizt es die Sammler, das wenig Übriggebliebene aufzuspüren und zu erwerben. Einige von ihnen spielen auch wieder im kleinen Kreis auf derartigen Theaterchen. Sie erinnern bewusst an die Zeiten des Biedermeiers. Auch Mitglieder des Fördervereins der Puppentheatersammlung Dresden führen gelegentlich derartige Inszenierungen auf. Gern gesehener Gast in Dresden ist das Papiertheater „Invisius“ aus Berlin. Sie alle belegen, dass sich das heutige Publikum trotz der Wirkung moderner Medien dem Charme des nostalgischen Papiertheaters nicht zu entziehen vermag.

Hausmusik und wohl gesetzte Worte, nicht nur in der Weihnachtszeit

Das Heimtheater der Familie Preller

Waren die Papiertheater für große Teile der Bevölkerung erschwinglich, so konnten sich kleine Haustheater mit Figuren nur das wohlhabende Bürgertum leisten. Oder aber – auch dafür gibt es Beispiele – die Väter hatten genug Talent, sich die Marionetten selbst zu schnitzen.

Die Puppentheatersammlung Dresden besitzt einige solcher noblen Theaterchen. Eines davon ist das Zimmertheater der Familie Oehme, einer äußerst angesehenen Handwerkerfamilie aus Zittau. Der Begründer dieser Sammlung, Otto Link, hatte es 1938 vom Enkel Paul Oehme, Kantor und Organist in Leipzig, erworben. Ein dazugehöriger Theatervorhang gelangte nachträglich 1985 als Schenkung in die Sammlung. Dieser Vorhang ist eine Besonderheit, denn als verkleinerte Kopie gibt er Zeugnis vom Aussehen des Schmuck-Vorhanges der ersten Dresdner Semperoper, die 1869 den Flammen zum Opfer fiel. Auch die gesamte Bühnentechnik des Oehme'schen Theaters ist interessant. Sie erinnert an jene, die bis heute im Theater Bad Lauchstädt erhalten ist. Dieses Theater wurde 1802 unter Leitung Goethes im klassizistischen Stil errichtet.

Ein weiteres Haustheater wurde in den letzten Jahren in der Puppentheatersammlung liebevoll restauriert: Es ist das der Dresdner Familie Preller.

Die Familie des Malers und Akademieprofessors Friedrich Preller d. J. (1838-1901) war 1884 in eine Blasewitzer Villa gezogen, nachdem der Künstler 1880 an der Dresdner Kunstakademie die Nachfolge Ludwig Richters angetreten hatte und zum

Das Haustheater der Familie Preller aus dem letzten Drittel des 19. Jahrhunderts.

Professor für Landschaftsmalerei ernannt worden war. „Die Atmosphäre des Preller-schen Hauses", heißt es in einer Monografie über den Maler, „zog immer liebe Gäste an." Auch von der musikalischen Begabung des Künstlers selbst ist dort die Rede. Es wird berichtet, dass er sich nach dem Heimkommen als erstes ans Klavier setzte, um bei Beethoven, Mozart und Haydn die Harmonie der Seele wieder zu finden. Ebenfalls pflegte er gemeinsam mit seinen Töchtern die Hausmusik. Sie wurde ihnen „nicht aufgenötigt", sondern es wurde gespielt, was „selbst aus ihnen kam."

Sicher gehörte zur musischen Erziehung der Töchter auch ein Heranführen an die Dresdner Theaterkultur. Dazu diente dann das kleine Haustheater (70 mal 85 Zentimeter groß) in bester Weise. Zubehör und Kulissen verweisen darauf, dass auf dieser Bühne Jagdszenen und Ritterschauspiele zur Aufführung gelangten.

„So, nun labet Euch, hochwohlgeborne Knaben!
Ich, Kunz von Kaufungen, bin der Bösewicht nicht, als der ich erscheine.
Nur meine Ehre und mein Recht will ich, von Eurem Vater, dem erlauchten Fürst und Herrn Friedrich, Herzog von Sachsen, erzwingen!
Erfrischet Euch an den Erdbeeren, die ich für Euch suchte und an dem frischen Trunk, den ich in meinen Lederbeutel füllte ..."

So wird es geklungen haben, wenn der Vater mit seinen Töchtern den „Prinzenraub zu Altenburg" aufführte. Besonders gut gelungene Szenen wurden dann sicher auch lieben Gästen vorgeführt.

Friedrich Preller war seit seiner Jugend mit dem Theater verbunden. Im Hause seines Vaters, des Weimarer Malers Friedrich Preller d.Ä., gab es mannigfaltige Beziehungen zu Schauspielern, Sängern und Theatermalern. Deshalb übernahm Friedrich Preller d.J. auch gern den Auftrag, an der Ausgestaltung der so genannten zweiten Dresdner Semperoper mitzuwirken. Das war in den 70er-Jahren des vorletzten Jahrhunderts. Gemeinsam mit anderen schuf er die Lünetten über den Türen, die vom Foyer des Opernhauses in den Zuschauerraum führen.

So atmet denn auch das Preller'sche Heimtheater den Stil der Semperoper. Die Form und Anordnung der Säulen mit ihren Sockeln zeugen davon, ebenso ihre Bemalung bis hin zu der weinroten „Marmor-Imitation" des Proszeniums. Die Bühnenschauwand wurde mit angemessenem Dekor verziert. Auch dabei folgte man dem Bildprogramm der Semperoper, ohne es zu kopieren. Ein Bildnis des Dionysos – von Thyrusstäben (weinlaubgeschmückte Stäbe, die in Pinienzapfen enden) flankiert – schmückt die Bühnenwand. Darunter, an der Vorhangleiste, Früchte des Herbstes, Symbole des Dionysoskultes. Johannes Schilling, mit dem Friedrich Preller eng befreundet war, hatte mit der Dionysos-und Ariadne-Quadriga auf dem Dache der Exedra der Semperoper ebenfalls an den Mythos dieses griechischen Gottes angeknüpft.

Auch die Originalkulisse des Haustheaters, ein bäuerliches Interieur darstellend, wird zur gleichen Zeit gemalt worden sein. Denn die tief im Mauerwerk liegenden Butzenscheiben, aber auch das angedeutete Mobiliar verweisen auf einen Stil, der zu

Beginn der Gründerzeit aufkam und die 80er-Jahre des 19. Jahrhunderts beherrschte. Solche Art der Gestaltung könnte auch von Friedrich Preller selbst stammen. Gemälde aus der Zeichnung heraus zu entwickeln und eine Textur lichtbraun unterlegter Malerei zu schaffen, war seine Eigenart und die Kulisse spiegelt diese Merkmale wider. Zugleich erinnern deren Motive an eine Tiroler Bauernstube, und neben Italien und Griechenland war in der ersten Hälfte der 80er-Jahre das Tiroler Ötztal des Meisters liebster Sommeraufenthalt.

Gespielt wurden in diesem kleinen Tischtheater Stücke, die auf dem Spielplan Dresdner Theater standen oder einfach zum Bildungsgut jener Zeit gehörten. War der „Ritter Kunz von Kaufungen", also der „Altenburger Prinzenraub", sinnstiftend für die Treue zum sächsischen Königshaus, so gehörten Schillers „Räuber", Mozarts „Zauberflöte" und Webers „Freischütz" zum selbstverständlichen Bildungsgut.

Höhepunkte waren die weihnachtlichen Aufführungen, die sich mit Hausmusik verbanden.

„Wir winden dir den Jungfernkranz aus veilchenblauer Seide ...", der Chor der Brautjungfern aus den Kehlen der Töchter und die tiefe Stimme des finsteren Samuel sicherlich vom Hausherren gesprochen – das ergab die Mischung, die allen Freude bereitete. Die Preller'schen Theateraufführungen waren ein Erlebnis für die ganze Familie und die Bediensteten, aber vor allem auch für die zahlreichen Gäste in diesem Dresdner Bürgerhaus. Damit erfüllte sich in vollkommener Weise die Mission des Heimtheaters.

II. DIE BLÜTEZEIT DES MARIONETTENTHEATERS (1850-1913)

Für die Dresdner das Volkstheater Nr. 1

„Apels Fantoches- und Marionetten-Theater“ 1878-1975

„Apels Theater! Für einen Dresdner Jungen eine ganze Zauberwelt. Da war zuerst das wunderschöne, feine Schneewittchen im gläsernen Sarge. So lieblich und fromm lag es da, dass selbst ein böser Gassenjunge ganz still und andächtig wurde. Da war ferner Kasper, der gute alte Bekannte, der uns jedes Mal fragte: ‚Seid Ihr alle da?‘ Worauf jedes Mal unser begeistertes ‚Ja‘ erscholl. Da war endlich auch der gute und böse Stülpner Karl, der seine arme Mutter so lieb hatte und doch den reichen Rittern das Geld wegnahm, wobei es uns wirklich gruselte. Und manchmal gab es noch ein Nachspiel. Jena und Auerstädt zum Beispiel. Da zog dann das ganze geschlagene preußische Heer an unseren teilnehmenden Blicken vorbei beim Klange eines – darob wahrscheinlich – melancholischen Leierkastens.

Für zehn, zwanzig oder dreißig Pfennige saß man ganz versunken und vergessen bei Apels. Ja, ich entsinne mich deutlich, dass ich einmal ganz versunken war, als ich am Ende der Vorstellung auf der Straße schönsten Sonnenschein sah, wo es doch während der Vorstellung im Walde ganz gewiss geblitzt und gedonnert hatte.“

Soweit die Eindrücke von Max Zeibig, einem Heimatschriftsteller. Er schrieb sie 1921 in seinem Buch „Bunte Gassen, stille Straßen“ nieder. Sicherlich, seine Erinnerungen verklären so manches. Doch ist das nicht meistens der Fall, wenn Erwachsene sich an ihre Kindheit erinnern? Ist es nicht die Faszination der Belebung unbelebter Gliederpuppen, die Erwachsene immer wieder erfahren?

Apels Marionettentheater war der Protagonist des Dresdner Puppenspiels. Ein Besuch bei Apels gehörte besonders zwischen 1904 und 1945 für viele Dresdner zum guten Ton. Man ging in die „Holzoper“ genauso selbstverständlich wie in die Semperoper. Dabei waren die Apels nur ein sächsisches Marionettentheater von mehr als 150 in dieser Zeit.

In der zweiten Hälfte des 19. Jahrhunderts expandierten diese Theatergeschäfte in Sachsen. Albert Apel (1847-1906), Sohn einer Schleizer Arbeiterfamilie, legte 1878 mit dem Kauf des Lorgie-Theaters den Grundstock für den Erfolg der nachfolgenden zwei Apel-Generationen. Fünf Jahre später erwarb er das Theater von Heinrich Rau. Mit Gespür für den Publikumsgeschmack baute er sein Repertoire auf; neben Ritter- und His-

Szene aus „Anna-Liese oder Des alten Dessauers einzige Liebe" von Apels Marionettentheater, um 1930.

toriendramen, Geister-, Gespenster- und Kriminalgeschichten sowie den so genannten vaterländischen Stücken standen Sagen und Märchen auf seinem Spielplan. Garant für ein sorgloses Leben war das breit gefächerte Repertoire freilich nicht. Der Theaterbetrieb verlangte Gelder für Bühnenbilder, Marionetten und Kostüme, für Theaterzettel, vor allem war es auch die Position „Transporte", die einen Gutteil der Einnahmen verschlang, aber so mancher Groschen wanderte auch in den Beutel der Wirtsleute. Was übrig blieb, reichte dann oft nur für den notwendigsten Lebensunterhalt.

Erst als die Kinder Herrmann, Karl Heinrich und Helene herangewachsen waren, konnte sich das Marionettentheater des Vaters mit ihrer Hilfe etablieren.

Im Jahre 1904 eröffneten die Apels in Dresden-Löbtau ihren „Theatersalon", einen Holzfestbau mit 500 Plätzen. Mit dieser „Musenhalle" wurde das Unternehmen in der Residenzstadt schnell bekannt. Karl Heinrich (1875-1920) – genannt Heinrich d.Ä. – wurde ein angesehener Geschäftsmann, der es vermochte, die Stadt Dresden von anderen Marionettenspielern weitestgehend frei zu halten. Das Apel-Theater wurde zu einer Institution, an die sich ältere Dresdner heute noch gern erinnern. Heinrich Apels Saalauftritten folgten nun auch Gastspiele im Victoria-Salon, in einem der führenden Dresdner Varietes. Sein Varieté-Marionettenspiel weckte die Aufmerksamkeit von Agenten der in dieser Zeit expandierenden Unterhaltungsszene. Apel erhielt Gastspielverträge nach Petersburg, Riga, Budapest, Bukarest, Helsinki, Konstantinopel, Lyon, Marseille, Mailand und Bern. Solche Tournee-Erfahrungen konnte kurz nach der Jahrhundertwende kein anderes sächsisches Wandermarionettentheater aufweisen. Im Jahre 1910 mietete Heinrich Apel d.Ä. in der Dresdner Äußeren Neustadt, auf der Görlitzer Straße das Hansa-Theater an. 1913 erfolgte die Eröffnung des „Dedrophon-Theaters" in der Wettiner Straße im Zentrum der Stadt. Bereits ein Jahr später wurde der sächsische König Friedrich August als Gast begrüßt, ein Ereignis, das fortan auf den Kopfbogen des Theaters festgeschrieben wurde.

Nach dem plötzlichen Tode des Vaters übernahm Heinrich Apel d.J. (1895-1975) die Bühne. Er konnte erfolgreich an die Arbeit seines Vaters und der Mutter – sie stammte aus der Marionettenspielerfamilie Preiske – anknüpfen.

Das Hansa-Theater wurde bis zum 2. Weltkrieg von den Dresdnern regelmäßig besucht. Beim Luftangriff auf Dresden am 13. Februar 1945 wurde es schwer zerstört. Noch bis Anfang der Neunzigerjahre waren am Haus vor Apels Theater die Anfangszeiten und Preise im Putz des Tores zu lesen.

Bereits im Mai 1945 trat Heinrich Apel d.J. als erstes Theater Dresdens in der Ton-Halle (Kleines Haus des Staatsschauspiels) auf der Glacisstraße wieder auf. Um 1950 spielte er nur wenige Schritte weiter in der Turnhalle auf der Carlstraße, heute Lessingstraße. Wie für alle traditionellen Marionettenspieler war es auch für Heinrich Apel nicht leicht, die kulturpolitischen Repressalien der 1950er-Jahre zu überstehen. Das Einreichen der Stücke, das Vorspielen, um eine Lizenz zu erlangen, die Teilnahme an Weiterbildungsveranstaltungen, die das Wesen dieser Volkstheatertradition verkannten, das alles führte dazu, dass Heinrich Apel 1952 die DDR verließ. Den rechten Fuß fasste er auch in West-Berlin nicht. Apel war mit Leib und Seele Dresdner. Hier hatte er sein Publikum und er war daher in der Stadt kein Unbekannter. Apel kehrte zurück, nicht ohne dem Rat des Bezirkes einige Zugeständnisse abgerungen zu haben. Er konnte wieder die Turnhalle auf der Carlstraße für Auftritte nutzen und damit sein Theater in „seiner“ Stadt betreiben! Apel nutzte aber auch die Möglichkeit, für die Konzert- und Gastspieldirektion zu spielen. Diese Entscheidung hatte sicherlich zwei Seiten: Einmal unterlag er damit der staatlichen Kontrolle, zum anderen hatte er aber gesicherte Auftritte, ohne sich um Tourneeplanung etc. zu kümmern. Er spielte bis in die Sechzigerjahre hinein überwiegend in Kinder- und Erholungseinrichtungen. 76-jährig verstarb Heinrich Apel d. J. 1975 in Dresden. Seine Bühnenausstattung befindet sich heute in der Puppentheatersammlung Dresden und im Puppentheatermuseum München.

Von „lebensgroßen“ Marionetten und einem vorwitzigen Kasper

Ein Blick hinter die Kulissen des Apel'schen Theaters

Wenn sich ältere Dresdner an das Apel'sche Marionettentheater erinnern, so entsinnen sie sich angeblich 1,20 bis 1,50 Meter großer Figuren. Für einige waren sie sogar lebensgroß. Nun, aus der kindlichen Perspektive mögen sich solche Eindrücke festgesetzt haben, zumal jedem Zuschauer ein unmittelbarer Größenvergleich fehlte, denn er blickte in einem dunklen Saal in einen erleuchteten Bühnenraum. Ein Ringsherum gab es für ihn nicht. Tatsächlich waren auch die Apel'schen Marionetten nicht größer als 70 bis 90 Zentimeter.

Das Proszenium von Albert Apel, also die Bühnenfront, bestand aus Seitenportalen, die mit illusionistisch gemalten Säulen und Hermen versehen waren. Rechts und links zwischen den Säulen befand sich jeweils ein Gemälde mit Sagengestalten. Der Spieß, also der obere Abschluss des Portals, und der Sockel, die untere Bühnenabspannung, waren mit reicher marmorisierter Ornamentik versehen. Ein solches Portal war wie ein prächtiger „Bilderrahmen", in dessen Mitte ein Rollvorhang hing. Auf die Leinwand des Vorhanges, der zum Theater von Albert Apel gehörte, war ein prachtvoller Faltenwurf gemalt, der acht allegorische Figuren umrahmte. Diese Proszenien konnten durch weitere Seitenhänger so verbreitert werden, dass sie die gesamte Saalbreite einnahmen.

Hinter dem Proszenium verbarg sich ein Holzlattengestell von ca. 4 Meter Höhe, einer Breite von 7 Meter und einer Tiefe von 3 Meter. Das Laufbrett der Marionettenspieler befand sich ca. 1,50 Meter über dem Bühnenboden, sodass sich für die Marionetten eine Schnürungshöhe von zirka 2,20 Meter ergab. Der Spieler sah also seine Figuren nur aus der Vogelperspektive und es bedurfte schon einiger Erfahrungen, um aus dieser Sicht die Szenerie durch Bewegung und Gestik optisch wirksam zu gestalten.

Die sächsische Marionette – Apels Marionetten sind auch hier ein treffendes Beispiel – hat in der Regel sieben Fäden. Die Figur hängt mit ihrem Körpergewicht an den beiden Kopffäden. Wird das Führungskreuz nach vorn geneigt, so verlagert sich das Gewicht auf den Rücken- oder Nackenfaden, und der Kopf kann horizontal bewegt werden. Die Beinbewegungen vollziehen sich über ein Heben und Senken des so genannten „Gängels", einem nach oben und unten zu bewegenden Holze, am Kreuz. Die andere Hand bleibt dem Spieler, um die entsprechenden Armbewegungen zu ziehen.

Da für jede Inszenierung die Figuren neu zusammengestellt werden, müssen die Fäden rasch vom Körper lösbar sein. Während der Prinzipal die männlichen Marionetten ankleidete, widmete sich seine Ehefrau den weiblichen. Die traditionellen Marionettentheater verfügten über etwa 20 Puppenkörper, eine doppelte Anzahl Köpfe und ein Vielfaches an Kostümen und weiterem Zubehör, wie zum Beispiel Schuhe, Perücken, Hüte usw. Allerdings mag hier die Familie Apel eine Ausnahme sein. Sie besaß wesentlich mehr Figuren. Die Kostüme und das Zubehör bestachen durch Details der Stick- und Schneiderkunst, denn die Marionettenspieler versuchten auch in dieser Beziehung, das Schauspieltheater nachzuahmen.

Für den Prinzipal war die Figur des Kaspers natürlich die wichtigste und die seinige. Ihm verlieh er seine Stimme, in der Regel in seinem normalen Tonfall und Dialekt.

Der Kasper des Marionettenspiels unterscheidet sich gravierend von der lustigen Figur im Handpuppen-Theater. Er besitzt keine Standardbekleidung, keine Jacke mit Schellen und keine lange Zipfelmütze. Er hat keine große Hakennase, keine lustigen Augen und keinen breiten, die Zähne zeigenden Mund, sondern er schlüpft immer in das jeweilig vorgesehene Rollenkostüm. Der Marionettenkasper ist Diener, Knappe, Handwerksbursche und gelegentlich auch ein bauernschlauer Kleinbürger. Seine Kleidung entspricht der Zeit, in der das jeweilige Drama angesiedelt ist. Allerdings fällt er durch seine größere Beweglichkeit, durch eine kleinere Größe, durch bewegliche Augen und sein „Klappmaul" auf.

Indem er eine festgelegte Rolle im Drama innehat, verkörpert er viel weniger eine Zentralfigur als der Kasper im Handpuppentheater. Der Umfang seines Auftrittes wird

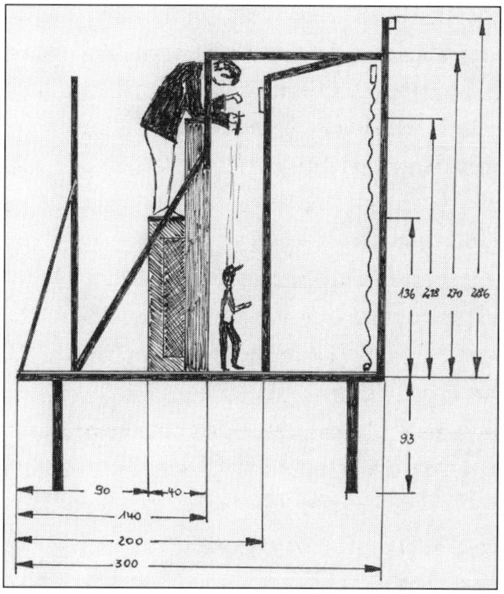

Skizze der Seitenansicht einer traditionellen Marionettenbühne, um 1914. Die Maßangaben sind der Bühne von Curt Kressig entnommen.

vor allem auch von der Spielauffassung seines Prinzipals bestimmt. Er muss sich regelrecht in den Handlungsverlauf drängen, oftmals die Absichten seines Herrn kommentierend. Er verursacht Konflikte, löst sie aber nur in den seltensten Fällen. Das überlässt er anderen. Sein Charakter ist widersprüchlich. Er hat sowohl Courage als auch ungeheure Ängste. Er kann alles versprechen, nur um sein Leben zu retten. Er kann lachen und weinen. Er kann blitzschnell reagieren, aber auch sehr langsam agieren. Er tut eigentlich stets das, was im Gegensatz zur Handlung seines Herrn steht oder was zumindest die Ideen und Absichten seines Herrn auf ein irdisches Maß bringt. Daraus ergibt sich ein großer Teil seiner Komik.

Der sächsische Marionettenkasper ist weit weniger Kritiker herrschender, öffentlicher Zustände als anderenorts oder auch als sein Verwandter im Handpuppenspiel.

Für sein Auftreten soll der 5. Akt „Kerker" aus dem Vaterländischen Schauspiel „Der Förster von Grünhain" – oder – „Der Mord aus Eifersucht", geschrieben am 7. August 1888 in Crottendorf, ein Beispiel sein:

Kasper (von außen): Kreuzbatallion, macht doch einmal die alte Spelunke auf und verrammelt nicht alles, hier bricht niemand ein, höchstens mal aus. Heda, aufgemacht.

Gerichtsdiener: Wer ist denn draußen?

Kasper: Ich bin's.

Gerichtsdiener: Wer ist denn das, „Ich Bins"?

Kasper: Ja so ist's doch auch wahr, na ich bin's und mein Herr das ist der alte Müller Mahler Meister Kunz und dieser schickt dem Förster Max vor seinem Ende noch eine kleine Labung und Herzstärkung, ein feines Fläschchen Wein. Ich muss es aber eigenfüßig und eigenhändig abgeben.

Gerichtsdiener: Habt ihr einen geistlichen Schein?

Kasper: Was? Ich wäre ein scheußliches Schwein, na d.h. machen Sie mich nicht rappelköpfig, sonst passiert ein Unglück.

Gerichtsdiener: Ach was, wer hier herein will, muss einen amtlichen Revers zum Eintritt haben.

Kasper: Ich brauche keinen artlichen Rehfuß zum Eintritt, ich will mit dem Max sprechen und damit Punktum.

Gerichtsdiener: Geht nicht ohne amtliche Erlaubnis!

Kasper: Du denkst wohl, ich will ganz dableiben, Sommer und Winter freie Logis haben? Nein, da kaufe ich mir lieber einen Strick, schlag'nen Nagel in die Decke und häng mein Felleisen nan.

Gerichtsdiener: Mir kann's gleich sein, entweder Er übergibt mir seine Sache oder holt'sich einen Erlaubnisschein!

Kasper: Na da will ich lieber gehen, die Sache ist mir zu umständlich, da sag nur an Max einen schönen Gruß von Müller Mahler Meester und sie hätten ihn alle vergeben, und den Wein thäte ich auf seine Gesundheit trinken; na der richte es nicht falsch aus. So nun leben Sie recht hübsch, adje!

Gerichtsdiener: Na da geh er nur heim, ich werde seine Grüße schon besorgen.

Kasper: Na da ist's gut, du alter Stabstrompeter, da will ich nur abtraben, aber der Max dauert mich doch, wenn ihn so mir nichts, dir nichts das Köppel runtergehackt wird, und er muss dann ohne Kopf rumlaufen und weiß dann vor lauter Angst nicht, wo er seinen Hut hinsetzen soll. Ei pfui Teufel, das sind schöne Aussichten. Na ich will nur machen, dass ich fort komm'. Sonst wird mir's ganz schwumrig um's Herz rum! (ab.)

Ein traditionelles Marionettentheater ist im wahrsten Sinne des Wortes ein „gewichtiges" Unternehmen. Bühne und Zubehör füllten den größten Teil des Packwagens, der bis in die 1920er-Jahre zumeist von beim Fuhrunternehmer geliehenen Pferden gezogen wurde. 1890 vermerkte Albert Apel in einem Brief an Kollmann, dass er anfangs die Freiberger Gegend bereiste, dann an der Lösnischen Grenze entlang fuhr, in die Annaberger, Olbernhauer und Zöblitzer Umgebung kam, weiter gen Augustusburg und Oederan fuhr, einige Male im Geburtsort seiner Frau (Eppendorf) und mehrmals in seinem Geburtsort Radeberg gastierte. Er habe in den Stadttheatern Annaberg, Meißen und Freiberg gespielt, und er sei in den letzten drei Jahren auch in der Alt- und Neustadt von Dresden gewesen, in Dippoldiswalde, Altenberg, Pirna und Königstein. So seien zwölf Jahre vergangen, in denen er mit der Familie durch Sachsen reiste. Des Reisens müde, versuchte sich Albert Apel in Dresden sesshaft zu machen. 1892 mietete er eine Wohnung im Haus Louisenstraße 52 in der Dresdner Neustadt. Die folgenden Jahre waren von Erfolgen und Misserfolgen geprägt, sodass er zwischen einer festen Dresdner Spielstätte und dem Reisen ins Erzgebirge pendelte.

Später, ab den Zwanzigerjahren des vergangenen Jahrhunderts, leisteten sich die Prinzipale auch Zugmaschinen. Sie wechselten ihre Auftrittsorte, je nach Erfolg, alle sechs bis acht Wochen. Dabei wurden unterschiedliche Entfernungen zurückgelegt. Zumeist reiste man aber in den Nachbarort, denn die Bodenständigkeit der Landbewohner sowie fehlende Verkehrsmittel ließen kaum Besucher aus anderen Orten zu den Abendvorstellungen kommen. Hatte der Pfarrer den Besuch der Marionettenspieler von der Kanzel gut geheißen, dann konnten sie sich auch ordentlicher Besucherzahlen sicher sein.

Von ehrbaren Räubern und verruchtem Diebsgesindel

Räuberlegenden im Marionettentheater

„He, runter vom Bock und nicht gemuckst!" Laut hallt dieser Befehl durch den Wald, als zwei Räuber die Postkutsche überfallen.

„Geld oder Leben spricht Stülpner, der verwegene Raubschütz !", so ruft einer der beiden Räuber. Doch ehe sie den Postillion vom Wagen zerren, fällt ein Schuss. Der wahre Stülpner Karle tritt aus dem Tann:

„Ich wird' euch lehren, den Namen meiner Mutter Sohn in eurem Maul zu führen und auf meine Kosten Raubüberfälle zu praktizieren!"

Als die beiden mit Stülpner feilschen:

„Macht keinen Wind, Stülpner, wir teilen uns die Beute. Sie reicht für drei", antwortet Stülpner nur:

„Wildschütz und Räuber sind zweierlei!" Und als er mit der Büchse droht, nehmen die beiden Strauchdiebe Reißaus. Der Postillion aber bedankt sich bei Stülpner:

„Das war Rettung in höchster Not, deren Beute wäre groß gewesen, denn im Vertrauen Stülpner, achthundert Taler sind in der Truhe, für den Churfürsten bestimmt." (zitiert aus: „Carl Stülpner", dramatisiert von Rolf Mäser)

Diese ehrenwerte Tat gegenüber den Landesoberen verhalf später dem Raub- und Wildschützen Carl Stülpner zur Begnadigung.

Und wie im Erzgebirge jeder den Rebellen der Wälder liebt, so ist es in der Lausitz der Räuberhauptmann Karasek, der sich als „Prager Hansel" einer in der Oberlausitz operierenden Räuberbande angeschlossen hatte. Er wurde ihr Hauptmann, war als solcher aber auch nicht fähig, an Unschuldigen blutige Verbrechen zu begehen. Er nutzte seine Autorität, um Gerechtigkeit herzustellen, die Reichen zu schröpfen und den Armen zu geben.

Ob Stülpner oder Karasek, beider Leben sind nur zwei Beispiele für eine Vielzahl von für das Marionettentheater dramatisierter Sagen. Ihr Aufbegehren für den kleinen Mann führte beim Zuschauer zu einem starken Mitgefühl. Dieser erregte sich, wenn zum Beispiel Karasek, eingesperrt im Dresdner Gefängnis, nachts nicht zum Schlafen kommt, weil er stündlich der Wache auf ihren Ruf „Karasek!" mit der Formel antworten musste „Ist nicht weg." Dies war Karaseks Strafe dafür, dass er einmal einen Fluchtversuch unternommen hatte.

Den reizvollen Widerspruch, solchen Gesetzesbrechern das Lied des braven Mannes zu singen, ihr Leben und ihre Taten dramatisch auszubauen und mit Blitz und

Szene mit den Wilddieben Stülpner, Dotzauer und Herzog aus „Karl Stülpner – der Sohn der Wälder", aufgeführt von Ritschers Künstler Marionetten-Theater, 1982.

Donner in Szene zu setzen, ließen sich die Marionettenspieler im 19. Jahrhunderts nicht nehmen. „Stülpner, Carle" und „Karasek" waren Zugstücke jener Zeit. Aber auch „Nickel List", „Der Kirchenraub zu Großenhain" oder die Raubtaten des „Lips Tullian" gehörten zur Personage der Marionettentheater.

Alle der über 170 Marionettentheater, die um 1900 spielten, – auch das Apel'sche in Dresden – hatten diese Wildschützen-Dramen in ihrem Repertoire. Aber alle spielten auch viele der so genannten Entstehungssagen. Dazu zählten u.a. „Das Geisterhaus oder die Entstehung des Trompeterschlösschens am Dippoldiswalder Platz in Dresden", „Die Entstehung der drei Kreuze zu Freiberg", „Die Entstehung von Weipert" und die „Entstehung des Warmbades zu Augustusburg". Sie wurden von den Marionettenspielern als „vaterländische Stücke" angepriesen. Dies war vor allem nach der Reichseinigung von 1871 von Bedeutung. Die Identität der Regionen und Länder wurde damit erhalten und gefördert. Die Sachsen sollten sich in ihrer Geschichte stark verwurzelt fühlen. Das „Apelsche Dresdner Marionettentheater" griff als solches vor allem auch Themen der Dresdner Stadtgeschichte auf. Trotzdem blieben diese auf dem ersten Blick als „Historienstücke" zu bezeichnenden Dramen, Sagen und Legenden, die nicht den wirklichen Geschichtsverlauf widerspiegelten. Der Zeitrahmen wurde im Unklaren gelassen, der lokale Bezug aber stets hervorgehoben. Oft wurden Orts- und Personennamen spezifisch lokalisiert, um die Aufmerksamkeit der Heimatfreunde zu erregen. Letztlich jedoch ging es darum, dass die Kasse der Marionettenbühnen stimmte. War vom Gastspielort oder in der näheren Umgebung keine Sage bekannt, wurde kurzerhand der Titel eines Repertoirestückes umbenannt. So spielte Heinrich Apel d. J. (1895-1975) in den 1920er-Jahren in Kesselsdorf das Stück „Die Kaufbacher Windmühle oder die Wildschützen im Zschoner Grund". 1942 bot er das gleiche Programm mit der gleichen Personage und den gleichen Aktbezeichnungen in Freital unter dem Titel „Die Possendorfer Windmühle oder die Wildschützen vom Poisengrund" an. Und einige Jahre später stand in Dresden-Löbtau „Die Leutewitzer Windmühle oder die Wildschützen vom Zschoner Grund" auf dem Spielplan. Immer handelte es sich um dasselbe Volksstück, welches im Untertitel als „Kalendergeschichte nach einer wahren Begebenheit" angekündigt wurde. Offenbar ein Erfolgsstück, dieses Mühlendrama, das als romantische Eifersuchtsgeschichte über die Bühne ging und auch von anderen Puppenspielern, so von Bruno Wünsch (Meißen), Oswin Bille (Reichenbach) und der Familie Ritscher genutzt wurde.

Zur Heimatforschung eignen sich derartige „Historienspektakel" nicht. Zumal die Grundlage dieses Mühlendramas – um beim oben genannten Beispiel zu bleiben – ein oberbayrisches Schauspiel von Friedrich Ranft war und ursprünglich den Titel „Die Steinmühle oder der Mord an der Blutbrücke" trug. Nur Bruno Wünsch (1863-1943) benutzte noch den originalen Titel.

Die traditionellen Marionettenbühnen haben in der Vergangenheit viel dafür getan, das Sagen und Legenden in den jeweiligen Regionen lebendig blieben. Es war ihr ureigenstes Verdienst, diese Überlieferungen dramatisiert zu haben, um sie Jung und Alt lebendig zu erzählen. Über 50 derartig historisierende Stücke standen auf ihren Spielplänen. In spannenden Handlungen, pyrotechnische Effekte nicht scheuend, gewürzt mit mehr oder weniger geistreichen Wortspielen des Kaspers, waren aber stets auch Wahrheiten über die realen sozialen Verhältnisse enthalten. Der kleine Mann erkannte sich wieder in den Helden der Marionettenbühne, von denen der Großvater schon erzählt hatte.

„Das Geisterwirtshaus" – ein Zugstück aus der Dresdner Stadtgeschichte

Das Trompeterschlösschen am Dippoldiswalder Platz

Der Dresdner Marionettenspieler Heinrich Apel d.Ä. (1875-1920) war stets um künstlerische und technische Neuerungen in seinem Theater bemüht. Als die Elektrizität ihren Siegeszug begann, war er einer der ersten, der die Petroleumlampen aus seinem Theater verbannte und elektrische Glühlampen installierte. Aber Apel trat vor allem auch als Autor seiner Stücke hervor. Dabei legte er Wert darauf, sowohl landesgeschichtliche Themen zu bearbeiten als auch aktuelles Geschehen. Deshalb waren viele seiner Kollegen erpicht, an „Apel-Stücke" heranzukommen. Einige sollen sogar in seinen Vorstellungen die Texte heimlich mitgeschrieben haben. Es war ebenfalls Heinrich Apel d.Ä., der den aktuellen Mordfall „Grete Beier" dramatisierte. Bereits

Szene mit zwei Geistern und Friedolin Klaus, dem Trompeter aus „Die Entstehung des Trompeterschlösschens zu Dresden". Gezeigt vom Traditionellen Marionettentheater Kurt Dombrowsky, 1995.

zwei Wochen nach dem Prozess und der Hinrichtung der Bürgermeistertochter Grete Beier 1909 in Freiberg führte er sein Stück zu diesem Thema auf. Ein anderer Renner auf seiner Theaterbühne war „Die Siebenlehner Feuerwehr". Dieses Stück behandelte die betrügerischen Brandlegungen der „Floriansjünger".

Immer wieder waren es „Entstehungssagen", die den Apel'schen Spielplan zierten. Zu ihnen gehörte „Das Geisterwirtshaus – oder – Die Entstehung des Trompeterschlösschens zu Dresden". Heinrich Apel d. Ä. schrieb dieses Stück 1910: Friedolin Klaus, ein Militärtrompeter kehrt verwundet, aber voller Lebenslust aus dem Dreißigjährigen Krieg in sein bayrisches Heimatdorf zurück. Dort will er Lieschen, die Tochter des Müllers freien. Der Müller Oswald verweigert aber dem mittellosen Soldaten seine Tochter. Auch Kasper, einer seiner Müllerburschen, hat mit dem grantigen Müller seine Schwierigkeiten. Nachdem Kasper seinen Dienst beim Müller aufgekündigt hat und von ihm buchstäblich aus der Mühle hinausgeworfen wurde, beschließen beide, auf Wanderschaft zu gehen. Sie erreichen nach langer, beschwerlicher Reise Dresden und gehen zum Wirtshaus am Dippoldiswalder Platz. Dort hat der Wirt demjenigen 1.000 Gulden versprochen, der das Geisterwirtshaus von einem mitternächtlichen Spuk befreit. Müde von der Reise, wollen beide jedoch nichts als schlafen. Da alle Zimmer belegt sind, erhalten sie Quartier im Schlösschen. Der Wirt aber warnt sie vor dem Geisterspuk. Die beiden richten sich zur Nachtruhe ein. Aber Klaus will lieber wach bleiben und Trompete blasen. Als um Mitternacht die Geister erscheinen, nimmt Kasper voller Angst Reißaus. Friedolin Klaus aber bläst die Trompete. Anfangs, um den Wirt zu rufen, dann, um die eigene Angst zu überwinden und schließlich, als er bemerkt, dass sich die Geister durch Polka und Walzer besänftigen lassen, spielt er ihnen zum Tanz auf. Und nach der Mitternachtsstunde sinken sie, nachdem sie sich bei Friedolin für den Tanz bedankt haben, in einen immerwährenden Schlaf. Kasper rühmt sich, dass er als tapferer Held den ganzen Spuk überstanden habe. Doch er wird kleinlaut, als er erfährt, dass Friedolin Klaus den Geisterspuk gebannt hat. Dennoch, beide bekommen ihren Lohn. Wieder in der Heimat angelangt, steht durch die nun mögliche Mitgift der Hochzeit mit dem Müllerlieschen nichts mehr im Wege.

Ein Stück also ganz nach Heinrich Apels Gusto. Die Geister konnten mit Flachfiguren dargestellt werden und standen so in reizvollem Kontrast zu den vollplastischen Marionetten, die die realen Menschen verkörperten. „Obiges Stück ist aus der Chronik entnommen ..." – so wurde auch „Die Entstehung des Trompeterschlösschens" angekündigt. Doch die historischen Umstände blieben im Unklaren, der lokale Aspekt hingegen wurde so genau wie möglich gefasst. Die Ankündigung „am Dippolsdiswalder Platz" durfte niemals fehlen, zumal dieses Gasthaus bis 1945 tatsächlich existierte.

Johann Georg Theodor Gräße hatte in seiner Sammlung sächsischer Sagen (Ausgaben 1854/1874) diese Sage in eine Zeit weit vor der Stadtgründung Dresdens verlegt und das Schlösschen als das vom Böhmenherzog Boleslav II. im Jahre 994 zerstörte Jagdschloss der Dohnaer Burggrafen identifiziert. Nach seiner Fassung hätten die Dohnaer schon 840 eine Elbbrücke errichtet. Das Gasthaus an der Heerstraße, die zur Brücke führte, war darum eine gute Einnahmequelle. Deshalb habe der Wirt die Ruine gekauft und sie als Übernachtungsstätte wieder aufrichten lassen. Ein fahrender Ritter sei einst gekommen, sei aber, weil ihn in der Geisterstunde blanke Skelette zum Tanz aufgefordert hätten, mit Grausen davongeeilt.

Widar Ziehnert hatte bereits 1837 in seiner Sammlung poetischer Sagen Sachsens die überkommene Legende zeitlich am Ende des Dreißigjährigen Krieges angesiedelt.

Beiden Sagenfassungen, sowohl der Ziehnert'schen als auch der Gräße'schen, ist der Schluss gemeinsam, dass erst ein Trompeter den Wunsch der zwölf Geisterpaare erfüllte, ihnen zum Tanze aufzuspielen und damit dem Spuk ein Ende zu bereiten.

Heinrich Apel hat sicher beide Sagenüberlieferungen gekannt. Mit dem Zeitpunkt seiner Handlung folgte er den Notizen von Widar Ziehnert, denn Ereignisse des Dreißigjährigen Krieges waren mehrfach inszeniert und so war es einfacher, die rechten Prospekte, Kulissen, Typen und Kostüme im Theaterfundus zu finden.

Am Schluss der Textbücher der Marionettenspieler ist oft ein Stoßgebet zu lesen wie zum Beispiel: „Gott gebe uns ein gutes Geschäft. Amen." Damit dieser Wunsch in Erfüllung ging, durfte dem Publikum nicht nur das Fürchten gelehrt werden, sondern auch das Lachen. Deshalb musste in den Stücken der Kasper „gut vertreten" sein. „Wer lachen will, der komme heut, zum Weinen ist immer noch Zeit" ist auf den Ankündigungszetteln zu lesen. Auch eine saubere Dekoration und eine prachtvolle Garderobe waren Ehrensache und wurden auf den Plakaten hervorgehoben.

Das von der Bühne Uwe Dombrowsky (Engertsdorf) aufgeführte „Trompeterschlösschen“ erfüllt heute noch diese Bedingungen. Der Reiz, dass die Ausstattung, also Kulisse und Marionetten, aus Apels Zeiten stammen, verbindet sich geschickt mit den für uns etwas antiquierten Dialogen. Der Spuk selbst, auch hier durch Flachfiguren dargestellt, ist in seiner Wirkung ebenso frappant wie für das traditionelle Marionettentheater authentisch. Derartige Aufführungen wie die der Dombrowskys erfüllen verdienstvoll eine Doppelfunktion: Sie erhalten sächsisches Sagengut und das traditionelle sächsische Marionettenspiel lebendig.

Wie der Mordgrund zu seinem Namen kam

Carl Engels Stück „Die Räuber zu Loschwitz“

Wie der Mordgrund zu seinem Namen kam – darüber brauchten unsere Altvorderen weder zu grübeln noch in dicken Büchern nachzuschlagen. Sie besuchten einfach „Apel’s Marionettentheater“ auf der Görlitzer Straße. Heinrich Apel hatte natürlich auch die Rittergeschichte um den Mordgrund am Rande der Dresdner Heide in seinem Repertoire.

Die Quellen der Stücke sind relativ leicht auszumachen. Es sind die Sagensammlungen des 19. Jahrhunderts. In Falle der „Mordgrundbrücke“ lag bereits ein Drama für die „Menschenbühne“ vor, das Heinrich Apel aber aller Wahrscheinlichkeit nach nicht kannte, denn er setzte am 27. Dezember 1899 den Schlussstrich unter den Text des Marionettendramas „Die Ritter von Loschwitz oder Die Entstehung der Mordgrundbrücke bei Dresden – Großes romantisches Ritterschauspiel in sechs Akten“ und fügte hinzu „von Professor Engel“.

Wer war dieser Professor? Carl Engel, 1824 in Oldenburg geboren, war eigentlich Musiker, Kapellmeister und Komponist. Seine Meriten hatte er sich in Sankt Petersburg erworben, als er am Zarenhofe musizierte und den Höflingen Violinenunterricht gab. Durch Heirat kam er nach Dresden. Später, im Ruhestand, sah er sich bis zu seinem Tode 1913 bei den Marionettenspielern um und publizierte von 1874 bis 1892 in einem Oldenburger Verlag in zwölf Heften einige ihrer wichtigsten Komödien. Auch als Faustforscher machte er sich einen Namen. Doch bei soviel Beschäftigung mit Marionettendramen blieb es nicht aus, dass er selbst welche verfasste. Im Jahre 1889 schrieb er das romantische Ritterspiel „Die Ritter von Loschwitz“, das Heinrich Apel d.Ä. später sehr oft aufführte.

Alles, was ein solches Heimatstück leisten muss, fand Berücksichtigung: Orts-, Flur- und Adelsnamen sind konkret benannt. Neben den Loschwitzer Rittern Hans von Clomen und Benno von Birken treten Ritter Kunibert von Wehlen und Uda, der Burgherr von Wachwitz, auf. Wenn auch genaue historische Bezüge im Unklaren bleiben, so wird doch der Zeitrahmen „13. Jahrhundert“ im Spiel deutlich.

Ein Theaterzettel von Apel-Böttger, um 1910.

Böttgers Marionetten- u. Kinematogr.-Theater

Apels Nachfolger.

Bestes reisendes Theater. —— Ohne Konkurrenz.

Prachtvolle Ausstattung, Garderobe und Dekoration.

Achtung! Heute: Achtung!

Die

Ritter v. Loschwitz

oder:

Die Entstehung der Mordgrundbrücke bei Dresden.

Großes romantisches Ritterschauspiel in 6 Akten von Professor Engel.

1. Geplante Brautwerbung. 2. Das Duell. 3. Die Entführung. 4. Der Kampf um die Burg. 5. Der besiegte Bösewicht. 6. Die Mordgrundbrücke.

Personen:

Ritter Hans von Clomen, Burgherr auf Loschwitz	Kaspar, Bennos Diener
Ritter Benno von Birken, " " "	Albert, " "
Ritter Uda, Burgherr auf Wachwitz	Reinhold, Clomens Diener
Ritter Kunibert von Wehlen	Wendelin, Ladislaus Diener
Ladislaus, ein böhm. Ritter und Gesandter	Georg, } Waffenknechte.
Elsbeth, Clomens Tochter	Kurt, }
Gertrud, eine Verwandte Clomens	Hubert, ein Geist.
Tusnelda, eine Zofe	

Hierauf ein interess. Nachspiel.

Kassenöffnung halb 8 Uhr. Anfang halb 9 Uhr.

Preise der Plätze:

1. Platz 39 Pfg. 2. Platz 30 Pfg. Stehplatz 20 Pfg. Kinder auf allen Plätzen die Hälfte

Um gütigen Zuspruch bittet ganz ergebenst **Walter Böttger**, Theaterbesitzer aus Dresden

Man bittet, die Zettel hängend aufzubewahren, da selbige am Schlusse wieder abgeholt werden.

Jeden Sonntag Nachmittag: Große Kinder-Vorstellung.

Der die Phantasie anregende, gruselige Name des Grundes und der reale Hintergrund historischer Ereignisse ermöglichten eine handfeste Dramaturgie, aber auch Spaß, denn wieder war es der Kasper, der zum Träger wichtiger Handlungsstränge wurde. In Carl Engels Version – die auf der von Th. Gräße aufgezeichneten Sage fußt, aber einige Änderungen erfährt – liebt Benno von Birken Elsbeth, die schöne Tochter seines Nachbarn Hans von Clomen. Doch ganz ohne Hindernisse kommen die beiden nicht zueinander. Denn da ist noch der Bösewicht Ladislaus, ein böhmischer Ritter, der dem Vater der schönen Elsbeth das ganze Hab und Gut abpressen will. Als der alte Hans von Clomen vor Jahren wider die Sarazenen in den Kreuzzug zog, hatte er, um für die Ausrüstung und das Reisegeld aufzukommen, seine Güter an böhmische Adlige verpfändet und die Urkunde darüber seinem Verwalter Hugo zur Verwahrung gegeben. Nun aber tritt Ladislaus mit einer gefälschten Kaufurkunde auf und stellt Restitutionsansprüche. Wäre nicht der Kasper mit im Spiel gewesen, hätte die Geschichte böse ausgehen können. Er erfährt, dass Ladislaus in Gestalt der Gertrud eine Komplizin auf Clomens Burg hat. Als Charmeur umwirbt Kasper sie und bekommt dadurch heraus, dass die schöne Elsbeth entführt werden soll. In Frauenkleider gehüllt tritt Kasper an ihre Stelle. Die echte Elsbeth aber verbirgt sich in einer kleinen Kapelle im Grund des Waldes. Dort erscheint ihr der Geist des von Ladislaus ermordeten Hugo. Der verrät ihr, wo die echten Papiere verborgen sind. Ende gut, alles gut? Nein, vorerst noch nicht. Da sind die Schreie des Kaspers zu hören „Mörder, Diebe, Frauenmopser!" und Ladislaus, die Täuschung erkennend, muss ihn loslassen und sich dem Zweikampf mit Benno von Birken stellen. Fast besiegt, tötet er noch hinterrücks den Knappen Kurt.

„O, Ladislaus, du Lauseaffe, schon wieder ein Mord im Grund; das ist ja der reinste Mordgrund", lautet da der Kommentar des Kaspers. Damit ist der Entstehungsgeschichte des Ortes also Genüge getan. Und mit den Worten Bennos: „So höre Mörder, alles ist entdeckt", erschlägt er Ladislaus.

In Th. Gräßes Sagenüberlieferung endet das Drama mit dem Doppelselbstmord des Liebespaares. Apel hält sich jedoch an Engels sechsten Akt, der ein volksstückhaftes, glückliches Ende vorsieht. Nachdem die Bösewichte vernichtet und bestraft sind und das Recht wieder hergestellt ist, können die beiden Liebenden Hochzeit feiern. Damit konnte das Drama zu Recht als romantisches Ritterschauspiel angekündigt werden. Es ist bildlich gesprochen höchst romantisch, wenn in der Burg hoch oben über dem grausigen Mordgrund die Liebe und damit das Leben triumphiert.

Wie der Name des „Mordgrundes" und der entsprechenden Brücke wirklich entstanden ist, ist nicht ganz sicher zu klären. Der Grund markierte eine Grenze zwischen unterschiedlichem Landbesitz und im Mittelhochdeutschen heißt „marca" nichts anderes als Grenze. In sächsischer Zunge verwandelt sich das „a" schnell zum „o", vom „Marcagrund" zum „Mordgrund" war es kein großer Schritt.

Die humorvolle Erklärung des Kaspers aber war den Zuschauern stets angenehm, sodass das Stück, wie Theaterzettel belegen, nicht nur von Apels, sondern auch von anderen Bühnen bis in die 30er-Jahre des 20. Jahrhunderts hinein mit gutem Erfolg aufgeführt wurde.

Von Reichtum und Armut, von Berggeistern und Bergstürzen

Bergmannssagen auf der Marionettenbühne

Wenn auch bei den Erzgebirglern Ende des 19. Jahrhunderts oft Schmalhans Küchenmeister war, so lebten sie doch nicht vom Brot allein. Für Herz und Seele musste auch etwas dabei sein. Und so war das ankommende Marionettentheater mit seinen herzzerreißenden und rührenden Aufführungen eine willkommene Abwechslung. Gern ging man zu „Apel's Dresdner Marionettentheater" oder zum Theater der Familie Listner, zumal wenn Stücke aus der Welt des Bergbaus auf dem Spielplan standen. Man wollte etwas sehen vom Schicksal jener Vorfahren, die die Wege des Erz- und Silberbergbaus mit geebnet hatten. Man wusste von den Wagnissen, Risiken und Zufällen, denn auch Ende des 19. Jahrhunderts war der Beruf des Bergmannes nicht weniger gefährlich. Nicht erklärbare Grubenunglücke, die den noch geringen Kenntnissen der Gesteinsbewegung im Berge geschuldet waren, gaben Anlass zu spektakulären Erklärungen und Stoff für äußerst dramatische Geschichten. So entstanden Sagen von Berggeistern, die über die Kraft verfügten, Glück oder Unglück herbeizuführen. Im Spannungsfeld von Hochmut der Reichen, Neid über Bergglück und sagenhaftem Reichtum auf der einen und der Armut derer, die diesen Reichtum schufen auf der anderen Seite, entstanden viele der Marionettendramen.

Vom Auffinden des Edelmetalls ist in dem Stück „Die Eselswiese bei Zwickau" die Rede. Ferdinand Listner (1857-1912) spielte es auf seiner Marionettenbühne nicht nur in den Gasthöfen des Erzgebirges, sondern auch in der Umgebung Dresdens. Wunderbar bleibt das Erlebnis des armen Eselstreibers Jörg, dessen Ziegen auf ihrer Wiese Silbererz aufstöberten. Ehrenhaft ist Jörgs Tat, nachdem er zu Reichtum gekommen war, der heiligen Jungfrau Maria eben dort eine Kapelle zu errichten.

Hochmütig und maßlos in seiner Verschwendung war dagegen der „Silberherr von Annaberg", den der Puppenspieler Listner ebenfalls im Repertoire hatte. Die Zuschauer rieben sich vor Genugtuung die Hände, als sie im letzten Akt erleben konnten, wie das Schicksal diesen Goldprotz an den Bettelstab brachte.

Oft gingen diese Sagen von einem realen Ereignis aus, das legendenhaft verklärt und gemäß dem Publikumsgeschmack sogar mit kriminellen Taten verbunden wurde.

„Die lange Schicht von Ehrenfriedersdorf" fußt auf einem solchen Ereignis. Im Herbst 1568 wurde das Opfer eines 61 Jahre zurückliegenden Bergsturzes als nicht verweste Leiche geborgen. „Zwei fuhren in die Grube ein, nur einer kam zurück", so wird der Faden der Handlung gesponnen: Oswald Bartel, der die schöne Anna zur Braut hatte, und der schurkische John Haller, der sie ihm neidete. Als nach der „langen Schicht" von über 60 Jahren die Leiche Bartels geborgen wurde, war sein Körper noch jugendschön und frisch wie ehedem. Als Anna nun als Greisin – im Orte nur „die ewige Braut" genannt – an die Bahre trat, erschauerte sie und fiel in Ohnmacht. Am Kopf Bartels entdeckte man Schlagspuren, man suchte nach Haller. Der aber hatte sich inzwischen selbst gerichtet und in das Mundloch (den Stolleneingang eines Bergwerkes oder einer Höhle) eines nahe gelegenen Stollens gestürzt.

In anderen Bergmannsstücken ging es turbulenter zu, sodass die Puppenspieler mit reichlich Rotfeuer, Blitz und Donner arbeiten konnten. Wie ein Gottesgericht wirkte „Der Einsturz der Grube zu Höckendorf". Er soll sich 1557 zugetragen haben. Ein Erdbeben, Gewitter und gewaltige Regengüsse straften so den Hochmut des Bergherren Theler. Dieser tafelte, um mit seinem Reichtum zu prahlen, in der Grube und wollte damit zugleich auch von einem Verbrechen, das er an einem einfachen Bergmann begangen hatte, ablenken.

Dass Steinkohle Geld bringt, zu Gold wird, war nicht nur die Erfahrung des Freiherrn von Burgk, als er seit 1819 am Windberg im heutigen Freital Kohle abbauen ließ, sondern auch die der Bergleute, die sich durch schwere Arbeit davon ernährten. Einmal alle 100 Jahre, in der zweiten Pfingstnacht, öffnet sich der Sage nach der Windberg und lässt unter Umständen einen Menschen zu den Windberggeistern und deren Schätzen. So erging es auch dem Rotkopf Görge: „Von der Schenke in Deuben zu Hause nach Burgk, unterm Arm die staubige Geige …" (Widar Ziehnert) schleppte sich der müde Fiedler. Den Kopf voller Sorgen. Ohne Arbeit, nur auf den Verdienst angewiesen, den er sich beim Aufspielen zum Tanz in den Schenken oder auf Hochzeiten erfiedelte, musste er noch für den Unterhalt seiner kranken Mutter sorgen. Auch der Zins für das kleine Haus am Waldweg in Burgk war fällig, und obendrein verweigerte der reiche Bauer Gottschall dem armen Schlucker sein Töchterchen Rös-

Oswald Bartel, eine sächsische Marionette aus „Die lange Schicht zu Ehrenfriedersdorf", um 1900. Zeichnung: Inge Brüx.

chen! Statt des Fiedlers Frau sollte Röschen die Gattin des 30 Jahre älteren Amtmanns werden. Was sollte Görge der Devise Gottschalls „Geld, Geld ist die Hauptsache; von Mitleid kann man nicht leben!" entgegensetzen? Wo doch auch Dankbarkeit nichts zählte. Einst hatte Görge das Röschen aus der Weißeritz vor dem Ertrinken gerettet. Da konnte Görge nur noch von den Schätzen der Windberggeister träumen. Just in diesem Augenblick sprach ihn ein kleines, wildes Männlein an und forderte ihn auf, ihm zu folgen. Der Weg führte in das Innere des Windberges bis an ein Schlosstor, das sich von selbst öffnete und sich hinter ihnen wieder schloss. Er wurde aufgefordert, den in altdeutscher Tracht gekleideten Geistern zum Tanze aufzuspielen. Wie es sonst in den Dorfschenken zuging, wo die Burschen behaupteten, dass es sich nach seiner Fiedel am besten tanze, hoben sich auch hier die Beine der Tänzer wie von selbst. Und Görge wunderte sich, dass seine Geige Weisen spielte, die er selbst nicht kannte. Zum Lohn erhielt der Rotkopf eine Schaufel glühender Kohlen in seinen Hut. Als er sich plötzlich auf dem Weg nach Hause wieder fand, wollte er den guten Geistern nicht zürnen, deshalb warf er die Kohlen nicht beiseite, obwohl sie mit jedem Schritte schwerer wurden. Kurz vor seinem Hause aber entledigte er sich der scheinbar wertlosen Bürde. Am anderen Morgen untersuchte er den Hut. Jedoch vermochte er keine Brandspuren zu entdecken. Also war alles doch nur ein Traum! Doch dann fand er im Hutfutter ein Goldstück. Jetzt begriff er die Art der Belohnung. Mit großer Begierde sprang er aus dem Haus, um nach den ausgeschütteten Kohlen zu sehen, aber statt des erhofften Goldes fand er nichts als ein Häufchen schwarzer Steinkohle.

In unterschiedlichen Versionen wird der Schluss der Sage erzählt. Bei Ziehnert (Sachsens Volkssagen, 1838) geht die Sache gut aus. Görge findet die Kohlen. Sie werden wieder zu Gold. Er kauft sich Haus und Feld und kann mit Röschen Hochzeit feiern.

Heinrich Apel d. Ä. brachte 1899 sein Marionettenstück um den Fiedler zu Burgk zur Erstaufführung. Hier wurde der Konflikt mit dem Amtmann dramatisch vertieft. Dieser will Röschen zur Frau, deshalb bezichtigt der Intrigant Görge des Diebstahls, als dieser mit dem übrig gebliebenen Goldstück den fälligen Hauszins zahlen will. Zu gleicher Zeit aber hatte Kasper die Kohlen gefunden, die sich flugs in Geldstücke verwandelten. Und wie ein deus ex machina tritt in dem Apel'schen Stück ein Graf auf, der den Amtmann bestraft und bei Gottschall für den Fiedler ein gutes Wort einlegt. Einem Happy-End, sprich der Hochzeit mit Röschen, steht nichts mehr im Wege.

Doch auch eine heitere Resignation des Rotkopfs Görge bestimmt manche Sagenversion, wenn der Fiedler beispielsweise resümiert: „Schon das eine Goldstück hat mir Sorge und Unmut gemacht, wie würde mich erst ein ganzer Hut voll Goldstücke gepeinigt haben?"

Heute noch erinnert das 1859 geschaffene Denkmal des „Fiedlers von Burgk" im Park des Schlosses Burgk an diese Sage.

„Kommt ein schlanker Bursch' gegangen ..."

Oper und Operette auf der Marionettenbühne

Wenn die Aufführungen der wandernden Marionettenspieler in den Sälen der Dorfgasthöfe ebenso prunkvoll sein sollten wie die in den Stadt- oder Privattheatern, dann durften Opern im Repertoire nicht fehlen. Für Dresden war es wiederum die Bühne der Familie Apel, die für ihr Publikum Opern und Operetten in Szene setzte. „Der Freischütz" und „Der Vogelhändler", „Das Winzerliesel" und selbst „Lohengrin" standen auf dem Programm.

Wenn auf einem Theaterzettel der Familie Bonneschky zu lesen ist, „‚Der Freischütz' mit vollständigem Orchester!" – so muss von einer werbewirksamen Übertreibung ausgegangen werden. Ein Orchester nach Carl Maria von Webers Partitur war es gewiss nicht. Dazu werden mindestens 35 Musiker benötigt. Man musste sich auf das Machbare beschränken. „Apel-Böttgers Dresdener Marionettentheater" war da schon bescheidener und kündigte an: „Heute mit verstärkter Musikkapelle" und nannte den „Freischütz" ein „Schauspiel mit Gesang".

Bestand die Musikbegleitung bei den Marionettentheatern normalerweise aus zwei bis drei Musikern, wurde hier wohl die Kapelle auf fünf bis sechs Instrumentalisten „aufgestockt". Die Auswahl der „Musiknummern" lässt sich anhand der in der Dresdener Puppentheatersammlung vorhandenen Noten belegen, sie stimmt mit der auf dem Plakat genannten überein. Da heißt es:

Musik und Gesang:
1. Akt Melodram
2. Akt Volksgesang, Arie des Max „Hier im ird'schen Jammertal"
3. Akt „Kommt ein schlanker Bursch' gegangen", „Leise, leise, fromme Weise"
4. Akt Original-Musik
6. Akt „Und ob die Wolke sie verhülle", „Der Jungfernkranz"
7. Akt „Jägerchor"

Die musikalische Grundlage fast aller größeren Stücke ist die Streichergruppe (I. und II. Violine, Violoncello und Kontrabass). Oft kommt noch eine Klarinette dazu wie in der „Freischütz"-Aufführung des „Alten Apel'schen Theaters". Die größte Besetzung mit insgesamt neun Instrumenten ist durch das „Freischütz"-Material aus dem Besitz der Spielerfamilie Florian Bille verbürgt: Flöte, Klarinette, zwei Hörner und fünf Streicher. Doch nicht immer vermochten sich die Prinzipale der Marionettenbühnen so viele Musiker zu leisten. Neben einer „Sparbesetzung" wurden auch Kürzungen am Verlauf der Oper vorgenommen. Man beschränkte sich dann auf die „Ohrwürmer" einer Oper oder Operette.

Webers „Wolfsschlucht" hat beispielsweise im Original 430 Takte. In der entsprechenden Partitur von Apels Bühne sind nur 207 Takte zu finden. Dennoch waren derartige Aufführungen von guter Qualität. Heinrich Apel konnte in Dresden für die anspruchsvolleren Vokal- und Instrumentalpartien auf Theatereleven, Chorsänger und Musikstudenten zurückgreifen. Auf Tourneen fanden sich fast immer Stadt- und Wandermusikanten für die Instrumentalsätze. In den Notenblättern der Apel'schen Bühne „verewigte" sich beispielsweise am 21. Oktober 1892 in Wolkenstein ein Herr Schernetzl aus Franzensbad (Böhmen) als Musiker.

Zu manchen Singspielen sind einfache Bearbeitungen für Bandoneon vorhanden. Außerdem werden keine besonderen Anforderungen an die Vokalstimmen gestellt. In solchen Fällen kann man davon ausgehen, dass die Marionettenspieler selbst gesungen und musiziert haben. Der Marionettentheaterbesitzer Kurt Listner aus Thum im Erzgebirge soll Singspiele gerade deshalb besonders gern und oft aufgeführt haben, weil seine Frau eine bekanntermaßen schöne Singstimme besaß. Und von dem unbekümmerten Gesang der fast 80-jährigen Marta Ritscher waren die Dresdner noch in den 1980er-Jahren begeistert, als sie mit ihrem Sohn Roland in Pappritz und Pillnitz gastierte.

Alfred Gassmann, Marionettenspieler aus Torgau, hatte für musikalische Aufführungen immer einen Klavierspieler engagiert. Als dieser eines Abends nicht zur Vorstellung kam, sang der Prinzipal selbst und spielte Gitarre und Akkordeon.

Interessant ist eine Anzeige des Marionettentheaters Wünsch aus Meißen im Schausteller-Fachblatt „Komet" im Jahre 1924. „Als Nachspiel", so ist zu lesen, „gibt es immer im Sommer auf der Leipziger Kleinmesse ein Konzert von Anna und Johannes Wünsch". Frau Wünsch sei eines der größten Stimmphänomene. Sie sänge erstklassigen Sopran sowie einen wunderbar weichen Bariton. Mit solch einem Stimmumfang

Die „Wolfsschlucht“-Szene mit Casper und Max aus „Der Freischütz“ vom Traditionellen Marionettentheater Uwe Dombrowsky, 2003.

war Anna Wünsch eine der ganz wenigen Frauen, die sowohl Herren- als auch Damenpartien zu interpretieren vermochte. Damit war sie wohl für die „Holzoper“, ein liebevolles Wort für Marionettentheater, besonders prädestiniert.

Die Erfindung der Tonträger eröffnete schon bald ganz neue Möglichkeiten, Musiktheater für die Puppenbühne zu gestalten. Im Textbuch der Marionettenbühne Fritz Puder (Freital) aus dem Jahre 1932 ist zum „Freischütz“ für die Arie des Max „Durch die Wälder, durch die Auen“ eingetragen: „Platte 1, II. Teil“. Dennoch, Originalgesang und -musik blieben unübertroffen.

1994 konnten die Dresdner eine solche „Freischütz“-Aufführung nochmals erleben. Nach alten Quellen aus dem Theater von Albert Apel, die von der Puppentheatersammlung Dresden bewahrt werden, studierten das Traditionelle Marionettentheater Uwe Dombrowsky, das „Firlefanz-Theater mit Puppen“ sowie Mitglieder der Staatsoperette diese Oper ein. Wenn auch nicht alles im Detail historisch genau inszeniert wurde – zum Beispiel sangen die Sänger vor dem Proszenium und die „Wolfsschlucht“ wurde sehr aktionsarm aufgeführt – die Aufführungen machten deutlich, dass eine Oper auch mit Marionetten publikumsnah in Szene gesetzt werden kann. Diese Tatsache macht sich heute so manches Puppentheater zu eigen. In Dresden ist es gegenwärtig Susanne Böhmel, die gemeinsam mit der Leipzigerin Rosemarie Lampe Mozarts „Die Entführung aus dem Serail“ inszenierte, das Puppentheater Dresden brachte eine Variante von Verdis „Aida“ auf die Bühne und Jörg Bretschneider griff sehr eigenwillig auf Richard Wagner und seinen „Tannhäuser“ zurück.

Schneeflocken trieben über die Bühne

Weihnachtsmärchen im Marionettentheater

Fragt man heute einen Puppenspieler, wann er die besten „Geschäfte“ hat, so wird er, wenn er ein Sachse ist, unumwunden sagen: „In der Vorweihnachtszeit!“. Damit profitiert er von einer mehr als einhundertjährigen Puppenspieltradition, die sich den Jüngsten mit speziellen Aufführungen zuwendet. Nicht ganz so unumwunden käme die Antwort von den letzten noch reisenden Marionettenspielern, denn diese messen ihren Erfolg in erster Linie an der Resonanz ihres Abendspielplanes. Auch darin widerspiegelt sich eine Traditionslinie ihrer Auftritte, denn die Marionettentheater waren bis in das letzte Viertel des 19. Jahrhunderts ein Unterhaltungsereignis für Erwachsene. Erst das Bekanntwerden der Märchensammlungen der Brüder Grimm, das damit verbundene Entstehen von Weihnachtsmärchen für die Schauspielbühne und das Suchen nach neuen Publikumsschichten ließen die Marionettenspieler einen Nachmittagsspielplan aufbauen. Zuerst kürzten und bearbeiteten sie ihre Sagendramatisierungen, später wendeten sie sich den erfolgreichsten Weihnachtsmärchen der Schauspielbühne zu, zum Beispiel jenen von Carl August Görner.

Görners Bühnenwerke entsprachen ganz dem Zeitgeschmack: Rauschende Ballszenen, Auftritte von Feen, Irrlichtern, Kobolden und Nixen sowie eine pompöse Ausstattung ließen Scharen von Familien in die Stadt- und Privattheater kommen. Die Dornröschen-Bearbeitung nach Görner ist aus dem Jahre 1885 überliefert. Im Mittelpunkt der Apel'schen Aufführung steht das Geschehen um die sieben Feen und ihre Wünsche. Das erste Bild spielt in einem Feenhain. Dornrosa, die mächtigste, berichtet von einem erfüllten Kinderwunsch des Königspaares. Sie hatte die Königin aus einer fruchtbar machenden Quelle trinken lassen. Nun bittet sie die anderen Feen, ihr beim Abwenden eines drohenden Unheils zu helfen, das über der kleinen Prinzessin schwebt. Schließlich kann sie den todbringenden Wunsch der siebenten Fee, namens Belladonna, in einen einhundertjährigen Schlaf des Hofstaates umwandeln. Der 4. und 5. Akt werden zu einem optischen Spektakel: Prinz Artur und sein Knappe, der Kasper, schlagen sich durch die dichte, von Dornengeistern, Irrlichtern und Fledermäusen bewachte Hecke. Hier zogen die Apels alle Register der Bühnen- und Pyrotechnik. Offenen Verwandlungen, d.h. zu klappende Kulissen, lassen von einem auf den anderen Moment ein ganz neues Bühnenbild entstehen. Hinzu kommt das beliebte Rot- und Grünfeuer, das mit lautem Zischen die Szenerie erhellt. Schon allein diese Effekte machten „Dornröschen“ zu einem der absoluten Zugstücke für Kinder an der Wende des 19. zum 20. Jahrhundert.

Die Rührseeligkeit kam aber insbesondere auch in märchenhaften Gegenwartsstücken zum Ausdruck, die vor allem die moralischen Werte eines „guten deutschen Kindes“ einklagen sollten. Ebenfalls hatten sie zu verdeutlichen, dass die Schicksale einfacher Stadt- oder Landkinder keinesfalls mit der Härte der Schicksalsschläge zu vergleichen sind, die die Kinder der Obrigkeit bzw. des Adels erleiden müssen. Davon

Bitte aufbewahren! **Tonhalle, Glacisstrasse.** Wochenspielplan.

Original! **Apels Theater.** Original!

Aeltestes und beliebtestes, seit 40 Jahren in Dresden bestehendes Marionetten-Theater. — Nicht zu verwechseln mit anderen minderwertigen Darbietungen, welche sich ebenfalls „Marionetten-Theater“ nennen. — In Dresden-N. rühmlichst bekannt durch früheres 18jähriges erfolgreiches Gastieren, im jetzigen „Tymians Thalia-Theater“.

Sonntag, den 26. Januar 1913, nachm. 2 Uhr:

Grosse Eröffnungs-Vorstellung.

Hänsel und Gretel u. die böse Knusperhexe.

Beliebtes Märchen in 5 Akten nach Grimm.

Nächste Vorstellung **Mittwoch, d. 29., nachm. 3 Uhr:**

Schneeflocken

oder: Muttersegen am Weihnachtsabend.

Herrliches Weihnachts-Märchen mit Christbescherung.

Abends 1/2 9 Uhr:

Toni.

Schauspiel in 5 Akten von Theodor Körner.

Nächste Vorstellung **Sonnabend, d. 1. Febr., abd. 1/2 9 Uhr:**

Die Ritter von Loschwitz

oder: Die Mordgrundbrücke.

Lustspiel in 5 Akten.

Sonntag, den 2. Februar, nachm. 2 Uhr:

Die schwarze Spinne.

Märchen in 5 Akten von Sophie Hennig.

Nächste Vorstellung **Mittwoch, den 5. Februar.**

Preise der Plätze:

1. Platz 39 Pfg. 2. Platz 30 Pfg. Kinder zahlen auf allen Plätzen die Hälfte.

Da meine Vorstellungen noch von früher auf das beste bekannt sein dürften, so sehe ich hoffentlich auch diesmal einen recht zahlreichen Besuch entgegen. Hochachtend Frau A. verw. Apel.

Bitte die geehrten Geschäftsleute höflichst, die Zettel sichtbar hängend aufzubewahren.

Apels Theaterzettel kündigt 1913 ein Gastspiel in der Dresdner Tonhalle an, u.a. für „Schneeflocken“.

erzählt das ebenfalls sehr beliebte Drama „Schneeflocken – oder – Der Muttersegen am Weihnachtsabend“. Es stand unter anderem auch bei „Apel's Marionettentheater“ auf dem Spielplan.

Der kleine Waldemar, Sohn der gräflichen Familie Rothenburg, muss für seine Neugier büßen. Schneeflocken verführen ihn am Heiligen Abend in das Reich des Eiskönigs. Sein Weg wird überwacht durch die Fee Liebreich und den Traumgott Hiltas. Die Fee ist es, die der verzweifelten Mutter und damit dem Publikum, den Sinn der Verführung kundtut.

„Harre standhaft aus, und trage dein Geschick, du gabst dem Knaben einen Talisman, den Muttersegen als Geleit zum Wege mit. Der hält ihn aufrecht in des Lebens Sturm. Lass diese Prüfung über dich ergehen, dein Kind war früh vom Himmel schon erkoren, den bittren Kampf des Lebens zu bestehen und Freudentränen scheuchen Kummerstunden, wenn ihr dereinst euch wieder habt gefunden.“

Der Schluss wird vorweggenommen. Der Zuschauer wird von seiner Rührung ob des Schicksals des kleinen Jungen entbunden. Er weiß nun, dass er dem Ende des Dramas in Ruhe entgegensehen kann. Dennoch ist der weitere Handlungsverlauf noch emotionsgeladen, denn Waldemar irrt nach einem Jahr gen Heimat: hungrig, mit zerschlissenen Sachen, frierend im Winterwald. So oft er auch an Häuser klopft, keine Gaben erhält er. Er erlebt Geiz und Missgunst. Ganz in der Nähe des elterlichen Schlosses verlassen ihn die Kräfte. Er droht im Wald zu erfrieren. Doch es findet ihn rechtzeitig Anton, ein armer Junge, den er zum letzten Weihnachtsfest mit zu den Eltern brachte und die ihn reich bescherten. Anton erkennt Waldemar und weiß nun, dass die Stunde der Dankbarkeit gekommen ist.

Anton: „Wir wollen ihn wecken, mein Gott, was muss ich sehen? Nein, ich habe mich getäuscht, und doch, er ist's selbst."
Jacob: „Wer Anton, wer ist es denn?"
Anton: „Der verschwundene Sohn meines Wohltäters, der kleine Waldemar."
Jacob: „Wer, was sagst du?"
Anton: „Nein, es ist keine Täuschung. Das ist der brave Knabe, der mich so reich beschenkt hat, und jetzt hier in solchem Elend."

Beide retten Waldemar vor dem sicheren Kältetod und es ist wieder der Weihnachtsabend, der handlungsbestimmend ist:

Waldemar: „Vater, Mutter, ich bin euer Waldemar, den ihr verloren wähnt."
Gräfin: „Allgütiger Gott, mein Kind, mein heiß geliebtes Kind." (umarmt ihn)
Graf: „Mein Kind gerettet, mein Gott, wie dankbar bin ich dir."
Waldemar: „Geliebte Eltern zürnt mir nicht für meinen Ungehorsam, der so viel Leid auf euch gehäuft, auch ich habe es gebüßt, und bittre Not durchkämpft."

Die Eltern erweisen sich als dankbar. Für Anton, der Halbwaise ist, übernimmt der Graf die Vormundschaft, und Anton wird im Schloss erzogen. Seine Mutter wird ihr Lebensende ebenfalls im gräflichen Schloss verbringen, und Jacob wird als Schlossverwalter eingestellt.

„Schneeflocken" unterstreicht die Güte der Herrschaft und lässt den Zuschauer deshalb umso mehr bangen.

Anders in Heinrich Apels d. J. Weihnachtsstück „Christkindlein im Weihnachtswald". Hier ist Melchior von Habsucht ein Tyrann, der die Waldarbeiter bei jedem Wetter in seine Erzgebirgswälder hinaustreibt und ihnen auch keinen Weihnachtsabend gönnt. Erst recht ist er entrüstet, als sein Sohn Benno um die Hand der Bärbel – ein oft verwendeter Name für gütige und fleißige Bauerntöchter –, Tochter des Waldarbeiters Claus, bittet. So verflucht er seinen Sohn. Doch die Strafe für seine Habsucht, seinen Geiz und seine Tyrannei folgt, als ihn die Waldarbeiter Hinz und Kunz um eine Gabe bitten:

„Nein, nein, und zehnmal nein! Ehe ich euch ein Stück Wurst gebe, lieber will ich selbst eine Wurst an der Nase haben!"
St. Nikolaus tritt aus der Waldkapelle und schlägt mit seinem Stab auf: „Dein Wunsch sei erfüllt!"

Von Habsucht wird von allen im Dorf verlacht. Er träumt, dass ihn ein Feuerteufelchen bedroht und ihm arg zusetzen will, weil er so unbarmherzig ist. Daraufhin bekommt er Angst und reagiert in der Realität auf einmal mit Milde und Güte. Das Ende ist damit absehbar: Er wünscht sich seinen verstoßenen Sohn zurück. Das Christkind erfüllt ihm diese Bitte und Benno seinerseits wünscht sich, dass dem Vater die Wurst von der Nase falle. Bärbel möchte, dass ihr Vater wieder gesund wird. Und von Habsucht, der sich nun von Gutherz nennt, legt Bärbels Hand in die seines Sohnes. Das Apel'sche Finale ist ein typisch barockisierendes Theatertableau mit Schneemännerparade, glühenden Weihnachtsbäumen und den abschießenden Worten des Nikolaus:

„... dann übt der alte Zauber seine Macht, das Fest der Christenheit – die Heil'ge Nacht!"

Seit dem 2. Weltkrieg wurden diese Stücke kaum noch gespielt. Ausgesprochene Weihnachtsstücke blieben im Repertoire vieler Handpuppenspieler. In den letzten Jahren erlebte die biblische Weihnachtsgeschichte eine Renaissance im Puppentheater. Dietmar Müllers „Über Bethlehem ein Stern", 1990 mit einer Ausstattung von Rainer Schicktanz am Puppentheater der Stadt Dresden inszeniert, war der Ausgangspunkt dafür. Müllers Text wurde von vielen Puppentheatern als Grundlage ihrer Inszenierungen genommen.

Die ganze Welt im Kleinen

Im Nachspiel: „Theatrum mundi"

Die Zuschauer erlebten das packende Marionettenspiel vom Leben und Tod des Doktor Faust. Mit Betroffenheit sahen sie seinen schauervollen Höllensturz. Danach konnten sie aufatmen, denn der Kasper verkündete fröhlich, er habe allen Teuflichkeiten der Welt widerstanden und erscheine auch am nächsten Abend wieder auf der Bühne. Das war aber noch nicht das Ende der Vorstellung. Nach einer kurzen Pause hob sich erneut der Vorhang. Jetzt erblickten die Zuschauer im Hintergrund eine freundliche Landschaft, von malerischen Gebirgen begrenzt. Und das nun Folgende wird um 1850 auf dem Anschlagzettel des Dresdner Mechanikus' August Thiemer wie folgt beschrieben:

„Da geben mehrere Kanonenschüsse das Signal zum Aufmarsch einer Schützen-Kompanie. Nachdem diese vorüber gezogen und die Schützen ihren Platz am Schießstand eingenommen haben, beginnt das Schießen mit Büchsen. Nach einigen Fehlschüssen wird zuerst der Kopf des Vogels heruntergeschossen, danach der eine und dann der andere Flügel getroffen. Ein Scheibenseher zeigt mit seiner Fahne die Treffer an. Nachdem der Königsschuss gefallen ist, ziehen die Schützen wieder ab. Inzwischen ist es Abend geworden. Beladene Esel, munteres Volk und Kinder beleben die Straße und begleiten die ausmarschierenden Schützen!"

Jetzt konnten die Theaterbesucher entspannt den Heimweg antreten. Das Nachspiel hatte seinen Sinn erreicht.

Solche Szenen konnten die Zuschauer noch bis in die Dreißigerjahre des 20. Jahrhunderts auf den Marionettenbühnen erleben. Sie wurden „Theatrum mundi" genannt und entsprachen ganz den Informationsbedürfnissen der Land- und Stadtbevölkerung im 18. und 19. Jahrhundert. Die Marionettenspieler machten sich die Neugier des Publikums auf den Verlauf von Naturkatastrophen, Erdbeben, Seestürmen und Schiffsuntergängen, aber auch an Berichten über „Das Leben und Treiben in Kairo", eine „Löwenjagd in Afrika" oder einfach „Einen Tag in Sorrent" zu Eigen. Heinrich Apel d.Ä. zeigte um 1900 und später „Das Leben und Treiben in Sorrent" mit großem Erfolg. Aber auch historische Ereignisse wie der Brand von Moskau 1812 fanden ihr Publikum.

Die zweite Hälfte des 19. Jahrhunderts bildete den Höhepunkt dieser Schauart, die vom Puppentheaterhistoriker Otto Link treffend die „Wochenschau vergangener Jahrhunderte" genannt wurde. Lange, bevor mit dem Film die Bilder laufen lernten, gab es solche bewegten Szenen auf der Marionettenbühne.

Der Begriff „Theatrum" kam bereits im 18. Jahrhundert auf. Für Zusammenstellungen verschiedener Wissensgebiete in Buchform, als „Theatrum maschinarum" (1720), das über Wasserkünste und Bergwerksmaschinen Auskunft gab, oder als „Theatrum urbium", das Stadtansichten zeigte, wurde er verwendet. Im Marionettentheater wurden derartige Szenen, die das Leben in anderen Ländern und unbekannten Fernen zeigten, als „Mechanisches Theater" oder eben als „Theatrum mundi", als Welttheater bezeichnet.

Anfangs hatten die Puppenspieler als Nachspiele malerische Ansichten ferner Gegenden und Städte oder bedeutende Ereignisse gezeigt und diese durch kunstvolle Lichteffekte in romantisches Morgen- und Abendlicht getaucht. Ein Beispiel für derartige Bilder ist das Panorama „Das zur Feier der Anwesenheit des Kaisers Napoleon im Jahre 1807 in Dresden erbaut gewesene Triumphgebäude". Der Dresdner Marionettenspieler Franz Lorgie zeigte es zwischen 1825 und 1830.

Der bereits genannte Mechanikus August Thiemer nannte seine Bühne um 1835 direkt „Theatrum mundi" bzw. „Mechanisches Kunsttheater". Thiemer begnügte sich nicht mit zweidimensionalen Abbildungen, sondern er belebte diese Ereignisdarstellungen mit Figuren. Es waren wahrhaft mechanische Kunstwerke, die er zur Schau stellte. Kleine, zirka 20 Zentimeter große Figuren wurden auf einer perspektivisch aufgebauten Bühne auf Holzschienen, die dem Zuschauer durch das Kulissenwerk verborgen blieben, seitlich über die Szene bewegt. Vier bis sechs Bahnen hintereinander ermöglichten es, eine Vielzahl von Personen und Tieren auf die Bühne zu bringen. Die flachen Papp- oder Blechfiguren liefen auf einem endlosen Gurtband. Die auf dem Gurtband aufgeklebten Holzklötzchen hielten sie in entsprechendem Abstand. Durch Drähte, die exzentrisch an den Rädern angebracht und mit den Gliedmaßen verbunden waren, vermochten die Figuren Arme und Beine zu bewegen. Der Puppenspieler setzte das Band mit einer Kurbel in Gang und ein Gehilfe nahm die Figuren auf der anderen Seite wieder ab und schickte neue „auf die Reise".

Auf beiden Seiten unterschiedlich bemalt, konnten die Figuren als verschiedenartige Personage Verwendung finden. Es war so möglich, links Soldaten in roter Uniform aufmarschieren zu lassen und die gleichen Figuren, nun umgedreht und in blau, als feindliches Heer entgegenkommen zu lassen.

Beliebte Darstellungen waren Kriegsschauplätze und Schlachten zu Wasser und zu Land, so zum Beispiel „Der Brand von Moskau 1812", der die Belagerung, den Beschuss, den Brand der Stadt und die Flucht Napoleons zeigte. Dieses Theatrum

Theatrum-mundi-Figur mit exzentrisch an den Rädern angebrachten Drähten für Arm- und Beinbewegungen auf einer Schiene mit Laufband und Kurbel. Funktionszeichnung: E. Thomas.

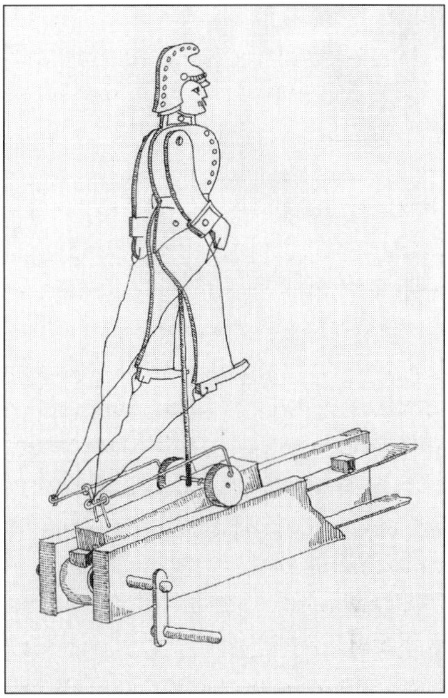

mundi führten viele der sächsischen Marionettenbühnen auf. Verblüffend echt wurden wogende Meeresszenen dargestellt. Mehrere „schäumende" Pappkulissen wurden hintereinander und gegeneinander bewegt. Entsprechende Geräusche und Lichteffekte steigerten die Dramatik noch. Die Dampfer, aber auch Lokomotiven stießen sogar Rauch aus. Dafür sorgten die Kinder der Puppenspieler, die unter der etwa tischhohen Konstruktion hin- und herkrochen und mittels Gummischlauch den Tabakrauch in die Schornsteine leiteten. Manchmal bedurfte es auch echter Flammen, zum Beispiel, wenn im Kriegsgetöse Schiffe brennen sollten. Die Takelage der Schiffe war in diesem Falle mit in Petroleum getränkten Lappen umwickelt. Dabei oder beim Gebrauch von Feuerwerkskörpern kam es nicht selten vor, dass die Pappkulissen Feuer fingen. Zum Gaudium des Publikums mussten dann die Spieler eingreifen und auf offener Szene den Brand mit ihren Filzpantoffeln löschen.

Oftmals kommentierte der Prinzipal in humorvoller Weise das Geschehen. Ein Bild mit der 1851 im Vogtland erbauten Göltschtalbrücke wurde mit dem Vers bedacht:

„Die allererste Eisenbahn, / die fuhr mit einem Affenzahn / und wurde immer kühner. / Das war vielleicht ein Teufelsding / mit Nebelhorn und Nasenring. / Und wenn es in die Kurve ging, / da lachten alle Hühner."

Jeder der Szenen, sei es eine Winterlandschaft mit Schlittschuhläufern, ein Besuch auf dem Jahrmarkt mit lustigen Zechern oder das Geschehen am ägyptischen Nil, lag eine kleine Handlung zugrunde. Sie wurde über einen ganzen Tag, vom Sonnenaufgang bis zum Mondenschein oder gar über ein Gewitter hinweggeführt. Das waren wieder Momente, wo der Marionettenspieler Gelegenheit hatte, alle möglichen Effekte einzusetzen. Immer ging es ihm darum, sein Publikum zu begeistern. Das ist auch von Albert Wünsch aus Meißen überliefert: „Mit welcher Andacht das Auditorium lauschte", heißt es in einem Pressebericht von 1905, „beweist, dass, als der königliche Wagen vorbei rollte und die Musik die Sachsenhymne spielte, das Publikum singend einstimmte."

Mit dem Aufkommen des Kinos verlor das Theatrum mundi seine Bedeutung. Der Film vermochte die bewegten Bilder noch authentischer und vor allem aktueller zu vermitteln und so das Publikum für sich zu gewinnen.

Theatrum mundi wurde nicht nur als Nachspiel gezeigt, sondern es war auch Bestandteil der Marionettenaufführungen. Zum Beispiel verwendete das „Dresdner Marionettentheater" von Florian und Hugo Bille 1925 die Technik des Theatrum mundi als besondere Attraktion beim Höllensturz in „Faust, der Höllenstürmer" und in „Faust-Kaspers Reise in die Hölle". Der Mechanikus Koppe, aber auch viele andere gestalteten die Szenen der Befreiungskriege im „Müller-Röschen – oder – Die Schlacht bei Jena" mit Theatrum-mundi-Figuren. Koppe setzte dabei Figuren aus dem alten Thiemer'schen Theater ein.

Auch das zeitgenössische Figurentheater hat ansatzweise diese Spielweise wieder entdeckt zum Beispiel im „Sommernachtstraum" des Puppentheaters Dresden oder im „Tapferen Schneiderlein" der „fundus-MARIONETTEN-dresden".

Von verblüffender Perfektion

Varieté-Marionetten meisterhaft gebaut und vorgeführt

„Es kommt noch mehr, noch viiiel, viiiel mehr!" – Diese Ankündigung gebrauchte der Münchner Marionettenspieler Xaver August Schichtl wohl erstmals 1898. Sie sollte zu einer Standardredewendung vieler Marionettenspieler werden, wenn sie mit ihrem Kasper das Nachspiel ankündigten. Kasper unterstrich damit: Auch das Folgende sollte niemand verpassen. Die Schichtls reisten mit mehreren Geschäften durch ganz Deutschland. Sie gehörten zu den bekanntesten Marionettenspielerdynastien des 19. und 20. Jahrhunderts und sie verstanden es, ihre kleinen Künstler in perfekt organisierten und publikumswirksamen Szenen vorzuführen, sodass sie selbst vor einem an Sensationen gewöhnten amerikanischen Publikum bestanden. Ab 1921 gastierte Xaver Schichtl, der Sohn von Xaver August, regelmäßig auf der Dresdner Vogelwiese.

Die Schichtls waren aber keineswegs die einzigen, die sich der kompliziert zu führenden Varieté-Marionetten bedienten. Auch die sächsischen Marionettenspieler bauten und besaßen solche Figuren. Ihre Beliebtheit stieg rasant, als ausgangs des 19. Jahrhunderts viele Varietés in den Städten gegründet wurden. Jetzt konnte der Prinzipal seine Trick-Marionetten zusammenfassen und so ebenfalls auf den Gasthofsälen des Erzgebirges ein Varieté, wenn auch der kleinen Artisten, präsentieren. Die Regel blieb jedoch, nachdem am Abend das Ritter- oder Schauerdrama seinen tragischen

Postkartenwerbung des Schichtl-Theaters, um 1925.

Abschluss gefunden hatte, ein oder zwei, höchstens drei Varieté-Marionetten zu zeigen, um den Zuschauer heiter nach Hause zu entlassen. Zu den beliebtesten Figuren gehörten der Kugelspieler, das Vierertanzpaar, der Reckakrobat, eine Kautschukdarbietung, der tanzende Tod, eine Kurz-Lang-Figur – also eine Puppe, die sehr klein auf die Bühne kam und dann zu einer riesigen Marionette wuchs – und verschiedene Verwandlungsfiguren.

Seit Ende des 18. Jahrhunderts bezeichneten sich viele Prinzipale auf ihren Theaterzetteln als „Mechanicus". Sie verstanden diesen selbst gewählten Titel als Herausforderung und strebten permanent die technische Vervollkommnung ihrer Figuren an. So waren es vor allem die seit dem 18. Jahrhundert bekannten Metamorphosen (Verwandlungsfiguren), die das Publikum in Erstaunen versetzten. Von einer auf die andere Sekunde konnte sich die Figur in eine andere verwandeln. Für die damalige Zeit waren diese Tricks faszinierend. Aber auch heute, in Zeiten der Computersteuerung, ist die Überraschung groß, wenn sich zum Beispiel nur durch einen einzigen Fadenzug eine Türkenfigur in ein Kamel verwandelt oder ein stattliches Frauenzimmer im Handumdrehen zu einem Fesselballon wird.

Nach der Jahrhundertwende, als das Kino zum ernsthaften Konkurrenten für die Marionettentheater wurde, versuchten in Sachsen nur wenige Prinzipale, so wie die Schichtls, das große Varieté im Kleinen zu kopieren. Für Dresden war es Heinrich Apel d.Ä. (1875 bis 1920), der ab 1905 mit „Henry Apels unübertroffenem elektrischen Marionetten-Theater" unterwegs war. Er gastierte mit seinem Varieté-Programm in vielen Städten Deutschlands und darüber hinaus. Erst ab 1907 reiste er wieder mit seinem Standardrepertoire der populären Marionettendramatik durch das Erzgebirge.

Der Bau der Varieté-Marionetten bedarf der besonderen Berücksichtigung der Gesetze der Schwerkraft und der Mechanik. Es ist vorab genau zu überlegen, welche artistischen Tricks die Marionette zeigen soll, damit die Art der Gelenkkonstruktionen, die Verwendung der Materialien für den Körperbau, die Flexibilität der Bekleidung und die Positionen der Führungsfäden entsprechend festgelegt werden können. Viele der Figuren müssen zudem von zwei Spielern geführt werden. Gelingt dieses Spiel in handwerklicher Vollkommenheit, so ist die Verzauberung der Zuschauer besonders groß. Die Vielzahl der Fäden, die zum Spielkreuz führen, nehmen sie dann kaum wahr.

Auch heute wird das Spiel mit Varieté-Marionetten noch gepflegt. Wie in alten Zeiten werden sie zum Beispiel von Fischers Marionettentheater, der Bunten Bühne von Hans-Joachim Pandel und dem Hartensteiner Marionettentheater als Nachspiele benutzt. Seitdem Kurt Dombrowsky, der über Jahrzehnte die Familientradition der Kressigs fortführte, mit den Programmen „Wir zogen von Gasthof zu Gasthof ..." und „Hierauf folgt ein Nachspiel" auftritt, ist es möglich, all die wundervollen Varieté-Marionetten, meisterhaft geführt, wieder an einem Abend zu erleben.

1985 begannen die „fundus-MARIONETTEN-dresden", damals eine Spielgruppe der Puppentheatersammlung Dresden, historische Varieté-Marionetten zu demonstrieren. Es waren überwiegend Figuren aus dem Nachlass von Eugen Singldinger (1889-1978), der bis Ende der Sechzigerjahre auf den Rummelplätzen im Süden der DDR zu Hause war. Aus der Demonstration wurde bald ebenfalls ein abendfüllendes Programm, das „Varieté am Faden". „fundus" warb mit über 430 Vorstellungen vor mehr als 56.000 Zuschauern für die Puppentheatersammlung als ein THEATERmuseum und begleitete zahlreiche ihrer Sonderausstellungen. Seit 1993 spielt „fundus" als freies Puppentheater mit Kopien der Marionetten aus den Bühnen von Eugen Singldinger, Heinrich Apel, Hugo Weste und Fritz Puder. Diese Kopien fertigte Rolf Wächtler an, ein ehemaliger Dresdner Polizist, der in seiner Freizeit in den 1960er- und 1970er-Jahren unter dem Namen GIROL ebenfalls ein sehr erfolgreiches Marionetten-Varieté mit seiner Familie aufführte. Gastspielreisen führten „fundus" nach Polen, Ungarn, Belgien, Italien, in die Schweiz, Österreich, Tschechien, in die Slowakei, USA, Mexiko, Japan, Korea, in den Libanon und nach Kanada, Kroatien, Serbien, Finnland, Spanien, Belorussland und Albanien. Mit ihrem „Varieté am Faden" wurden sie Preisträger internationaler Puppentheater- und Kleinkunstfestivals. 2004 errangen sie einen Grand Prix Artistique des Internationalen Artistentages in Deutschland. Seit 2002 führt das Theater auch einen Tier-Zirkus, den „Zirkus Gockelini" auf. Im Programm gibt es unter anderem einen einradfahrenden und jonglierenden Fuchs zu sehen, einen Maikäfer, der eine gewichtige Hantel stemmt, ein Frosch-Duett, ein seillaufendes Huhn und eine bauchtanzende Eule. Zu erleben sind die fundus-Marionetten zum Beispiel beim Dresdner Elbhangfest, in vielen Kindergärten und zu Dorf- und

Vereinsfesten in Sachsen. Dann erschallt wie bei Schichtls der Ruf: „Es kommt noch mehr, noch viiiel, viiiel mehr!!!"

Die Verwandlung einer Dame in einen Ballon

Metamorphosen – Ballette im Nachspielangebot

Eine spezielle Form der Varieté- oder Trick-Marionetten waren die Metamorphosen. Der Name ist aus dem Griechischen abgeleitet, dort bedeutet „meta" hinter und „morphos" Gestalt. Damit wird recht anschaulich definiert, dass sich hinter einer Gestalt eine andere verbirgt. Wahrscheinlich verfügten die Marionettenspieler schon im 18. Jahrhundert über derartige Verwandlungsfiguren. Möglicherweise wurden sie inspiriert durch die barocken Karnevalumzüge, die das festliche Leben am Dresdner Fürstenhof in der ersten Hälfte des 18. Jahrhunderts wesentlich mitbestimmten. Diese Figuren waren so beliebt, dass sich einige Marionettenbühnen zu Beginn des 19. Jahrhunderts den viel versprechenden Namen „Kunstfiguren- und Metamorphosentheater" gaben. Viele warben auch explizit mit ihren Metamorphosen-Nummern. So heißt es um 1820/30 auf einen Theaterzettel:

„Es steigt eine männliche Figur aus einer Pastete, während diese tanzt, fallen ihr allmählich die Arme und Beine ab. Die abgefallenen Glieder, auch Rumpf und Kopf, verwandeln sich in kleine Teufelchen, welche lustig herumspringen und dann verschwinden. Ein großer Hahn kommt hervor, setzt sich auf den Fußboden und legt ein großes Ei, worauf er kräht und davongeht. Hans Wurst, welcher bei Tische aufwartet, macht seine Lazzi, stolpert, zerbricht das Ei und fällt auf die Nase. Aus dem Ei entwickelt sich eine Schlange, welche mit dem Hans Wurst, der schreit, davonfliegt".

Eine solche Ankündigung macht auch heute noch neugierig und lässt Sensationelles erwarten. Die zuerst genannte Nummer, der „Gliedmaßenverlierer", wird zum Beispiel noch heute von Kurt Dombrowsky in Form eines Türken gezeigt. Auf der Bühne tanzt ein Türke mit mächtigem Turban, bei dem sich die Glieder in Kinder verwandeln, Rumpf und Kopf in einen kleineren Türken, sodass dann ein Vater mit seinen vier Kindern auf der Bühne tanzt. Der Leipziger Marionettenspieler Hugo Weste ließ noch in den Dreißigerjahren des letzten Jahrhunderts einen Soldaten auftreten, dessen Arme und Beine wiederum zu Kindern wurden und dessen Rumpf sich aber in einen gefährlich schnappenden Fisch verwandelte. Der „Türke" wurde von fast allen Marionettenspielern in verschiedenster Form gezeigt.

Der Beifall nach solchen bühnenwirksamen Überraschungen war so groß, dass die Prinzipale herausgefordert waren, immer wieder neue Attraktionen zu erfinden. So konnte man auf den Theaterzetteln häufig lesen: „Neue Metamorphosen, welche mit dem größten Fleiß und Kunst gearbeitet sind, verwandeln sich öffentlich und mit überraschender Schnelligkeit mehrere Male nacheinander in verschiedene Gegenstände der Mythologie, Historie und Naturgeschichte wie auch in mancherlei Bilder der Phantasie und Karricatur".

„Tanzender Türke" – die Marionette verwandelt sich in einen Türken mit vier Kindern. Traditionell aus „Varieté am Faden" der „fundus-MARIONETTEN-dresden", 1993.

Gemeint waren, wie eben an einem Beispiel beschrieben, die kunstvoll gebauten, vollplastischen Verwandlungsmarionetten. Aber es konnten auch Flachfiguren aus Pappe sein, deren Konstruktionsprinzip dem des „Hampelmanns" ähnelte. Durch einen Fadenzug bewegten sich tänzelnd Beine und Arme, durch einen weiteren raschen Fadenzug wurden einzelne Teile der Figur entblößt, andere verdeckt und schon wieder wandelte die Figur ihre Gestalt.

Die Metamorphosen hatten ihren Weg von Italien und Frankreich nach Deutschland genommen. Mit den napoleonischen Kriegen kamen französische Metamorphosentheater auch nach Deutschland. Aus dieser Zeit haben wir eine Nachricht, dass Verwandlungs-Figuren auf deutschen Bühnen gezeigt wurden. Justinus Kerner schrieb 1809 an Ludwig Uhland einen Brief, in dem es heißt: „Rosa erzählte mir von einem Nachspiel, dass sie letzthin im Marionettentheater sah; es hieß ‚Die Jungfer Salome'. Die Salome soll ein ganz kleines Jüngferchen sein, um das eine Menge Kinder hüpfen. Kasperle kommt und verliebt sich in sie. Sie verlangt, er solle sie heiraten. Da er aber sieht, dass sie so viele Kinder hat, weigert er sich. Nun denn, spricht sie, wenn du mich nicht zum Weibe willst, gräme ich mich auch nicht. Sie spricht's und plötzlich wird sie zu einem Luftballon, die Kinder springen in das Schiffchen desselben und er fährt von dannen." Real war der Rock der Jungfer Salome hochgeklappt, als Gondel wurde er heruntergelassen.

Derartige Verwandlungen einer Dame in einen Ballon wurden auch als Illustrationen der Theaterzettel abgedruckt, so 1823 beim Mechanikus Schütz aus Potsdam und bei Schwiegerling und Eberle aus Wien 1835. Diese Szene war so beliebt, dass sie bis in das 20. Jahrhundert hinein auf den Marionettentheatern gezeigt wurde. Heinrich Apel d. Ä. konstruierte um 1910, als die Zeppelinflüge in aller Munde waren, eine Marionettendame, die sich in ein solches Luftschiff verwandelte.

Die eingangs zitierte Verwandlung „Ei legender Hahn – Schlange – Hans Wurst" entstammt einer Szene aus der italienischen Commedia dell'Arte, die Verwandlungskostüme sind ebenfalls dieser „Menschenbühne" zuzurechnen. Als besonders eindrucksvoll erwiesen sich dort die zweigeteilten Kostüme, in denen die Schauspieler – je nachdem, in welchem Profil sich der Akteur zeigte – eine weibliche oder männliche Person verkörperten.

1775 waren unter der Leitung von Toskani und Schmitt italienische und englische Komödianten in Dresden in einer Theaterbude vor dem Schwarzen Tore, also am heutigen Albertplatz, zu Gast. Sie zeigten eine Verwandlungskomödie mit dem Titel „Die Geburt des Arlequin aus einem Ey". Dem aus dem „Ey" geborenen Arlequin wird die Aufgabe zugeteilt, Pantalone, den Vater der schönen Rosaura zu verwirren, damit dieser seine Tochter nicht mit einem alten Dottore verehelichen kann. Die Verwirrung geschieht dadurch, dass sich Arlequin hintereinander in zehn verschiedene Gestalten wandelt und unterschiedlich agiert. Einmal geschieht der Wandel sogar auf offener Bühne, bei dem er zu einem Maler wird. Das war sicher nur mit einem solchen zweigeteilten Kostüm möglich. Und zweigeteilt, also herauf- oder herunterklappbar, waren auch die Requisiten, die die Marionettenspieler für ihre Verwandlungsszenen in den Puppentheaterdramen selbst brauchten.

In einem überkommenen Spielbuch des Dresdner Puppenspielers Franz Lorgie aus dem Jahre 1830 ist im „Don Juan" als Regieanweisung zu lesen: „Ein Weinbecher verwandelt sich in eine halbausgelaufene Sanduhr, eine Weinkanne in einen Haufen Erde, eine Torte in einen Totenkopf".

Damit haben wir die zweite, die entscheidende Quelle für die Metamorphosenballette. Denn was im Puppentheaterdrama selbst Erfolg hatte und Beifall hervorrief, das taugte dann auch als Zugabe, als Nachspiel.

Verschiedene Arten solcher Metamorphosen machen den Reiz und die Überraschungseffekte aus. Neben den einfachen Klappfiguren gab es die so genannten Streckmänner. Das sind Marionettenfiguren, die sich durch Holzscheiben, die im Kostüm vernäht sind und an Fäden hochgezogen und wieder herabgelassen werden können, kurz oder lang machen können. Oder Skelette, bei denen durch Lockern oder Zusammenziehen der Fäden die Knochenteile auseinanderfallen und sich wieder zusammensetzen. Die Konkurrenz der Marionettenbühnen untereinander brachte immer raffiniertere Lösungen hervor.

In Dresden waren es Ende des 19. / Anfang des 20. Jahrhunderts vor allem die Bühnen der Familien Apel und Bille, die mit Metamorphosen agierten. Die Billes zeigten um 1900 beispielsweise, wie aus einer Magd ein Klapperstorch entsteht, der, mit Militärmütze und „Knobelbechern" bekleidet, mehrere Babys bringt. Die Schriftzeile „Wer will eins?" verrät, dass diese Metamorphosen ohne Kommentar, eben als Ballette aufgeführt wurden. Ihre Darstellung war so drastisch, dass das Publikum die Anliegen auch ohne Worte verstand. Etwa, wenn sich solch eine prägnante Folge der Verwandlungen einer Figur in den Phasen „Junges Weib – Mann – Pastor – böse Schwiegermutter" ergab. Was mit der „Rache des Schweins" gemeint war, erkannten die Zuschauer, sobald sich der vom Koch servierte Schweinskopf in den wohl garnierten Kopf des Koches selbst verwandelte.

Über die Schöpfer der Metamorphosenfiguren, die diese Gestaltungen mit großem Geschick und sicherem Gespür für deren Bühnenwirksamkeit schufen, liegen nur in wenigen Fällen Erkenntnisse vor. Bekannt ist, dass die Ausstattung der Bühne von Richard Bonesky (Plauen), aus dessen Fundus einige der hier vorgestellten Metamorphosen stammen, 1889 vom Chemnitzer Theatermaler Richard Hartmann geschaffen wurde. So könnte er auch der Urheber dieser Figuren sein. Oftmals dienten auch Grafiken, humoristische Postkarten oder, wie beispielsweise für die „Rache des Schweins", Glasschiebebilder der „Laterna magica" als Vorbilder.

III. VOM JAHRMARKTKASPER ZUM KULTIVIERTEN HANDPUPPENSPIEL (1860-1945)

Eine reiche, aber verloren gegangene Tradition

Kaspertheater auf der Vogelwiese

Es ist unbestritten, Sachsen besitzt eine Puppenspieltradition von europäischem Rang und auch Dresden hat eine lebendige Puppenspielgeschichte, wie dieses Mosaik belegen soll. Aber allzu oft wird diese Tradition nur an den fahrenden Marionettentheatern festgemacht. Wie verhält es sich nun mit dem traditionellen Handpuppenspiel, dem Jahrmarktskaspertheater? Hier weist die Theatergeschichte enorme Lücken auf. Sicherlich, der derbe Marktkasper war keine sächsische und erst recht keine Dresdner Besonderheit, sondern er war in ganz Deutschland verbreitet. Dennoch hatte er nicht zuletzt aufgrund der „Berühmtheit" des sächsischen Dialekts, seiner eigenwilligen Wortverdrehungen und Wortschöpfungen, ein besonderes lokales Flair.

Wenn sich volkskundlich Interessierte dem Jahrmarktsgeschehen auch nicht verschlossen, so waren es doch wenige und die Theaterhistoriker missachteten gar die Darstellungen mit Puppen. Daher sind auch in Sachsen relativ wenige Sachzeugnisse des sächsischen Jahrmarktkaspers überliefert. Die meisten davon befinden sich in der Puppentheater-Sammlung Dresden.

In Dresden war der Jahrmarktkasper natürlich in erster Linie auf der Vogelwiese zu Hause. Wann er dort das erste Mal sein Bein über die Spielleiste schwang, ist nicht bekannt. Für dieses Volksfest war die Dresdner Bogenschützengesellschaft verantwortlich. Ihre sämtlichen Unterlagen wurden beim Bombenangriff 1945 vernichtet. Eine in der Literatur überlieferte Standgeldrechnung nennt 1737 einen Kasperspieler. Die Dresdner Ratsrechnungen enthalten keine diesbezüglichen Eintragungen, weil die Standgelder direkt dem Platzmeister gezahlt wurden. Aus anderen Quellen, zum Beispiel aus Zeitungsannoncen geht hervor, dass etwa seit 1860 die Familien Stephani und Schulz sowie seit zirka 1890 die Bühnen von Ferdinand Schaaf – seit zirka 1840 schon Schausteller – und Syndschikoff zu den Stammgästen der Vogelwiese gehörten. Um 1895 machte sich Arthur Ganzauge selbstständig, der für die Dresdner ein sehr beliebter Kasperspieler wurde.

Kaspertheater auf der Dresdner Vogelwiese. Die Postkarte stammt aus dem Jahre 1900.

1858 wurde das „Original-Casper-Theater" der Familie Stephani gegründet. Waldemar Emil Stephani stellte um 1920 in dritter Generation ein amüsantes „Dresdner Kunstkabinett", in dem u.a. „Adams Apfel", „Ein Zahn der Zeit" und „Die Tuben von Jerichow" zu sehen waren. Vielleicht war er es auch, der die „Schwebende See-Fee" zeigte, jenes an einem Faden aufgehängte Stück Kernseife, das so manchen Lacher auf der Vogelwiese hervorrief. Von Waldemar Stephani ist aber auch folgende makabre Geschichte überliefert: 1945/46 soll er am Straßenrand gesessen und für seinen verunglückten Freund gebettelt haben. Dieser sei in den neben ihm gelegenen Gully gefallen. Um das glaubhaft zu machen, schaute aus dem Gully ein Bein, besser eine Beinprothese heraus. Stephani starb unbeachtet am 1. August 1960, einen Tag nach seinem 70. Geburtstag. Von seinen vielen Handpuppen und dem Theater sind lediglich Fotos und einige Theaterzettel erhalten geblieben. Als Sergej Obraszow 1950/51 das erste Mal mit seinem Zentralen Moskauer Puppentheater in Dresden gastierte, war Waldemar Stephani unter den ihn begrüßenden Dresdner Puppenspielern.

Von Ganzauges ist allerdings ein Kaspertheater erhalten, das die Familie 1903 dem Volkskundler Oskar Seyffert für das sich unter seiner Leitung im Aufbau befindliche Museum für sächsische Volkskunst verkaufte. Allerdings wissen wir wenig über Entstehung und Nutzung dieses Theaters. Auf dem Paravent sind Kasper, Teufel und Hexe in einer Form gemalt, wie sie Wilhelm Busch 1880 für das Theater seines Münchner Freundes, den Bildhauer und Architekten Lorenz Gedon, gestaltet hatte. Die Ganzauges besaßen fünf Theaterbauten. Mit Sicherheit ist das erhalten gebliebene das kleinste und instabilste. Es dürfte keinesfalls auf der großen Dresdner Vogelwiese oder zu den „Jahresschauen Deutscher Arbeit" auf dem Ausstellungsgelände am

Großen Garten aufgebaut worden sein. Vermutlich wurde es nur für das Museum als Ausstellungsstück gebaut. Gemeinsam mit dem Theater erhielt Oskar Seyffert einige Handpuppen und Theaterkulissen.

Stärker als die Marionettenspieler versuchten die Kasperspieler, ein eigenes Profil zu finden. Arthur Ganzauge brillierte durch Wortwitz. Seine Schlagfertigkeit und Situationskomik, die er vor allem in das Spiel des Kaspers packte, verblüfften immer wieder die Zuschauer. So nahm Kasper einfach das ganze Gefängnis Huckepack, als es ihm nicht gelungen war, mit einem überdimensionalen Hammer die Gitterstäbe der Zelle zu zertrümmern, in der sein Freund Seppel eingesperrt war.

Die Familie Schaaf setzte dagegen besonders auf optische Wirkungen. Zu ihren erfolgreichsten Spielen zählte „Kasper als Barbier". In diesem aktionsreichen Spiel seifte der Kasper seinen Kunden derart ein, dass der Schaum „… nicht nur an der Vorderwand des Theaters herablief, sondern der Spieler spritzte ihn auch über die Zuschauer. Der Lacherfolg war natürlich stets ganz kolossal …". So berichtet es der „Komet", die Zeitschrift für das fahrende Gewerbe, in seiner Ausgabe 2. Juni 1937.

Alfred Treuner bediente sich einer überdimensionalen großen Kasperfigur. Ihr Kopf misst über 35 Zentimeter und hat bewegliche Augen und einen ebensolchen Mund. Sie diente wahrscheinlich als Paradefigur, d.h., sie hatte die Aufgabe, die Zuschauer zum Stehenbleiben zu animieren. Damit sie sich versammelten, „reizte" Kasper das Publikum mit witzigen, tages- oder ortsaktuellen Sprüchen bzw. geriet er sehr bald in Streit mit seinen Gegenspielern. Dabei war seine Waffe nicht sofort die Pritsche, das Nudelholz, der Hammer oder die Bratpfanne, sondern zuerst einmal der Wortwitz. Half das berühmte „letzte Wort" nicht, gebrauchte er die List und erst danach folgten die „schlagenden" Argumente. Dass das „letzte Wort" nicht half, war vorprogrammiert. Kasper wollte schlagen, aber mit einer gewissen „Notwehr-Rafinesse anmachen".

Mit dem Einzug der modernen Technik wurde es auf den Rummelplätzen und Märkten derart laut, dass sich auch die stimmgewaltigsten unter den Puppenspielern gegen Lärm der Musikboxen und Orchestrions nicht mehr durchsetzen konnten. In den 1920er-Jahren suchten sie sich deshalb auch andere Plätze für ihr Spiel. Die Dresdner Ausflugslokale mit Gartenbetrieb hatten – damit die Eltern ungestört den sonntäglichen „Familientanz" genießen konnten – so genannte Kinderbelustigungen eingerichtet. Neben Karussells und Schaukeln stand auch eine hölzerne Kasperbude, die von wechselnden Handpuppenspielern genutzt wurde. Richard Nagler und „Onkel Heumann" spielten unter anderem 1919 und 1924 im „Paradiesgarten" Zschertnitz und in den 1930er-Jahren bei „Donats Neue Welt" in Tolkewitz. In der „Großen Wirtschaft" im Großen Garten trat Johannes Niederleins Kasper auf, am Heiderand beim Fischhaus trieb der „Volkswohl-Kasper" William Korb seine Späße und seit 1931 gab es im Zoologischen Garten Egon Gäbles „Zoo-Kasper". Aber auch die Saloppe in Elbnähe und der Gasthof am Schlachthof im Ostra-Gehege waren beliebte Auftrittsorte für Kasper und Co.

Eine Vielzahl von Kaspertexten wurde zwischen 1880 und 1940 gedruckt. Sie geben nur ungenügend die Situationskomik des tatsächlichen Spiels wieder, denn sie wurden literarisch geglättet. Aber gerade die Spontaneität der Ausdrucksweise des Puppenspielers war es, die sein Live-Spiel ausmachte. So ist es heute kaum möglich, sich eine realistische Vorstellung von diesen improvisierten, aus dem Stegreif aufgeführten Stücken zu machen. Aussagekräftige Filmaufnahmen von sächsischen Jahrmarkts-Kasperspielen sind nicht überliefert.

Der allerletzte, nach Anfang der Sechzigerjahre in der DDR spielende Jahrmarktkasperspieler war Lotz jun. Er soll aus der Puppenspielerfamilie Chevallier stammen und trat vor allem im Raum Zwickau auf. Leider erinnern an ihn nur wenige erhaltene Fotos.

In Dresden spielte bis in die 1980er-Jahre hinein ein Außenseiter der Puppenspielszene ganz unbeschwert Kaspertheater, zum Beispiel im Garten der Ausflugsgaststätte „Wald-Max" oder zu den Badfesten in Weixdorf. Es war der Freitaler Helmut Rohark, der sein Theater auf einen überdachten größeren Leiterwagen gepackt hatte und per Fuß von Freital zum Auftrittsort lief. Der Wagen war ihm zugleich nächtliche Unterkunft. Sein Spiel mag an die Auftritte der Jahrmarktspieler erinnert haben. Aber ihm fehlten der Biss und die handwerklichen Fertigkeiten, ein rasantes Handpuppenspiel aufzuführen. Dennoch, er war stadtbekannt und viele Dresdner werden sich an sein naives, sich um nichts scherendes Spiel erinnern.

Das einstmals weit verbreitete Jahrmarktskasperspiel gehört der Vergangenheit an, nicht aber ein provokantes Kasperspiel. In Dresden ist es Cornelia Fritzsche, die für sich und das Publikum eine witzige, freche und durchaus gesellschaftskritische Spielweise für ihren Kasper gefunden hat. Davon zeugt das Stück „Kasper und die Ich-AG".

Schon zu Lebzeiten eine Legende

Max Jacob und der Hohnsteiner Kasper

Auch wenn das Wirken der „Hohnsteiner" nicht von Dresden ausging, sondern ihr festes Haus in Hohnstein in der Sächsischen Schweiz stand, ist es gerechtfertigt, auch dieser Bühne einen Dresdner Mosaikstein zu widmen. Für alle Dresdner Schüler waren die „Hohnsteiner" zwischen 1928 und 1945 ein Begriff. Nicht wenige besuchten den Kasper auf der Burg Hohnstein, sei es bei einem Landheimaufenthalt oder anlässlich eines Wandertages. Was „Apel's Marionettentheater" den Dresdnern bedeutete, galt ihnen auch Max Jacob mit seinen „Hohnsteiner Bühnen".

Max Jacob, geboren 1888 in Bad Ems, war einer der bekanntesten und erfolgreichsten deutschen Puppenspieler des 20. Jahrhunderts. Ihn umgab eine Aura, die noch heute, mehr als 35 Jahre nach seinem Tod, wirkt. Wo kam dieser Mann her, der sein Leben – wie viele meinten – einem „Kinderspiel" widmete? Was bewog ihn dazu, mit Kasper und vielen Freunden durch die Lande zu ziehen?

So richtig angefangen hatte alles 1921 im erzgebirgischen Hartenstein, in der Geschäftsstelle der Jugendorganisation „Wandervogel", wohin es den 33-jährigen 1919

Max Jacob (links) mit seinen zwei Mitspielern Rudi Förster und Walter Schmidt. Die Postkarte entstand um 1935.

verschlagen hatte. Neben der Büroarbeit widmete er sich der praktischen Jugendarbeit. Jacob hatte schon frühzeitig an den Zusammenkünften der „Wandervögel", die nach neuen Idealen suchten, sich aber auch auf deutsche Volkstraditionen besannen, Gefallen gefunden. Er organisierte Jugendlager und Veranstaltungen, um immer wieder zum Selbstgestalten, zum Aktivwerden zu mobilisieren. Zu diesen Veranstaltungen gehörten auch Puppenspiele. Jacob selbst spielte im August 1921 das erste Mal für Freunde. Seine Improvisationen im Spiel und in der Ausstattung sowie seine Schlagfertigkeit hatten die Zuschauer wohl von seinem Talent überzeugt. Jacob fand unter seinen Freunden Gleichgesinnte, allen voran Elisabeth Grünwald und Theo Eggink. Eggink und sein Stil, Handpuppenköpfe zu schnitzen, sollte das Markenzeichen der „Hohnsteiner" werden, während Elisabeth Grünwald die Kostüme für die Figuren schneiderte. Schnell wurde die Spielgruppe in der Wandelvogelbewegung bekannt, begann in Schulen aufzutreten, und Gastspiele führten sie auch über Sachsens Grenzen.

1926 kam es zu einem folgenreichen Gastspiel auf der Burg Hohnstein anlässlich der Einweihung der Burg als Jugendherberge. Mit einer Bettenkapazität von 800 war sie die größte Herberge in der Weimarer Republik. Der Burgwart Conrad Hahnewald fand Gefallen an der Puppenbühne und es gelang ihm sie dazu zu bewegen, von Hartenstein nach Hohnstein überzusiedeln. 1928 war es soweit. Nun prangte auf den Anschlagzetteln: „Die Hohnsteiner künstlerischen Puppenspiele unter Leitung von Max Jacob kommen!" Die „Pflichtvorstellungen" auf der Burg ließen noch genug Zeit für eine ausgiebige und erfolgreiche Reisetätigkeit. Ab 1930 reisten sie sogar mit zwei Bühnen durch die deutschen Lande und darüber hinaus.

Die „Hohnsteiner" hatten einen professionellen Stil gefunden. Sie wandten sich ab vom rüden Jahrmarktkasper hin zu einem Kasper, der den Kindern Partner und den Pädagogen ein Freund werden sollte. Das Handpuppentheater wurde schulfähig. Märchen und märchenhafte Stücke mit Zeitbezogenheit standen auf dem Spielplan. Dazu kam ein ausgeprägtes Abendrepertoire mit Stücken wie „Doktor Faust", „Der Streit um den Korb", „Die Prinzessin und der Schweinehirt" oder „Der Freischütz". Die Spieler eroberten den Bühnenraum und ihre Puppen „klebten" bzw. ritten nicht mehr auf der Spielleiste wie es für die Jahrmarktspieler typisch war. Ihre Ausstattungen waren knapp bemessen. Farbige Tücher symbolisierten den Spielort, auf detailgetreue Kulissen wurde verzichtet. Und immer wieder waren es die Tänze der Handpuppen, die das Publikum zu Beifallsstürmen hinrissen. Max Jacob reformierte das Handpuppenspiel und er betrieb ein für die damalige Zeit unübliches „Marketing". Neben den Vorstellungen boten die „Hohnsteiner" Puppenspiel-Lehrgänge an, ein eigener Handpuppenvertrieb wurde aufgebaut, man druckte und verkaufte Postkarten und für Interessenten gab es regelmäßig ein Kasper-Rundschreiben. So verbreitete sich ihr guter Ruf nicht nur über die Vorstellung, sondern auch über die Figuren, die von anderen Profi- und Laienbühnen benutzt wurden. Hinzu kamen ab 1930 Rundfunkaufnahmen und 1936 wurde ein erster „Kasper-Film" gedreht, dem bis 1943 noch 24 weitere folgen sollten. Übrigens entstanden die ersten bei „Schonger-Film" in Dresden.

Zu dieser Zeit hatten die Puppenspieler die Burg bereits verlassen müssen. 1933 wurde aus der Jugendburg ein Konzentrationslager. Die Gemeinde baute ihren „Hohnsteinern" noch im gleichen Jahr ein Haus, das „Kasperhaus", wo sie zur Miete wohnten. In der Zeit der nationalsozialistischen Herrschaft wurde auch das Puppenspiel gleichgeschaltet. Alle Bühnen wurden überprüft, viele durften weiterspielen. Dazu gehörten auch die „Hohnsteiner". Für sie begann nun ein für uns heute sehr kompliziert erscheinender und schwer zu beurteilender Weg, um in einer totalitären Gesellschaft einen Platz zu finden, der eine weitere Arbeit ermöglicht, ohne zum Vorreiter der Gesellschaft zu werden. Max Jacob und seine Mitspieler verstanden sich durchaus politisch, aber sie lehnten es ab, einen parteipolitischen Kasper zu spielen. Auf ihrem Spielplan standen nazistisch angehauchte Stücke bzw. nutzte die nationalsozialistische Kulturpropaganda die versöhnliche Haltung der Spieler für ihre Zwecke. Max Jacob lief der Illusion nach, dass man mit humanistischen Auffassungen in einer „Volksgemeinschaft" ankommen könne. Er war ganz sicher kein Nazi. Aber als Opportunist fanden er und seine Bühne ihren Platz im Dritten Reich.

Die „Hohnsteiner" waren ein berühmtes deutsches Puppentheater. Sie errangen auf der Pariser Weltausstellung 1937 eine Goldmedaille. Max Jacob konnte und wollte sich den gesellschaftlichen Mechanismen nicht entziehen. Die „Hohnsteiner" wollten spielen, ihren Zuschauern Freude bringen, sie an allgemeine zwischenmenschliche Spielregeln erinnern, keineswegs irgendjemanden verletzen, ganz gleich ob sie vor Schülern auftraten oder vor Soldaten an der Ostfront. Den „nationalsozialistischen Kasper" spielten andere.

Eine Zierde der 1938 vom „Heimatwerk Sachsen" durchgeführten Dresdener Ausstellung „Sachsen am Werk" war ein extra für die Schau geschaffenes Puppentheater mit über 200 Plätzen. Am Schluss der Ausstellung stand die Frage: Was wird mit diesem doch stabilen Bau? Max Jacob hatte die Idee, ihn für sich und andere sächsische Bühnen in Hohnstein zu nutzen. Die Gauleitung stimmte dieser Idee zu. Am 13. Mai 1939 wurde das „Puppenspielhaus" ganz in der Nähe des Kasperhauses eröffnet. Heute steht es unter Denkmalschutz und harrt einer erneuten Nutzung.

Die Kriegsjahre brachten den Puppenspielern und ihren Familien große Schicksalsschläge. Rudi Förster und Hans Wickert fielen in den letzten Kriegstagen, von Walter Schmidt fehlt jede Spur. Diese drei gehörten zum festen Spielerstamm. Max Jacob ging 1945 nach Hamburg, wo er bis zu seinem Tode 1967 lebte. Ab 1949 fuhren wieder drei Hohnsteiner Bühnen durch das Land. Von Hamburg aus waren es Friedrich Arndt und Max Jacob, von Essen aus reiste Harald Schwarz. 1953, 65-jährig, stellte Max Jacob die Bühnenkoffer für immer beiseite. Sein Wissen und sein Können vermittelte er aber noch über Jahre hinweg in zahlreichen Lehrgängen.

Als 1957 die UNIMA, die Weltorganisation der Puppenspieler, wieder ins Leben gerufen wurde, war es für die internationalen Vertreter dieser Kunstgattung keine Frage, den Deutschen Max Jacob als Präsidenten zu wählen. Man schätzte seine Verdienste um das Handpuppenspiel und um die Nachwuchsförderung. Aber man war sich auch seiner Lebenshaltung unter den verschiedenen politischen Systemen bewusst. Entscheidend aber war, dass sein ausgeglichenes und vermittelndes Wesen für den Zusammenhalt dieser Organisation in Zeiten der Ost-West-Auseinandersetzungen wichtig war.

Das Spiel der „Hohnsteiner" geriet unter jenen, die es noch live erlebt hatten – auch in Dresden – nie in Vergessenheit. Weil es in der DDR seit Mitte der Fünfzigerjahre keine Hohnsteiner Bühne mehr gab und die Jacob'sche Aura noch zugegen war, versuchten sich vor allem Dresdner Amateurpuppenspieler dieser Spielweise zu nähern. Die 1964 im Greifenverlag zu Rudolstadt erschienenen Lebenserinnerungen Max Jacobs brachten mehr Wissen um sein Leben unter die DDR-Puppenspieler. Anfang der Achtzigerjahre waren die Auffassungen über Puppentheater und auch Handpuppentheater so weit fortgeschritten, dass die Aufführung einiger Hohnsteiner Kasper-Filme im Rahmen des Kulturbundes Dresden sehr deutlich machte, dass Max Jacob in seiner Zeit Bedeutendes geleistet hatte, dass seine Spielauffassungen bewusst oder unbewusst längst weiterentwickelt wurden und sein Spiel daher heute recht museal wirkt.

Man nehme ein Stück Lindenholz ...

Erinnerungen an Theodor Eggink (1901-1965)

„Man nehme ein Stück trockenes Lindenholz und schnitze alles Überflüssige weg, so dass nur der Kopf allein noch übrig bleibt." Wenn das so einfach wäre! Der das aussprach und nach diesem Prinzip arbeitete, war Theo Eggink.

Eggink war ein besonderer Künstler. Er malte nicht und er schuf auch keine monumentalen Plastiken, obwohl er von 1924 bis 1928 an der Dresdner Kunstgewerbe-akademie zum Bildhauer ausgebildet worden war. Er schnitzte Handpuppenköpfe aus weichem Lindenholz. Und wenn der Hohnsteiner Kasper heute zum Inbegriff des deutschen Kaspers überhaupt geworden ist, so ist das nicht nur dem vorzüglichen Spiel Max Jacobs und seinen Mannen, sondern eben auch diesem Puppengestalter zu verdanken.

Max Jacob hatte ihn 1921 im erzgebirgischen Hartenstein kennen gelernt, wo der „Wandervogel" für die Kinder der Baltendeutschen ein Ferienlager organisiert hatte und der junge Eggink aus Riga dazugekommen war. Max Jacob spielte im Lager Handpuppentheater und Theo Eggink wurde einer seiner ersten Mitspieler. Doch Egginks allzu große Schüchternheit stand größeren Erfolgen entgegen. Im wahrsten Sinne des Wortes soll ihm während des Spiels die Spucke weggeblieben sein, so gehemmt war er. Doch als Schnitzer kam er schnell zu Ehren. Eggink schuf nicht nur die Hauptfigur des Kaspers, sondern die ganze Kasperfamilie: Seppl, Oma, Tante Ida usw. Ein Hofstaat mit König, Prinzessin, Hofdamen, Ministern und Lakaien entstand nach und nach. Hinzu kamen Bürgermeister und Advokaten, eben bürgerliche Typen, und sogar Chinesen, Neger, Araber und Indianer.

Das Besondere an Theo Egginks Figuren war, dass sie Profil hatten – und das sowohl im wörtlichen Sinne als auch im übertragenen. Denn die im rechten Maß übertriebene Herausarbeitung von Nase, Mund und Ohren ist eine der Hauptbedingungen für die Bühnenwirksamkeit einer Handpuppe. Der Zuschauer erlebt sie stets beim Dialog mit dem Partner im Halbprofil. Theo Egginks Köpfe haben darüber hinaus aber auch noch Profil im Sinne von Charakter. Seine Typen wirkten skurril, ohne zu stark übertriebenen Karikaturen zu werden, ihr Ausdruck liegt zwischen Realität und Groteske. Menschliche Wesenszüge und Sinnbilder sind angedeutet. Der Kopf des Ministers etwa trägt die wesentliche Eigenschaft der ganzen Figur im Gesicht: Engstirnigkeit. Der Lakai aber verfügt mit seinem Schmollmund und dem nach innen gerichteten Blick über jene Erhabenheit, die diesen noblen Diener auszeichnet, der trotz besseren Wissens die irrsinnigsten Befehle seiner Herrschaft ausführt, ohne dabei seine Würde zu verlieren: „Bitte meine Herrschaften, ganz zu Diensten ...". Diese Art von Puppengestaltung unterstützte das humanistische Anliegen der „Hohnsteiner", mit ihrem Spiel Tugenden und Fehler der Menschen zu zeigen und den Glauben an den Sieg des Guten zu stärken. Die Figuren – von den Gewandmeisterinnen Elisabeth Grünwaldt und Friedel Kostor prächtig gekleidet und liebevoll mit vielen Details ausgestattet – waren die Hauptträger der bildlichen Aussage. Denn sie agierten vor dem kargen Hintergrund einer Stilbühne, bei der ein Tannenzweig und ein grüner Vorhang einen ganzen Wald darstellen konnten. Der Spielort wurde nur angedeutet. Dem Zuschauer blieb es überlassen, das Geschehen mit seiner Phantasie auszuschmücken.

Im Licht- und Schattenspiel der Bewegungen der Puppen schien sich ein Wechsel der Mimik zu vollziehen. Das Geheimnis dieser Wirkung ist rasch entdeckt. Es sind die Schnitzspuren auf den Puppenköpfen, die Theo Eggink ungeglättet stehen ließ. Das verlieh den Puppen ihre unvergleichliche Wärme, ihre Seele.

Kein Wunder also, dass die professionellen Puppenspieler, aber auch Laien und Eltern, die in der Familie das Puppenspiel pflegten, das Verkaufsangebot der „Eggi-

Die Postkarte mit Handpuppen Theo Egginks aus dem Jahre 1946 zeigt Räuber und Schutzmann.

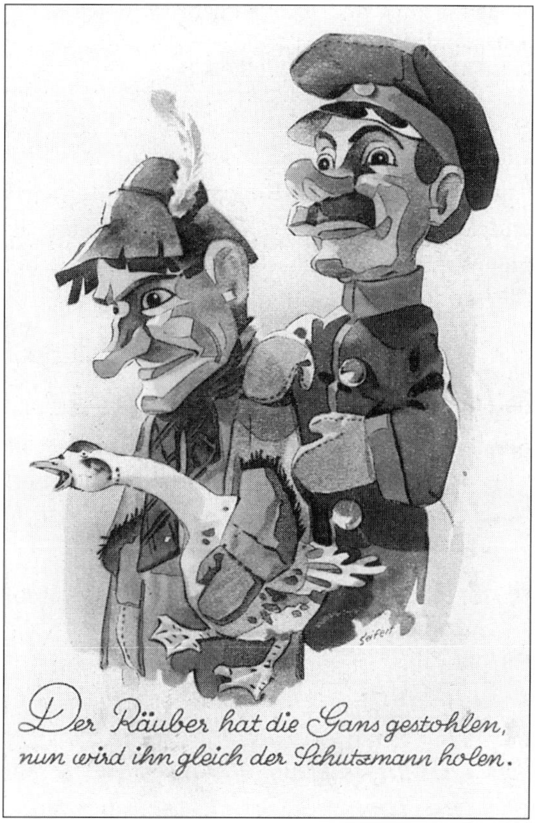

Puppen" nutzten. Seit 1928 in Hohnstein ansässig, schuf Theo Eggink in den Dreißigerjahren mit zwei Gehilfen eine eigene Schnitzwerkstatt, mit der er sowohl den steigenden Bedarf für die Bühnen der Hohnsteiner als auch der Puppenspieler des Landes befriedigte. Im Verlaufe von 40 Jahren hat er wohl an die 200 verschiedene Typen und Varianten der „Hohnsteiner Handpuppen" geschaffen, alle in einem einheitlichen Stil und dennoch mit der großen Vielfalt ihrer Eigenarten. Von der Sensibilität des Künstlers zeugt, dass die Einflüsse des Zeitgeistes und -geschmackes augenfällig werden, obwohl der Meister sehr zurückgezogen, ja menschenscheu lebte und außer seiner Familie und der Werkstatt nichts zu kennen schien. Spuren des Expressionismus vermag man an den Köpfen der Zwanzigerjahre wahrzunehmen, klarer, aber auch weicher und runder wurden die Formen Anfang der Dreißigerjahre unter dem Einfluss der Neuen Sachlichkeit. Etwas „altdeutsch" kommen die in der Zeit des Nationalsozialismus geschaffenen Figuren daher.

Auch im Alter wurde Theo Eggink nicht müde, gewissermaßen als sein eigener Kopist, seine Figuren immer wieder zu reproduzieren. Er erhielt sich aber auch die Kraft, Neues zu schaffen. Ein Beispiel dafür sind seine „Schaufensterpuppen", die er 1955 für die Bühne von Friedrich Arndt (Hamburg) schuf. Diese wunderbaren abstrakten Schemen, die einen deutlichen Kontrast zu jenen Figuren bilden, die das „reale Leben" darzustellen hatten, sind eine Spitzenleistung der Puppengestaltung. Viele Puppenbühnen Deutschlands fühlen sich noch heute dem Geist der Hohnsteiner verpflichtet, aber keiner vermag zu sagen, ob das Spiel Max Jacobs oder die Figuren dafür Ursache sind. Das spricht für die Schnitzkunst Theo Egginks. Er verstarb am 30. März 1965 in Hohnstein.

Die Tradition des Schnitzens von Hohnsteiner Handpuppen setzt heute Wolfgang Berger – sein Vater war ein Schüler Egginks – in Hohnstein fort.

„Man muss die Menschen froh machen"

Oswald Hempel (1895-1945) – der Heimatschutz-Kasper

Man spricht soviel vom Rheine / Von der Elbe spricht man nicht,
Und doch glaubt mir's Leute / Die Elbe hat auch ihr Gesicht.

So sang in den 1920er- und 1930er-Jahren der urwüchsige, heimatverbundene Sachse und waschechte Dresdner Oswald Hempel.

Er gehörte neben Max Jacob und seinen „Hohnsteinern" zu jenen Puppenspielern, die das Handpuppenspiel kultivierten und es in den großen Vortragssälen heimisch werden ließen.

Im Kurländer Palais, im Rokokosaal, den der Landesverein des Sächsischen Heimatschutzes nutzte, hatte er sein Domizil. Feinnervig, auf die Sorgen und Nöte der Menschen eingehend, verwirklichte Oswald Hempel mit seinem Spiel das Motto: „Man muss die Menschen froh machen!"

Ebenso charakteristisch wie die Musik und der Gesang von Volksliedern zwischen den Akten war das Vorspiel des Heimatschutzkaspers. Dabei nutzte Oswald Hempel alle Vorzüge seiner Bühne. Sie war als Kasperhaus gestaltet: anfangs als einfaches, später als dreigiebliges, mit „Schlafzimmer", „guter Stube" und der Szene, auf der „alle Familienangelegenheiten öffentlich ausgetragen wurden". Zuerst öffnete sich ein Dachfensterchen und ein Kuckuck rief acht- oder viermal, je nach dem Zeitpunkt des Vorstellungsbeginns. Danach erschien – in den Kindervorstellungen – unter feiner, zarter Musik Kasperle am linken und dann am rechten Fenster, um seine Blumen zu gießen und sich mit dem Publikum zu unterhalten. Den Kindern blieb es ein ewiges Geheimnis, wie es ihm gelang, sie mit ihrem Vornamen anzusprechen und über jedes Problem, das sie bewegte, Bescheid zu wissen.

„Die Susi hat in dieser Woche schon zum zweiten male vergessen, alle ihre Hefte und Bücher in den Schulranzen zu packen; dabei ist das doch so einfach. Jeden Abend die Rechenaufgabe gelöst: Wie viel ist zwei Backen weg ein Backen? – Na, klar Kinder: Einpacken! Und schon wird nichts mehr vergessen! Jetzt aber wird ausgepackt, das Stück nämlich, das wir spielen wollen. Es geht lohohos! Wir fangen an, hojadehoho, es geht lohos!"

Nein, dann ging es noch immer nicht los. Bei den Erwachsenen – er spielte nach eigenen Worten „für Kinder bis zu 90 Jahren“ – musste erst in der Zeitung nachgelesen werden, was am Abend überhaupt gespielt werden sollte. Danach „knietschte“ Kasperle die Zeitung zu einem Knäuel zusammen und warf sie mit einer aktuellen witzigen Bemerkung einem Zuschauer zum Weiterlesen zu. „Frohe Augen, die hab' ich und lustigen Sinn, weil ich ein Kind aus dem Sachsenlande bin“, sang Kasperle und im Unterschied zum groben Jahrmarktskasper war er mit seinem lustigen Federhut ein zarter, lieber Kerl. Natürlich mit langer Nase, aber mit guten blauen Augen und Mundwinkeln, in denen der Schalk wohnte. Der Heimatschutzkasper sprach sächsisch, nicht das vulgäre, sondern das „gepflegte vom Weißen Hirsch“, erinnerte sich sein Puppenspielerkollege Carl Schröder.

Schon als Gestalter großer Kinderfeste – 1926 in Freiberg beispielsweise – hatte sich Oswald Hempel „als feiner Kinderpsychologe, als tiefer Kenner der Volksseele sowie als genialer Regisseur“ erwiesen, wie es in einer Rezension hieß. Unerschöpflich waren seine Ideen. Alles zum Spiel Notwendige, die Dekorationen und Puppen, entwarf und schuf er selbst. Immer gestaltete er, unter aktivem Einbeziehen des Publikums, Dresdener Ereignisse. So brachte beispielsweise in einer Szene bei mitternächtlichem Spuk die Saskia von Rembrandts Schoß die ganze Dresdener Gemäldegalerie durcheinander.

Oswald Hempel hatte eine für Puppenspieler seltene, aber hohe Auszeichnung erhalten: Er war sicherlich wegen seiner witzigen Theater- und Opernparodien Ehrenmitglied der Dresdner Staatstheater geworden. Denn seine Improvisationen von Arien und Szenen, die er den Stücken der großen Häuser entnahm, standen aktuell auf deren Spielplan und waren unnachahmbar. In seinen „Kasper-Holzopern“ ließ er zeitgenössische Opern- und Theaterstars in Puppengestalt auftreten, genannt seien nur Tino Pattiera, Alice Verden und Erich Ponto. Vom Publikum angefeuert sang er ihre Arien, spielte ihre Szenen und der Kasper rief den Zuschauern zu: „Für eure sieben Groschen könnt ihr och was tun“. Also sang das Publikum mit: „Also los, Troubador – Lohodern zum Hihimmel seh ich die Flahammen, den falschen Hugo, den schlag ich zusahammen ...“.

Auch Hempels humorvolle Titel der Stücke weckten die Neugierde der Dresdner. „Undine“ wurde als Wasseroper mit Liebesgeflüster und Wogenrauschen angekündigt und es gab die „Zauberflöte“ mit „Bravo-Kolorabi-Ariaturen“.

Die Aufführungen sächsischer Sagen und Dresdner Begebenheiten vermittelten Heimatgefühl, weckten Heimatliebe. So brachte Hempel „Das Geheimnis des Queckbrunnens“, die Geschichte „Vom Brückenmännlein an der Augustusbrücke“ auf die Bühne seines Kasperhauses oder er ließ gar die „Gustel von Blasewitz“ unter „persönlicher Mitwirkung des Herrn Friedrich von Schiller“ auftreten. Dresdner Alltag gestaltete er mit sächsischem Humor. In dem Stück „Mein Schatz macht Winke-Winke, hebt die Rechte, hebt die Linke“ wurde das Schicksal des zwei Meter langen Schutzmannes Wabnick vom Dresdner Altmarkt lebendig.

Im Kriege griff er die Sorgen der Menschen mit solchen „Volks- und Kleiderkartenstücken“ wie „Meine Punkte, deine Punkte“ oder „Bohnenkaffee“ auf und traf so – auf die Mangelerscheinungen eingehend – den Nerv des Publikums.

Oswald Hempel mit dem Kasper und seiner Gretel. Die Postkarte entstand um 1940.

Dieser Stücke wegen genoss Oswald Hempel den Schutz und die Förderung Prof. Oskar Seyfferts, der ihn „als Vertreter einer lebendigen Volkskunst“ sehr schätzte. Alle Stücke, die für Kinder gespielten Grimm'schen Märchen wie auch die traditionellen Puppenspiele „Dr. Faust“, „Jedermann“ oder „Der eingebildete Kranke“ nach Moliere, erhielten eine ganz eigene, eben Hempel'sche Fassung, die oft im Stehgreif entstand und sich deshalb Abend für Abend etwas änderte.

Sein Herz gehörte den Kindern. Für sie hatte sein Kasper eine ganz bestimmte soziale Rolle inne. Er war eine Art treusorgender Familienvater und Gretel war entweder seine Braut oder die Mutter seiner Kinder. Zu einem echten Kasperstück gehörten aber auch die Bösewichte Räuberkarl und Hexengroßmutter, die von sich selbst sagten: „Schlecht sind wir und böse – und wir sind stolz darauf!“ Das waren klare Worte. Aber insgesamt gesehen war Hempels Spiel stets sehr differenziert: „Die Hexe muss, so boshaft sie auch ist, immer eine komische Alte sein“, schrieb er einmal. Und so hieß sie dann auch recht lustig „Pampelmeier“. Sein Rat an die Kinder „Wenn du traurig bist, musst du fröhlich sein!“ hatte für viele in den schlimmen Kriegsjahren eine frappante Wirkung. Hempel erzeugte einen optimistischen „Trotzdemismus“.

Jede seiner Figuren hatte unverwechselbare Eigenschaften, die ihr Liebreiz verliehen. So war Gretel nicht nur die skeptische Partnerin des Kaspers, sondern selbst etwas eitel. Immer wieder erschien sie in neuen Kleidern und stellte sich dem Urteil des Publikums mit der Frage: „Na, wie sehn ich heite wieder aus?“ Das Kasperle wirkte so lebendig, dass manche Besucher meinten, es würde im Zorne rot und im Schrecken bleich. Das aber mag an der ausgeklügelten Bühnenbeleuchtung und am lebendigen Spiel des Meisters gelegen haben. Im übrigen, Kasper dirigierte die Beleuchtung auch auf offener Bühne. „Herr Maschinerie-Meister“, ließ er hören, „etwas mehr Himbeerbeleuchtung mit Waldmeister, bitte!“. Sein Gehilfe, der Kasper-Adjutant Helmut, wusste dann, was zu tun war. Er hatte nicht nur das Gewitter mit Blitz und Donner über den Schrammsteinen herzustellen, er reichte Oswald Hempel auch die Puppen, denn der Meister spielte immer allein und so waren stets auch nur zwei Figuren auf der Szene.

Lisa Kaßner war die einfühlsame Akkordeonspielerin, die seine Kasper-Arien begleitete und die musikalischen Grundlagen für die Puppentänze legte, die er anmutig darbot.

Von alledem ist, außer ein paar Fotos vom Heimatschutzfotographen Max Nowak und wenigen Theaterzetteln und Plakaten fast nichts geblieben. Die Erinnerung an diesen hervorragenden Dresdener Puppenspieler bleibt an wenige Gegenstände geknüpft, die in der Dresdner Puppentheatersammlung aufbewahrt werden. Seine komplette Bühne, sein gesamter Theaterbestand und auch er selbst wurden Opfer der Bombennacht vom 13. Februar 1945. Es blieb eine Eintrittskarte für den 14. Februar 1945 erhalten. Sie konnte keiner mehr nutzen. Seine letzte Vorstellung gab der Heimatschutzkasper am 13. Februar, abends 18:30 Uhr mit dem Stück „Grün ist die Heide“. Das Stück, in dem sich Gretel um das Schicksal ihres lieben Kaspers sorgt, war gut ausgegangen. Danach aber hatte der von den Menschen gesandte Tod seine Hände im Spiel. Keiner weiß, wie der Puppenspieler in der schrecklichen Bombennacht ums Leben kam. In der Erinnerung der Dresdner aber blieb er bis heute lebendig.

Im Dezember 1945 gründete Jochen Weber-Unger, gelernter Schauspieler aus Süddeutschland, den „Sachsen-Kasper“ und mietete sich einen Vorstellungsraum am Körnerplatz in Dresden-Loschwitz. Er war ein großer Verehrer Oswald Hempels und so spielte er ganz in seinem Sinne. Auch er hatte eine Handpuppenbühne mit Seitenfenstern und Blumenkästen. Seine Handpuppen waren jenen von Hempel nachempfunden. Weber-Unger spielte vor allem für die Kinder Märchen der Brüder Grimm. Für Erwachsene stand das Puppenspiel von „Dr. Johannes Faust“ auf dem Spielplan. Ende der Vierzigerjahre verließ er Dresden gen Westdeutschland, wo er viele Jahre als Dramaturg wirksam war. 2001 verstarb er; zu früh, denn ein Buch-Manuskript zum Wirken des Dresdner Heimatschutzkaspers Oswald Hempel blieb unveröffentlicht.

„Lohntütengrien“

Otto Griebel, ein Maler der „Dresdner Sezession“ als Puppenspieler

In den ersten Jahrzehnten des vorigen Jahrhunderts war es durchaus keine Seltenheit, dass sich Maler, Musiker, Konzertsänger und Schauspieler dem Puppenspiel widmeten. In Dresden war es der Musiker der Staatskapelle Otto Kunze, der diese alte

Volkskunst für sich entdeckte. Zu Otto Kunze, der „Die Rache des Hakim“ und den „Puppenfaust“ aufführte, gesellte sich um 1920 der Maler Otto Griebel (1885-1972).

Mit seinem unverwüstlichen, manchmal auch sarkastisch-sächsischen Humor entwickelte er zu den Stücken Otto Kunzes ein ganzes Repertoire lustiger kabarettistischer Szenen, die sich den eigentlichen Dramen anschlossen.

Nach seinen Skizzen fertigten ihm die „Leipziger Landsassen“ – für uns heute eine Art „Öko- Bauern“ – Puppenköpfe. Mit den von Otto Kunzes Verlobter genähten Gewändern versehen, stellten sie ganz eigenwillige Charaktere dar, etwa die Dromedara, ein Mischwesen zwischen Hausdrachen und Trampeltier.

Otto Griebel, der als exzellenter Zeichner und Maler in Dresden großes Ansehen genoss und in der „Dresdner Sezession“ – einer bedeutenden Künstlervereinigung – wirkte, stellte seine Kunst aber auch in den Dienst des Kampfes um soziale Gerechtigkeit. Unter anderem auch in der „ASSO“, der Assoziation revolutionärer bildender Künstler.

Als Puppenspieler nutzte er die Möglichkeit, sich mit solchen Stücken wie „Bei feinen Leuten“ oder „Der Kasper als Maler“ zeitkritisch auszudrücken. „Wie wollen se denn gemalen werden, gnä' Frau?“, sprach der Kasper die aufgetakelte Hausbesitzerin an, „in Essig und Öl allemal, aber in welcher Größe?“ „Malen Sie mich einfach in Seelengröße“, war die Antwort der Hausbesitzerin, die ihre Mietforderungen, statt nachzulassen, ständig erhöhte. Da hatte ihr der Kasper mit einem sehr realistischen Bild die Wahrheit „gegeigt.“ – Humor ja, aber mit Wirkung, bitte! – war der Lieblingssatz des Griebel'schen Kaspers.

Sowohl mit Gegenwarts- als auch mit den traditionellen Kasperfiguren wie Tod, Teufel und Gendarm wurden die bigotten Manieren der feinen Leute unter die Lupe genommen. So wie er in seiner Malkunst mit veristischer Klarheit die Übel der Gesellschaft bloßlegte und dabei in einer Reihe mit Otto Dix stand, diente auch sein Puppenspiel sozialen Zwecken.

Als während der Weltwirtschaftskrise Ende der Zwanzigerjahre die sechs Millionen Arbeitslosen von der Reichs- und Landesregierung mit Sparprogrammen und Notverordnungen stets aufs Neue aufgefordert wurden, „den Riemen enger zu schnallen“, kam Otto Griebel auf die Idee, mit einer Wagner-Oper ganz besonderer Art aufzuwarten. Im Wahlkampf 1930 stellte er sich mit seinem „Lohntütengrien“ ganz bewusst auf die Seite des Kleinen Mannes.

Eine verbogene Schellackplatte mit der Ouvertüre der Wagner-Oper und dazu ein Tanz mit Neger- und Affe-Bimbo-Figuren eröffneten das Spektakel. Der Clou des Ganzen war aber, dass die Puppen während des Spiels den Ratschlag, den Gürtel enger zu schnallen, wörtlich nahmen und zwar so lange, bis sie in zwei Teile zerfielen: Ein Hungerstreik bis zum bitteren Ende, bei dem Lachen, aber auch Nachdenken provoziert wurden.

Bei allem Humor – Otto Griebels Kunst war nie Nonsens. So ist auch seine Vorliebe für Joachim Ringelnatz zu erklären. Sie waren nicht nur schlechthin Malerkollegen, sondern auch Freunde, die sich gegenseitig besuchten. Nach einigen stärkeren

Kasper malt die Hausbesitzerin Dromedara zu „Kasper als Maler“. Handzeichnung: Otto Griebel, nach 1920.

Getränken wurde dann gemeinsam gesungen „La Paloma – die weiße Taube“ etwa, Ringelnatzens Lieblingslied. Bei einer solchen Freundschaft nimmt es nicht wunder, wenn es in einem neuen Theaterprogramm Griebels hieß: „Ringelnatz tritt auf“. Und eine Puppenfigur mit der unverwechselbaren Physiognomie des beliebten Autoren und Kabarettisten in Matrosentracht zitierte Kuddel- Daddeldu-Verse. Solche charakteristischen Typen waren im „roten Köfferchen“, welches die Griebels in der Nazizeit sorgsam hüteten, weil Vater Griebel ab und an, wenn Freunde zu Gast waren, „rasch im Türrahmen eine Bühne herrichtete und Kasper, Seppel und den Polizisten ihren Disput ausfechten ließ“ (Thomas Griebel).

Das rote Köfferchen fiel am 13. Februar 1945 in Dresden den Bomben zum Opfer. Die Griebel'schen Handpuppen, die in der Dresdner Puppentheatersammlung aufbewahrt und gezeigt wurden, waren Nachbildungen, die nach dem Kriege unter Anleitung von Otto Griebel noch einmal angefertigt wurden.

Es existieren noch weitere „Griebel-Theater“. Otto Kunze, der in den 1920er-Jahren in Rheinfelden an der Schweizer Grenze lebte, besaß ein solches und ein Schweizer Lehrer, ein Herr Böni, der Kunzes Aufführungen gesehen hatte, wünschte sich eins – Otto Kunze und Otto Griebel erfüllten ihm 1924 diesen Wunsch. Im Jahr 2002 schenkte die Familie Ulrich Böni der Dresdner Puppentheatersammlung diese Bühne. Zu ihr gehören das Theater, Kulissen und Figuren, gefertigt von Otto Griebel.

Griebel war nicht nur ein bedeutender Maler der „Dresdner Sezession“, sondern auch ein origineller Puppenspieler. Er hatte das Herz am rechten Fleck, das rechte

Wort zur rechten Zeit und einen stets obsiegenden sächsischen Humor. Diese Eigenschaften vermochte Otto Griebel seinen Söhnen, vor allem Matthias, bekannt als „Matz" Griebel und heute ein Dresdner Original, weiterzugeben.

„Gesund wirste off'n Fußweg!"

Der promovierte Mathematik-Lehrer Otto Paul (1878-1953) und sein Handpuppentheater

Es ist nicht alltäglich, dass ein Mathematiklehrer, noch dazu mit einer Professur versehen, regelmäßig zu Handpuppen greift und Kaspertheater spielt. Dies jedoch tat Otto Paul, und er war ein angesehener Dresdner Puppenspieler, der vor allem in den Schulen der Stadt, aber auch in der Umgebung bekannt war.

Geboren wurde Dr. Paul am 24. Juli 1878 in Meißen. Nach einer Volksschullehrerausbildung in Nossen studierte er von 1902 bis 1905 in Leipzig Pädagogik, Mathematik, Physik und Chemie. Bereits ein Jahr später promovierte Otto Paul zum „Dr. phil". Wenig später begann seine Dresdner Lehrtätigkeit. Bis 1941 unterrichtete er am Königlichen Lehrerinnenseminar, der späteren Staatlichen Oberschule für Mädchen bzw. der Clara-Schumann-Schule.

1911, seine Töchter waren in das entsprechende Alter gekommen, begann er für sie und ihre Spielgefährten, Puppentheater zu spielen. Der Zuschauerkreis wurde immer größer und Pauls Spiel bekannt. Es waren vor allem Hofrat Oskar Seyffert, Hofrat Schambach und Benno von Polenz, die ihn ermunterten, regelmäßig und öffentlich zu spielen. Mit Billigung des Volksbildungsministeriums begann Otto Paul 1921, jeden Mittwoch für den sächsischen Künstlerhilfsbund im Dresdner Künstlerhaus aufzutreten.

Seine Tochter Hildegard erinnerte sich, dass er regelmäßig in die Klasse kam und fragte, was er am Mittwoch im Künstlerhaus spielen solle. Es hagelte nur so Titel- und Stückideen. Die wirkungsvollste wurde ausgewählt und der Sonntagsausgabe des „Dresdner Stadtanzeigers" zur Ankündigung zugeschickt. Dienstag hieß es dann: „Gebt mir mal die Sonntagszeitung! Was wollte ich morgen spielen?" Nach dem Blick in die Zeitung entstand das Szenarium und im Stehgreif gestaltete er eine erfolgreiche Vorstellung. Bis 1931 spielte Dr. Paul Woche um Woche im Dresdner Künstlerhaus.

Seine ersten Aufführungen, noch im Freundeskreis, spielte er mit Figuren von Carlo Böcklin, dem Sohn des Malers Arno Böcklin. Der Dürerbund gab 1911 eine Serie von Handpuppen nach Böcklin-Entwürfen heraus. Sie waren aus Steinpappe gefertigt und ihre vom Expressionismus beeinflusste Gestaltung hob sich im Künstlerischen von den handelsüblichen Puppen Thüringer Prägung ab. Als die 13 skurrilen Böcklin-Typen zur Gestaltung der Texte nicht mehr reichten, spielte Dr. Paul mit so genannten „Hohnsteinern" aus der Manufaktur Theo Egginks. Die Bühnenbilder ließ er von Studenten der Bühnenbildklasse Professor Baranowskys an der Dresdner Kunstakademie anfertigen.

Das Titelblatt zu Dr. Pauls „Kasperstücke" aus dem Verlag Arwed Strauch, Leipzig 1920.

Bis 1952 führte Dr. Paul 170 verschiedene Kasperstücke auf. Bereits 1920 gab der Leipziger Verlag von Arwed Strauch 14 Stücke in einer Heftserie heraus. 1929 erfolgte noch eine Nachauflage. Zuvor waren aber noch zwei weitere Serien mit zirka 20 Titeln erschienen. Strauch schrieb nach Dresden, dass Paul zu seinen beliebtesten „Kasperautoren" gehöre. Arwed Strauch mag tatsächlich die meiste Handpuppenliteratur zwischen den beiden Weltkriegen in Deutschland verlegt haben. Und Pauls Stücke, die heute auch gelegentlich in Antiquariaten erhältlich sind, ergänzten das angebotene Figurenensemble der „Hohnsteiner".

Dr. Paul lehnte sich an die Jahrmarktkasperliteratur an und verband diese mit Zeitgenössischem. So übernahm er zum Beispiel die tradierte Typisierung des Juden als Wucherer, des Türken als Ungebildeten und des Negers als Tölpel. Damit und vor allem als Gaufachberater für Puppenspiel in Sachsen integrierte er sich in die kulturpolitischen Zielstellungen der NS-Zeit.

Die meisten seiner eigenen Spielvorlagen sind nur als Szenarien überliefert. Sein Kasperspiel ist heute nicht mehr rekonstruierbar. Ob noch Filmaufnahmen existieren, ist nicht bekannt. Paul war ein Stegreifspieler mit sächsischem Humor, der seinen Kasper im reinsten und feinsten Sächsisch gesprochen haben soll und die Eigenheiten seines sächsischen Publikums kannte. Keines seiner Stücke ist heute unbearbeitet aufführbar. Woran jedoch anzuknüpfen ist – und das tun heutige Kasperspieler, wie zum Beispiel die Dresdnerin Susanne Böhmel – das ist die Dramaturgie seines traditionellen Spiels. Kasper ist Gegenspieler für alle. Die Fabel verläuft geradlinig und so wird der Konflikt zielstrebig gelöst. Bei Dr. Paul dominierten die List, Schnelligkeit und Schlagfertigkeit des Kaspers vor dem Totschlag.

Paul versuchte, Traditionen mit den Ansprüchen der Pädagogik zu verbinden. Seine Puppenspiele sind nie von vordergründiger Didaktik. Selbst jene zwischen 1927 und 1929 für die Hörfunkserie „Fröhliche Wissenschaft im Kaspertheater" geschriebenen Stücke sind es nicht. Der Hygieneerziehung dienten Handpuppenspiele mit dem Titel „Schlecht gekaut, wird nicht verdaut" oder „Gesund wirste off'n Fußweg". Letzteres ist ein Kasperspiel, das sich stark an den Legenden um Dr. Eisenbart orientiert.

Dr. Paul war auch einer der ersten, die nach dem Kriegsende 1945 wieder begannen, mit Puppenspiel den Kindern Freude zu bereiten. Als puppenspielender Pauker und durch seinen markanten Habitus, geprägt von seiner Glatze, war er für viele Schüler eine bekannte Dresdner Persönlichkeit.

Seine 40-jährige Puppenspielerfahrung stellte er dem kulturellen Neuaufbau seiner Stadt zur Verfügung. Er beteiligte sich an der bedeutenden Puppentheaterausstellung zum Jahreswechsel 1950/51 in der Nordhalle. 1951 wurde er als Jury-Mitglied in die Fachgruppe Puppenspiel des Landes Sachsen zur Vorbereitung der 1. Deutschen Festspiele der Volkskunst 1952 berufen. 1953 reichte er neue Kaspertexte beim Zentralhaus für Laienkunst in Leipzig zur Begutachtung ein, um sie danach dem Verlag Volk und Wissen zum Druck vorzulegen. Doch dazu kam es nicht mehr. Wenige Wochen nach seinem 75. Geburtstag verstarb er am 1. September 1953 in Dresden. Seine Bühne und seine Figuren gehören heute zu den Beständen der Puppentheatersammlung Dresden.

Zwischen Tradition und Erneuerung

Das Marionettentheater Rudolf Geys

Von einem Neuerer des traditionellen Marionettenspiels soll nun die Rede sein, von dem 1904 in Chemnitz geborenen Rudolf Gey.

Ihm war es nicht an der Wiege gesungen worden, dass er einmal Puppenspieler werden würde. Aber seit Ende der Zwanzigerjahre, als er in eine alte Puppenspielerfamilie eingeheiratet hatte, ließ ihn das Metier nicht mehr los. Es handelte sich um Familie Richter, die ein traditionelles Marionettentheater betrieb, und das schon seit vielen Generationen. Der Ahnherr, Gerhard Richter, soll schon um 1730 puppenspielend durch Thüringen, Sachsen, Nordböhmen und Schlesien gezogen sein. Jedenfalls mit diesem Hinweis vermarktete Geys Schwiegervater, Alois Richter, sein Geschäft.

Ende der Zwanziger- und zu Beginn der Dreißigerjahre spielte Rudolf Gey mit Gattin Gertrud auf seiner Marionettenbühne Stücke des traditionellen Repertoires.

Rudolf Geys „Dresdner Marionetten-Varieté“ auf einer Werbepostkarte aus der Zeit um 1940.

Dazu gehörte der „Räuberhauptmann Karasek“, „Karl Stülpner“, das „Buschliesel“ und „Kasper als Strohwitwer oder Kasper macht Seitensprünge“ oder wie die Boulevardstücke alle hießen. Selbstverständlich spielten sie auch Kinderveranstaltungen am Wochenende, nachmittags zum Beispiel „Rotkäppchen“ und „Schneewittchen“ und abends wieder ein Rührstück für Erwachsene, ehe es am Morgen mit dem „Zigeunerwagen“ wieder auf die Reise ging.

Er strebte nach Neuerungen, vielleicht weil er als „Seiteneinsteiger“ einen offeneren Blick und ein Gespür für den Zeitgeist besaß, die die in Familientraditionen eingebundenen Marionettenspieler nicht hatten.

An den Puppenspielhistoriker Otto Link schrieb er 1941: „Der ‚Stülpner Karl‘ ist nur noch aufführbar, wenn er total mit flotter Handlung umgestaltet wird“. Seine Aufführungen wären wohl vom Publikum nicht abgelehnt worden, „aber einen direkten Erfolg habe ich nie erzielen können“, schrieb er. Das wird wohl nicht an dem Missgeschick gelegen haben, das ihm einmal im 5. Akt dieses Stückes passierte: In einer Szene kommt Stülpner dazu, wie der Gerichtshalter Bösenig Stülpners Geliebte zum Hochzeitstanz holt. Da gibt Stülpner dem Bösenig einen Stoß, der eines Tages so realistisch ausfiel, dass der Kopf Bösenigs aushängte und die Figur kopflos auf der Bühne stand …

Gey hatte inzwischen andere Erfahrungen machen können. Mit dem Dresdner Kunstmaler Gerhard Gesell gründete er 1936 die Wanderbühne „Thespiskarren". Ein bunt bemaltes Auto zog durch die Lande und machte vor allem in Städten Station, in Dresden beispielsweise im kleinen Saal des Dresdener Künstlerhauses. Der rechte Erfolg stellte sich jedoch nicht ein. Sie spielten immer noch die alten Stücke, „Kasper als Heiratskandidat" etwa und „Rumpelstilzchen", aber auf moderner „Stilbühne". Unter diesem Begriff summierte man damals alles, was sich sowohl von der barockisierenden Gassenbühne als auch von den Dekorationen des 19. Jahrhunderts trennte. Dennoch mag Rudolf Gey den Widerspruch zwischen moderner Gestaltung und alter Dramaturgie schmerzlich empfunden haben. Als er zu Beginn des 2. Weltkrieges allein, ohne Gesell, weiterspielt, nennt er seine Bühne „Dresdener Marionettentheater / Varieté" und hebt auf seinen Plakaten die „große moderne Stilbühne" besonders hervor. In den Pressereberichten werden weniger seine Stücke, wohl aber sein Marionetten-Varieté rezensiert und überschwänglich gelobt. Da sind neben einem Rokoko-Tanzpaar vor allem die zierlichen Chinesen mit ihrer Glöckchenakrobatik, die Athleten „Humsti-Bumsti" und die mit großem Können vorgeführte Reifenakrobatin „Elvira" zu erwähnen, letztere „ihres Kostüms von besonderer Schönheit" wegen.

Die „Artisten en miniature" hatte er 1938 vom Dresdner Marionettenspieler Florian Bille erworben. Mit Stücken aus dem Repertoire Billes, zum Beispiel mit „Grün ist die Heide" und „Rumpelstilzchen", dehnte er seine Tournee 1943 bis nach Süddeutschland aus. Gey trug bis 1944 mit der „Dresdener Marionettenbühne" – unterbrochen durch Dienste in und für die Wehrmacht – den sächsischen Humor seines Kasper bis in den süddeutschen Raum. Doch auch unter den Soldaten waren die Fantoches, die Varieté-Marionetten, beliebt, zumal noch moderne Nummerngirls und Tanzpaare für Stepptanz hinzugekommen waren. Der Name „Thespiskarren" erschien wieder auf den Plakaten. Er war Gey ein Symbol für Theaterreform und Erneuerung, hatte doch im klassischen Altertum der Grieche Thespis das attische Theater erneuert.

Als 1944 der totale Krieg ausgerufen wurde und in der Folge die öffentlichen Theater schließen mussten, wurden Schauspieler, aber auch Bühnengestalter freigesetzt. Rudolf Gey nutzte die Gunst der Stunde, um seinem Theater ein neues künstlerisches Gesicht zu geben. In Karl Lysek fand er einen Designer, der nach seinem Geschmack das neue Theater samt Figuren schuf. Mit fünf Spielern reiste er nun durch die Pfalz und durch Franken. Mit dem Märchen „Rapunzel" machte die Bühne jetzt Furore. Richtig fein aber war die Bühne erst 1947, als Geys Theater zur „Marionettenbühne Nürnberg" wurde. Puppenopern wie Mozarts „Bastien und Bastienne" und Adolphe Adams „Die Nürnberger Puppe" standen nun auf dem Spielplan. Für die Kinder gab man Poccis „Eulenschloss", die „Mondlaterne" und das bekannte Märchenprogramm. Rudolf Gey konnte sich der Unterstützung der Nürnberger Theater erfreuen und auch weiterhin der des Gestalters Prof. Karl Lysek. Mit seiner Bühne gastierte er in den Nürnberger Kammerspielen. Ein Höhepunkt seiner Theaterarbeit in dieser Zeit war das in eine orientalische Rahmenhandlung eingebundenen Märchen „Die weiße Taube". „Und wieder", so hieß es in der Presse, „verband das bekannte Dresdener

Marionettentheater auf wunderbare Weise Typisches und Komisches". Obwohl sich Rudolf Gey 1948 schon auf dem Weg zum Dresdner Künstlerhaus wähnte, ist er nicht wieder in seine alte Heimat zurückgekehrt.

„Der Kasper muss die deutsche Seele verkörpern!"

Dresdner Puppenspiel in brauner Zeit

„Der Kasper muss die deutsche Seele verkörpern!" – das war das Ideal der Nationalsozialisten. Der Hohnsteiner Kasper, wie er von Max Jacobs gespielt wurde, schien geeignet, unter den Begriff „Volks- und Brauchtum" eingeordnet zu werden. Erst recht, als die „Hohnsteiner" 1937 auf der Pariser Weltausstellung für ihre „Freischütz"-Version eine Goldmedaille erhalten hatten.

Der NS-Staat buchte diese internationale Anerkennung als Erfolg für sich und begann, die „Hohnsteiner" zielstrebig zu fördern. Viele ihrer Stücke wurden verfilmt. In dem Maße wie der Tourneebetrieb sich vergrößerte nahm auch der Vertrieb der „Eggi-Figuren", der Hohnsteiner Handpuppen zu.

Wie das gesamte gesellschaftliche Leben war auch das Puppenspiel im NS-Staat der Gleichschaltung unterworfen. Bis 1936 zogen sich die Überprüfungen der Puppenspieler hin. Es wurde darüber entschieden, ob der Puppenspieler „würdig" war, in die Reichstheaterkammer als Berufsspieler aufgenommen zu werden. Selbst die Genehmigung, in den Schulen aufzutreten, bedurfte laut einer Verordnung des sächsischen Ministeriums für Volksbildung einer zusätzlichen Überprüfung, die neben der poli-

Offizier, Schupo, Kasper als Soldat, blonder Junge. Die Handpuppenköpfe stammen vom Reichsinstitut für Puppenspiel, 1940.

tischen Unbedenklichkeit ein „inhaltlich wertvolles Puppenspiel“ testierte. Das aber hieß, „dem deutschen Wesen“ zu entsprechen. Im genannten Verordnungsblatt vom 1. November 1937 waren dann auch jene sächsischen Puppenspieler genannt, die für das Schulspiel zugelassen wurden: Heinrich Apel, Walter Heinelt, Oswald Hempel, Paul Hölzig, Prof. Dr. Paul – sämtlich aus Dresden – sowie Xaver Schichtl aus Magdeburg, der Radebeuler Carl Schröder und Georg Zumpe aus Chemnitz.

Interessant ist, dass sich die meisten der Genannten der Hohnsteiner Figuren bedienten. Selbst der Marionettenspieler Heinrich Apel montierte seinen Figuren große, extra dafür geschaffene „Eggi-Köpfe“ auf. Auch Paul Hölzig spielte zu dieser Zeit mit Figuren von Theo Eggink.

Die Zwangsvereinigung deutscher Puppenspieler in eine Fachschaft der Reichskulturkammer brachte es mit sich, dass sie sich verschiedenen Schulungen und Prüfungen unterziehen mussten, um sich Auftritte zu sichern. Die Puppenspieler wurden den Schaustellern, dem „Ambulanten Gewerbe“ zugeordnet. Ein mehrfach eingereichter Einspruch, sie seien keine Schausteller – vor allem der große Xaver Schichtl stellte sich vor die Puppenspieler – wurde stets abgelehnt. Lediglich die „Hohnsteiner“ Max Jacobs hatten die Ehre, als künstlerische Bühne direkt der Theaterkammer unterstellt zu sein.

Es war in erster Linie die Organisation „Kraft durch Freude“, die sich im Rahmen ihrer Kulturveranstaltungen auch der Puppenspieler bediente. Sie verhalf ihnen zu Auftritten und übernahm auch ihre Weiterbildung. Über das „Amt Feierabend“ organisierte diese Freizeitorganisation vom 14. bis 21. August 1938 eine „Reichsarbeitswoche des deutschen Puppenspiels“. 76 Berufspuppenspieler waren auf die Jugendburg Hohnstein eingeladen worden. Hier erfuhren die Puppenspieler aus dem Munde der NS-Funktionäre, vom Parteigenossen Otto Schmidt (Reichsdienststelle für Brauchtum) „... den großen Zusammenhang der Volkstumsarbeit, in den sie mit ihrer Kunst hineingestellt sind.“ So berichtete das „Berliner Tageblatt“ vom 24. August 1938.

Auch über die Anforderungen an den deutschen Kasper wurde referiert. Er sollte „weder ein Clown, noch ein oberflächlicher Spaßmacher um jeden Preis, noch ein geistreicher Conferencier, weder eine Spottgestalt des dummen Bauern, noch eine Verkörperung der Faulheit und der Tölpelei“ sein. Seine Reinheit, Ehrlichkeit und Rechtschaffenheit, sein ... derber Humor, sein tiefer und weiser Ernst“ sollten ihn als „die Verkörperung der deutschen Seele“ ausweisen.

In dieser Arbeitswoche zeigten die Hohnsteiner ihre Stücke und auch Oswald Hempel und Carl Schröder wurden aufgefordert, etwas aus ihrem Repertoire aufzuführen.

Wenn der „Hohnsteiner Kasper“ dieser Jahre auch mit Wortwitz aktuelle Themen attackierte, blieb er doch der unpolitische, saubere „Unterhaltungskasper“. In dem Stück „Kasper als Maler“ lässt Max Jacob seinen Kasper formulieren: „Es ist unsere Aufgabe, das verehrte Publikum, so es den Weg zu uns Holzköpfen findet, zu entspannen. Womit wir nun wiederum keineswegs behaupten wollen, dass wir ein überspanntes Publikum vor uns haben. Nein, das ist nicht der Fall. Das wirklich überspannte Publikum gestaltet seinen Feierabend anderenwärts.“

Mit dem Stichwort „Feierabend" war die Einordnung der Bühne in die Organisation „Kraft durch Freude" und dem „Amt Feierabend" deutlich geworden. Solche Floskeln wie „Lieber ein Hellseher als ein Schwarzhörer" in dem genannten Stück nahmen Bezug auf das unter strenge Strafe gestellte „Schwarz-Abhören" von „Feindsendern" im Rundfunk. Ansonsten distanzierte sich der Kasper als Maler von „entarteter Kunst". Auf diese Weise wurde das humanistische Anliegen der Puppenspieler, unter anderem Carl Schröders oder Max Jacobs, im Sinne des völkischen Brauchtums pervertiert und von der NS-Herrschaft in Anspruch genommen.

Einen ganz anderen Eindruck hinterließ Oswald Hempels Vorspiel. Er hatte, getreu seiner Art, die Persiflage des Bühnenstückes „Der eingebildete Kranke" nach Moliere gegeben und sich dabei auf die Dresdner Schauspieler bezogen, die auf der Bühne des Staatstheaters diese Rollen verkörperten. In köstlichen Extempores zog er manches aktuelle Problem „durch den Kakao". Die „Dresdner Neuesten Nachrichten" vom 19. August 1938 schrieben: „Die Berufskameraden waren begeistert von dem feinen Spiel und besonders von den köstlichen Tänzen, die das Stück belebten." Harro Siegel aus Braunschweig, der spätere Leiter des Reichsinstitutes für Puppenspiel, erinnert sich, dass die NS-Funktionäre diese Begeisterung nicht teilten. Sie erschienen am anderen Morgen zum Auswertungsgespräch in SA-Uniform mit der Absicht, Oswald Hempel „fertig zu machen". Das hintersinnige Spiel Hempels passte nicht in die Vorstellung von einem volkstümelnden Kasper. Sie maßen seine Spielweise an ihrer Ideologie und vermochten keine Verbindung zum Brauchtum herzustellen. Da war der Vorwurf Carl Schröders, dass Hempel kein sauberes Deutsch spräche, noch der geringste. „Ob dieser rüden Angriffe", so Harro Siegel, „brach der unglückliche Hempel in Tränen aus, schlug die Hände vors Gesicht und rannte fluchtartig aus dem Saal". Max Jacob eilte ihm nach und versuchte, den sensiblen Künstler zu beruhigen. Inzwischen hatte im Saal Harro Siegel das Wort ergriffen und die Funktionäre sehr sachlich wissen lassen, dass Hempel ein „genialischer Komödiant und Erzpuppenspieler" sei und dass „ein solches Talent in dieser naiven Ursprünglichkeit eine Seltenheit darstelle". Erstaunlicherweise wurden diese Äußerungen ernst genommen und Oswald Hempel galt als rehabilitiert. Unter dem Schutz von Hofrat Oskar Seyffert konnte er weiter als „Heimatschutzkasper" im Kurländer Palais wirken.

Die Vertreter der traditionellen Marionettentheater waren zu dieser Tagung der KdF-Spieler nicht eingeladen. Die Presse berichtete von wertvollen Impulsen, die diese Arbeitswoche der „zu neuem Leben erweckten Volkskunst" gegeben hatte. Seit dieser Veranstaltung verbesserte sich besonders in Sachsen die Auftragslage für die Puppenspieler.

1939 waren die sächsischen Puppenbühnen völlig gleichgeschaltet und auf ihre Aufgabe im Krieg bestens vorbereitet. Bis 1945 wurden sie regelmäßig zur „Frontbespielung", zur Erheiterung der Wehrmachtsangehörigen und damit zur „Stärkung der Wehrkraft" eingesetzt.

Kaum eine Handpuppenbühne entzog sich dieser Aufgabe. Allein schwerfälligere, weil aufwändigere Marionettenbühnen wurden kaum zur Frontbetreuung geschickt.

Die meisten der Prinzipale waren zur Wehrmacht eingezogen und ihre Theater am festen Wohnsitz eingelagert worden. Die beweglicheren Handpuppenbühnen reisten in den besetzten Gebieten im Hinterland der Front. Ihre Spieler überstanden das Kriegsgeschehen, während viele der unmittelbar an den Kämpfen Beteiligten das Ende der Nazi-Herrschaft nicht erlebten.

Ein Schriftsteller, verbunden mit dem Dresdner Puppenspiel

Kurt Arnold Findeisen

Kurt Arnold Findeisen zählt zu den am meisten gelesenen Dresdner Schriftstellern. Geboren wurde er am 15. März 1883 in Zwickau. Nach dem Besuch des Lehrerseminars und der Universität Jena war er als Volksschullehrer in Mylau und Plauen tätig. Von 1925 bis 1933 leitete er den Schulfunk des Mitteldeutschen Rundfunks. Von den Nationalsozialisten entlassen, widmete er sich hauptberuflich der Schriftstellerei.

In seinen Werken, die schon vor 1945 weit verbreitet waren, beschreibt er auf verschiedenen Ebenen volkskundliche und sozialgeschichtliche Themen. Viele seiner Arbeiten sind heute besonders wertvoll, weil sie Alltagsgeschichten erzählen. Mag sein, dass manches sehr subjektiv ist. Doch das ist nun mal das Recht eines Schreibers, seine

Kurt Arnold Findeisen um 1925.

Sicht auf die Ereignisse zu vermitteln. Seine Arbeiten trugen dazu bei, dass wir heute noch vieles von Bräuchen und Festen nacherleben können. Findeisen erfasste seine Heimat in Erzählungen, Romanen und Dramen in ihrer ganzen Breite, also von der Lausitz über den Dresdner Elbkessel, über das Erzgebirge bis hin zum Vogtland.

Es ist nicht verwunderlich, dass ein volkskundlich interessierter Schriftsteller auch Interesse am Puppenspiel zeigte. Gern war er beim „Heimatschutzkasper" Oswald Hempel zu Gast. Und auch Hempel besuchte ihn. Die beiden verband eine herzliche Freundschaft. Doch Findeisen wäre ein schlechter volkskundlich Interessierter gewesen, hätte er nicht auch Kontakte zu den Marionettenspielern besessen und insbesondere zum Dresdner Apel'schen Theater. Oft besuchte er den alten Apel in seinem Hansa-Theater in der Äußeren Neustadt. Seine Eindrücke vom Marionettenspiel verarbeitete er in der Erzählung „Der alte Puppenspieler" („Melodie der Freude", Berlin 1958), in der ein Marionettenspieler mit den Ereignissen des Vormärz konfrontiert wird und als kleiner Künstler seinen ehrbaren Mann steht. In dem sehr beliebten, 1926 in Dresden erschienenen Band „Sächsisches Lachen" veröffentlichte er einen am traditionellen Jahrmarkttheater angelegten Kasper-Text.

Da Findeisen auch als Dramatiker hervortrat erhob sich die Frage, inwieweit er nicht auch für das von ihm sehr geliebte Marionettentheater Texte verfasste. Eine Durchsicht seines Nachlasses, den die SLUB Dresden bewahrt, ergab dafür keine Hinweise. Lediglich ein Kasper-Text von damals aktueller Brisanz wurde gefunden. Findeisen schrieb diesen Text 1945 mit dem Titel „Kasper siegt" unmittelbar nach der Befreiung vom Hitlerfaschismus. Der Kasper rechnet auf seine ureigenste Weise mit der faschistischen Vergangenheit ab. Das wird besonders im „Intermezzo" dieses Stückes deutlich:

Der Teufel erscheint, obwohl ihn Kasper zuvor gehörig von der Spielleiste geprügelt hatte.

Kasper: (sehr verdutzt) Donnerwetter, wo kommen Sie denn wieder her? Ich hatte sie doch liquidiert. War'n Se etwa bloß scheintot? (Er reibt sich die Augen) Oder hab' ich noch nicht ausgepennt?

Teufel: Deine Augen täuschen Dich nicht, Du Narr. Den Teufel schlägt keiner tot. Der Teufel ist unsterblich wie Du selber!

Kasper: Nu brat' mir eener 'en Storch! Kommt das Hornvieh wieder, als wenn's bloß emal auf's Töppchen gegangen wär! Und ich hatt' ihn doch een ordentlichen Zuschuss verabreicht aus der Armenkasse! Ich sag's ja, de Welt is durcheinander wie e alter Lumpensack! (Zum Teufel) Na schön, da sind Se also wieder da! Gute Luft! Spiel'n Se etwa 'ne Partie Sechsundsechzig mit? Sie sind doch scharf off'n Grünunter, nich wahr. Ich werd' gleich emal die Karten holen.

Teufel: Unsinn! Als ob ich Zeit hätte, mit Dir Tagedieb Karten zu spielen. Ich habe Wichtigeres zu tun. Ich habe die größten Lügner des Jahrhunderts ins KZ der Hölle zu treiben.

Kasper: De größten Lügner des Jahrhunderts? Da bin ich aber gespannt. Auf's Lügen verstehen sich viele.

Teufel: Ja, aber solche Generalbonzen der Lüge gibt es nur drei. Sie haben es verstanden, ein ganzes Volk zwölf Jahre lang systematisch zu belügen. Zwölf Jahre lang!

Kasper: Is's wahr? Man sollt's nicht für möglich halten. Die muss ich kennenlernen. Wo hab'n Se se denn?

Teufel: Dort kommen meine Arrestanten mit den Höllenboten. Wenn Du nur von jedem der drei seine Hauptlüge gehört hast, wird Dir der Verstand stehen bleiben.

Kasper: Nu, wenn och das nich, aber mich juckt's wirklich, das Kleeblatt kennen zu lernen.

Teufel: Der erste, den Du siehst, der hat gesagt: Ich werde das tausendjährige Reich gründen. Und wie lange hat es gedauert? Einhundertvierundvierzig Monate. Her mit Dir! (Adolf Hitler erscheint)

Kasper: Ach der? Hm, hör'n Se, der hat aber ooch manchmal de Wahrheit gesprochen. Hat er zum Beispiel nicht gesagt: Nach diesem Kriege werdet ihr Deutschland nicht wieder erkennen. Sehen Se sich um, hat er da nich die Wahrheit verzapft? Na, aber e ganzes Volk so lange an der Nase herumführen, das ist wahrhaftig starker Tabak! Fort mit Schaden! (Er gibt ihm einen Schlag mit der Pritsche. Adolf ab.)

Teufel: Der zweite, der hat gesagt: Und wenn nur ein feindlicher Flieger über Deutschland sich zu zeigen wagt, so will ich Meyer heißen. Und was ist geschehen? Zehntausende von Städten und Dörfern, Hunderttausende von Menschen sind durch Fliegerbomben vernichtet worden. Nun heißt er Meyer in aller Ewigkeit. Alle einhundertvierundvierzig Orden der Hölle sollen ihm am Halse hängen. Her mit Dir! (Herrmann Göring, der in großer Uniform steckt und über und über mit Orden und Lametta behängt ist, erscheint.)

Und der dritte da, der hat Jahr für Jahr so viele Lügen hervorgebracht, wie jeder Tag Minuten zählt: vierundzwanzig mal sechzig, das sind einhundertvierundvierzig mal einhundert! Merkst Du was? Wieder diese Höllenzahl. Er leitete zwölf Jahre auf Kosten eines leichtgläubigen Volkes die größte Lügenfabrik als Generaldirektor. (Josef Goebbels, dessen Kopf unter einer Riesenmütze fast verschwinden würde, wenn die Mütze nicht von den abstehenden Ohren gehalten würde, erscheint.)

Kasper: Und mit seinem Mundwerk war er mir sogar über. Här'n Se, mit dem werden Se wahrscheinlich in der Hölle noch Scherereі hab'n. Fort mit Schaden! (Er pritscht ihn mit besonderem Nachdruck. Josef Goebbels ab.)

Teufel: Verstehst Du jetzt, dass ich keine Zeit habe mit Dir Karten zu spielen?

Kasper: Nu allemal. Das Spiel geht mir vor. Mit drei solchen Matadoren. Se wär'n sich noch e paar dazuholen, damit de 32 Karten voll werden, nich wahr.

Teufel: Das werde ich, so wahr ich Satan heiße! (würdevoll ab.)

Kasper: Viel Vergnügen. Viel Vergnügen (singend)

Der Teufel hat se geholt
Der Teufel hat se geholt
Der Teufel hat se alle drei geholt
Dri dra drei geholt
Der Teufel hat se geholt.

Die Handlung setzt nun fort, indem Kasper mit einer Wurst, mit seiner Monatsration, auf seine Herkunft verweist und dabei seine Vettern in den verschiedenen Ländern der Erde vorstellt. Ihre Namen verbinden sich bekanntlich ebenfalls oft mit Essen. Großmutter tritt auf und ermahnt ihn, die Wurst in diesen Zeiten einzuteilen. Doch Kasper weiß es besser. Laut jubelt er über seine Monatszuteilung. Nun folgt die bekannte Kasper-Wachtmeister-Szene, unter dem Motto „Wie heißen Sie?". Aber auch hier pariert Kasper zeitgemäß. Auf die Frage „Wie heißt deine Familie?" antwortet er: „Also Herr Wachtmeister, nu komm' Se mir bloß nich mit Familienforschung. 'S fehlt bloß noch, dass Se mich fragen, ob meine Großmutter arisch ist. Mit'n Rassenfimmel is es jetzt vorbei, wissen Se das noch nich?"

„Kasper siegt" und das Zwischenspiel sind Beispiel dafür, wie sich das Puppenspiel in Zeiten heftiger sozialer Auseinandersetzungen politisieren konnte. Aber vielerorts wurde es auch genutzt, um einfach Freude zu bringen zwischen den Trümmern. Manche Kindergruppe lachte über Kaspers Streiche mitten in der zerstörten Stadt oder manchem Kind halfen seine „Kasper-Puppen", die traumatischen Ereignisse des Jahres 1945 zu meistern. Zu jenen Handpuppenspielern, die gleich nach Kriegsende wieder hinter die Spielleiste traten, gehörten u.a. Alwin Jäger, der im August 1945 im Luftbad Dresden-Cotta auftrat, und die Bühne der „Leubener Kasper" mit jungen Männer der ANTIFA-Jugend. Jochen Meintzschel und Siegfried Barth hatten meistens die Figuren auf ihren Händen. Sie traten sonntags früh in den Stephenson-Lichtspielen auf. Sie „reisten" aber auch bis in die Kinos nach Dresden, Reick und Strehlen. Nach Reick half ihnen ein Elektrokarren und nach Strehlen hatten sie ihre Bühne auf einen Einachsenanhänger der Straßenbahn aufgeladen. Sie spielten für die Jüngsten zu Gunsten der Volkssolidarität.

Ob das Findeisen-Stück „Kasper siegt" jemals zur Aufführung kam, ist nicht bekannt. Es trägt den Untertitel „Schellerhauer Puppenspiel". Doch auch mit Hilfe dieser Ortsangabe konnte kein Spielnachweis erbracht werden.

Kurt Arnold Findeisen schrieb 1954 den Roman „Der goldene Reiter und sein Verhängnis", ein Roman um August II. Ihm folgte 1956 „Flügel der Morgenröte". Beide Bücher dürften wohl in den Bücherschränken der meisten literaturinteressierten Dresdner stehen. Dass Findeisen ein Verehrer des sächsischen Puppenspiels war, ist weniger bekannt. Er starb am 18. November 1962 in seiner Heimatstadt.

Die Bärenfelser spielen heute …

Paul Hölzig (1911-1989) – ein Meister des Handpuppenspiels

Die Dresdner Puppenspieltraditionen umfassen nicht nur hervorragende Marionettenspieler, sondern ebenso Meister des Handpuppenspiels. Neben Oswald Hempel und Carl Schröder gehört zu ihnen Paul Hölzig, der im März 1933 seine erste Bühne gründete, die „Dresdner Puppenspiele".

Als junger Mann sollte Hölzig einen ordentlichen Beruf erlernen, doch er verließ das Gymnasium vorzeitig, um sich einem kleinen Wanderzirkus anzuschließen. Es waren jene Jahre, in denen die „Hohnsteiner Puppenspiele" unter Max Jacobs Leitung bekannt wurden. Ihr Stil regte viele an, das Jahrmarktkasperspiel zu verlassen und neue

Paul Hölzig und sein Kasper. Die Postkarte „Das Dresdner Puppenspiel" stammt von 1934.

künstlerische Wege zu finden. Paul Hölzig sah bald im Puppenspiel die Möglichkeit, seine vielfältigen Interessen zu verwirklichen: Er konnte texten, Figuren entwerfen, Spiele leiten, aber vor allem selbst Rollen gestalten. 1933 wurde er Berufspuppenspieler. In den ersten Jahren spielte er mit Hohnsteiner Figuren aus den Händen von Theo Eggink und Elisabeth Grünwald.

Hölzig spielte einen Kasper, der in seiner Urwüchsigkeit den Nerv des kleinen Mannes ansprach, ohne sich anbiedern zu müssen. „Undine", „Doktor Faust" oder „Der Freischütz" zählten zu den gelungensten Inszenierungen seiner Dresdner Zeit.

Den Puppenspielinteressierten ist er jedoch als „Bärenfelser Kasper" bekannt. 1945 bezog er ganz in der Nähe von „Köbe's Gasthof" die Kasperklause in Bärenfels.

„Die Bärenfelser" – das war eine Gruppe von Enthusiasten. Neben Hölzig agierte seine Frau Eva-Maria vor allem als Kostümgestalterin, Hellmuth Lange schnitzte die Puppenköpfe, Wolfgang Jende und Rainer Alvers bedienten den technischen Apparat, der für damalige Verhältnisse auf dem neusten Stand war. Und Sabine Schaumann war seine Mitspielerin, die die weiblichen Parts übernahm.

Sie erwarben das Prädikat „Künstlerisch Hochstehend". Ihr künstlerisches Niveau stellten sie vor allem zum 1. Sächsischen Puppenspielerwettbewerb im Dezember 1950 unter Beweis, als sie neben Carl Schröder Preisträger des Wettbewerbes wurden. Sergej Obraszow, der mit seinem Moskauer Ensemble zu dieser Zeit erstmals in der DDR gastierte, bezeichnete Hölzig und Schröder als führende deutsche Puppenspieler, von denen er – der Meister der Stabfigur – vor allem das Handwerk des Handpuppenspiels lernen könne. Umgekehrt waren Paul Hölzig und sein Mitarbeiter von dem bis dahin wenig bekannten Ensemblespiel beeindruckt. Die „Sächsische Zeitung" schieb am 20. Juni1951: „Paul Hölzig – ein Meister seines Faches – entschloss sich unter dem Eindruck dieses Gastspieles mit seinen Mitarbeitern spontan, diese Vollendung des sowjetischen Puppenspieles für das deutsche Puppenspiel auszuwerten …".

Ein Spiel um Nasreddin, den orientalischen Eulenspiegel, sollte das erste Stück werden, das Paul Hölzig ganz nach Obraszow'schen Vorbild inszenierte. Die Ausstattung wurde nach Entwürfen von Ullrich Damrau, dem damaligen Bühnenbildner der Sächsischen Staatstheater, geschaffen. Die Dekorationen und technischen Effekte ordneten sich ganz dem Spiel unter. Auch die von Siegfried Kurz komponierte Begleitmusik für Klarinette, Gitarre und orientalische Schlaginstrumente wirkte untermalend.

So hatte Ende Juni 1951 „Der fröhliche Sünder" Premiere, eine Inszenierung, deren Stil auf Jahre das Ensemblespiel der neu entstehenden Puppentheater in der DDR prägen sollte. Mit dem „Fröhlichen Sünder" wurde 1952 auch das Puppentheater Dresden eröffnet. Doch Paul Hölzig trat die für ihn vorgesehene Stelle als Theaterleiter nicht an. Er ließ sich nicht in die Enge treiben und nicht in die dem sowjetischen Vorbild huldigende DDR-Kulturpolitik integrieren. Er spielte weiterhin seine Bärenfelser Erfolgsstücke. Zu ihnen gehörten „Der Freischütz", „Dr. Faust", „Im weißen Rößl" und – für viele seine beste Inszenierung – „Der Boan'lkramer" nach Joseph Maria Lutu. Sie erzählt, wie der Untertitel ausweist, „gemütlich die ungemütlichste Sache der Welt", nämlich vom Trick, den Tod zu überlisten bzw. einen würdigen Platz im Himmel zu finden.

1956 verließ Paul Hölzig die DDR, um sich in der Bundesrepublik anzusiedeln. Dort gründete er 1965 eine Technografik-Firma, die aber wohl nicht von großem wirtschaftlichem Erfolg war. Später verdingte er sich unter dem Namen „Leo Paolo" als Zauberkünstler und Mäusedresseur. Am 29. Mai 1989 verstarb er in Wetzlar-Naunheim. Die Inhaber des Gasthofs Bärenfels erinnern mit einer liebevoll gestalteten Vitrine und gelegentlichen Gastspielen Dresdner Puppenspieler an das Wirken Paul Hölzigs.

Kleine Bühnen ganz groß

Puppentheater im Schatten von Max Jacob und Heinrich Apel

Dresden kannte nicht nur die großen, berühmten Puppenbühnen wie die von Heinrich Apel, Oswald Hempel oder Max Jacob, sondern auch „Kleinmeister", die sich in Ausstattung, Puppengestaltung und Spielweise oft an den Großen orientierten, durchaus aber auch Eigenes vollbrachten. Sie bereicherten die Palette des Dresdner Puppenspiels. Von den Spielern William Korb, Walter Heumann, Richard Nagler, Karl Irmscher und Woldemar Jurisch soll hier die Rede sein.

Es sind eigentlich zwei Generationen: die einen begannen in den 1920er-Jahren ihr Puppenspielerleben, die anderen nach 1945.

William Korb (um 1890-1944) ist als „Volkswohlkasper", der am Heiderand agierte, in Erinnerung geblieben. Er begeisterte sein junges Publikum im Sommer im Garten der Volkswohlgaststätte oder auch in einer kleinen Kasperbude im nahe gelegenen „Fischhaus". Sein Kasperspiel war das alte Jahrmarktsspektakel. Mehrmals am Nachmittag rollte vor den eifrig mitspielenden kleinen Zuschauern eine kurze, halbstündige Kasperiade ab. Der Schreiber dieser Zeilen kann sich noch an einige Späße erinnern, zum Beispiel an die kreisende Zipfelmütze des Kaspers oder wie geschickt der lustige Kerl seine eigenen Beine über der Spielleiste auffangen konnte, um sie dann als schlagende Waffe gegen seine Widersacher zu nutzen. Das Kasperle, eine Hohnsteiner Figur, kam auf modernen Fahrzeugen daher. Es raste mit einem Rennwagen auf die Bühne: „Carraciola kann's auch nicht schneller", war sein Kommentar; Rudolf Carraciola war der Michael Schumacher der 1930er-Jahre. Oder es kam mit einem Flieger oder Zeppelin auf die Szene. Korbs Kasperle war ein Kasper, der mit der Zeit mitging!

„Kommst wohl mal wieder spicken?", begrüßte William Korb stets seine Puppenspielerkollegen, wenn sie ihn besuchten. Seine Ideen wollte er aus Konkurrenzgründen nicht gern offenbaren. Sollte sich doch ein jeder Kollege seine eigenen Gags ausdenken! Bei Korb musste alles exakt sein. Da fehlte nichts, auch die Stubenuhr nicht. In Kaspers Stube hing sie mit einem beweglichen Perpendikel, und das Fenster war nicht nur mit einem Blumenkasten, sondern auch mit fein gereihten Gardinen geschmückt. Sein Bühnenbild stand in eigentümlichem Kontrast zum derben Spiel, bei dem sein Kasper den Räuber mit der Pritsche erschlug und ihn anschließend damit auf der Spielleiste „nudelte", also ausrollte.

Obwohl er über eine umfangreiche Sammlung gedruckter Kasperstücke verfügte, spielte Korb stets aus dem Stegreif. Dabei erfand er oftmals ganz neue Handlungsstränge, sodass eigentlich nur noch der Titel des jeweiligen Stücks bestehen blieb.

Bis 1944 war William Korbs Kasper am Heiderand zu erleben. Im Sommer 1944 starb er und seine Frau kam im Bombenhagel am 13. Februar 1945 ums Leben. Sein Ziehsohn Hans Vogel, der ihm ab und zu assistierte, hatte die Bühne und die Figuren noch im Herbst 1944 nach Halle geholt. Damit startete Vogel nach 1945 seine eigene Puppenspielerlaufbahn.

Mit einem „Tri, Tra, Trallala" in der Kasperbude der Ausflugsgaststätten, bei „Natzens" etwa, also in „Donath's Neuer Welt", wie das Laubegaster Tanz- und Gartenlokal richtig hieß, hatten auch Walter Heumann (1899-1971) und Richard Nagler (1889-1961) zu spielen begonnen. Sie hatten sich in einer Sängergesellschaft kennen gelernt, die unter Leitung des ebenfalls bekannten Kasperspielers Alfred Treuner stand. Walter Heuman trat bis 1924 in dieser Gesellschaft als Humorist und Vortragskünstler auf. Parallel dazu spielte er mit Nagler Puppentheater. Sie konnten sich zu Beginn der 1920er-

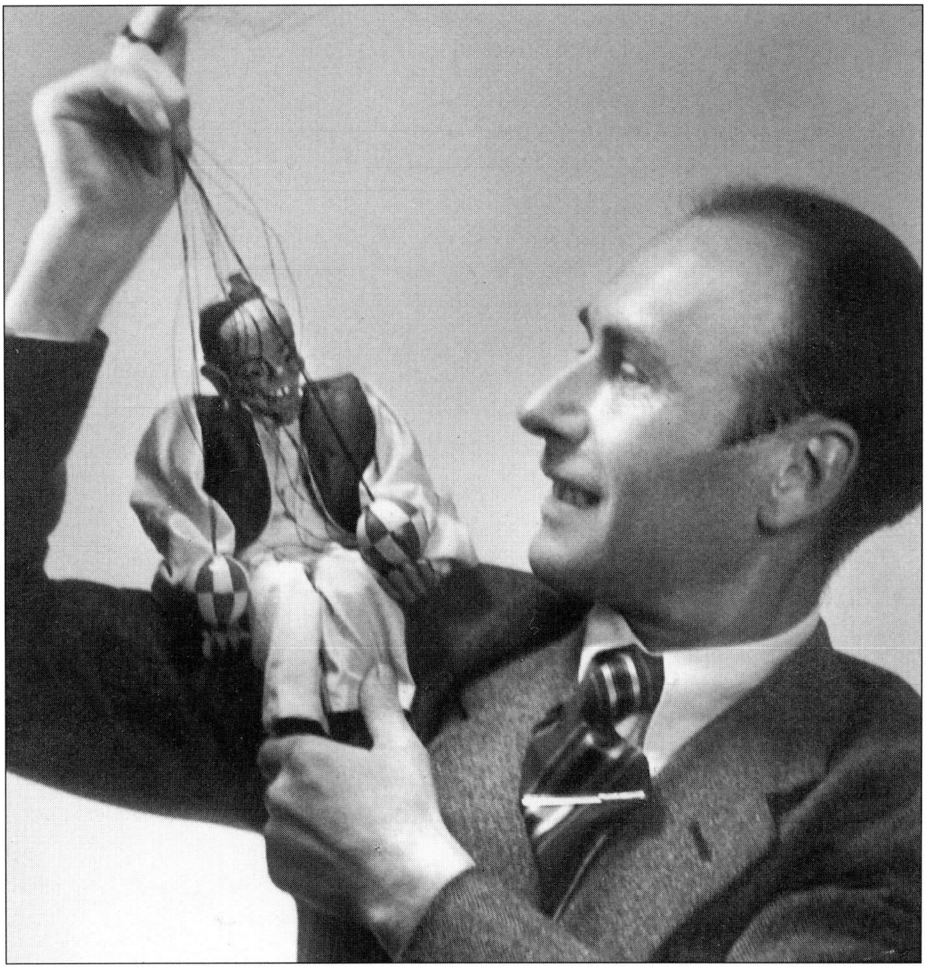

Woldemar Jurisch mit einer Jongleur-Marionette, 1950.

Jahre noch keine eigene Bühne leisten. Die Gaststätten aber, die am Wochenende zum Familientanz einluden, stellten den Puppenspielern im Garten kleine Kasperbuden zur Verfügung. Für einen Groschen oder 20 Pfennig konnten die Eltern sicher sein, dass ihre Lieblinge dort gut aufgehoben waren und bestens unterhalten wurden, während sie selbst „schwoften" und sich den Modetänzen hingaben. Noch war das Puppenspiel für Heumann und Nagler nur ein Zubrot. 1937 erhielt Walter Heumann ein Auftrittsverbot, da er „politisch nicht zuverlässig war".

Erst nach 1945 gründeten die beiden eine eigene Bühne. Sie nannten sie „Onkel Heumann und Naglers Dresdner Kasper". Nun spielten sie nicht nur kurze Szenen mit Kasper, Tod und Teufel, sondern auf ihrer sauberen Stilbühne kamen ganze Stücke zur Aufführung. Die „Lügengretel" zum Beispiel war eine Adaption des „Lügenhansel", den Oswald Hempel in seinem Repertoire hatte. Auch Hempels Werbeslogan wurde von ihnen genutzt. Auch sie spielten „für Kinder bis zu 90 Jahren". Sie waren ein gutes Team, Richard Nagler schrieb die Stücke und, wenn sie zusammen spielten, führte Walter Heumann die Puppen und sein Partner sprach die Texte.

Als 1959 in der DDR die Konzert- und Gastspieldirektion (KGD) gegründet wurde, nutzten sie gern die Vermittlungsangebote dieser staatlichen Einrichtung. Die KGD übernahm auch die Transportorganisation der Bühnen und des Zubehörs und sorgte für die Unterkünfte. Aber sie bestimmte auch das Repertoire. Gefragt waren in Schulen und Kindergärten unter anderem „Moderne Raubritter“, ein Stück von Richard Nagler über Buntmetalldiebe oder „Die drei Rätsel und ein Wunsch“. Es waren Zeitstücke, nicht ohne politische Agitation, aber auch voller lustiger Kasper- und Seppel-Szenen.

„Kasper, Kasper, hinter dir der Räuber“, riefen die Kinder. Kasperle dreht sich um und sieht nichts, weil sich der Bösewicht ja mitdreht. „Ach, Kinder, ihr vergackeiert mich“. Und wieder der Aufschrei der Kinder. Dieser alte Puppenspielertrick erzielt noch heute seine volle Wirkung. „Onkel Heumann“ wusste genau, wie die Kinder zum Mitspielen animiert werden konnten.

Gern hätte das Duo auch vor Erwachsenen sein „Puppenspiel von Doktor Johannes Faust“ gespielt, doch das war nur sehr selten möglich. An diesem Spiel war die KGD weniger interessiert.

Da fast alle von der KGD vermittelt spielten, gab es auch keinen ausgeprägten Konkurrenzkampf zwischen den Bühnen. Das kollegiale Miteinander führte dazu, dass man gern für den anderen einsprang, so zum Beispiel als einmal Karl Irmscher längere Zeit erkrankt war. Der Verdienst war nur die eine Seite, die wesentlich wichtigere war das bis heute ungeschriebene Gesetz, dass keine Vorstellung ausfallen, keine kindliche Vorfreude enttäuscht werden darf.

Karl Irmscher, Jahrgang 1909, hatte 1949 begonnen, als Puppenspieler mit einem Handwagen, worauf sein Bühnengepäck gebunden war, von Dorf zu Dorf zu ziehen. Die Gitarre durfte ebenfalls nicht fehlen, denn er wollte, wie Oswald Hempel auch, mit Musik und Kasperspiel Freude bringen. Seine Bühne knüpfte an das bunte Kasperhaus Hempels an. Auch bei ihm konnte der Kasper, ebenfalls ein „Hohnsteiner-Typ“, aus einem richtigen Fenster schauen. In Dresdner Betrieben, in den Kulturhäusern zu den Weihnachtsfeiern etwa und in den Schulen oder im „Sonnenhäusel“ im Großen Garten war er zu Gast. Überall war die „Dresdner Puppenbühne“ von Karl Irmscher gern gesehen.

Es ist aus heutiger Sicht, wo betriebliche Kultur- und Sozialfonds längst nicht mehr existieren, schon imponierend, in Irmschers Fahrtenbüchern vom 31. Dezember 1967 zu lesen: „3.597 Vorstellungen seit 1949 gegeben vor 656.538 Zuschauern.“ Im folgenden Februar spielte er 26 Mal „Tischlein deck dich“ vor 3.003 Kindern!

Karl Irmscher hatte nicht nur Märchen im Repertoire, sondern auch einen „Puppen-Zirkus“ und – das war für einen Puppenspieler schon etwas Besonderes – er konnte auch zaubern. Die Erwartungen waren deshalb groß, wenn die Plakate verkündeten: „Gastspiel der ‚Dresdner Puppenbühne‘ – Das lustige Kasperhaus spielt für Euch“. Das war bis 1977 so. In diesem Jahr musste Karl Irmscher aus gesundheitlichen

Gründen seinen Spielbetrieb einstellen. Zurückgezogen lebte er bis zu seinem Tod 1983 in Dresden.

Puppenzirkus und Puppen-Varieté waren das Metier des Marionettenspielers Woldemar Jurisch (1910-1997). Irgendwie lag ihm das Marionettenspiel im Blut. Sein Großvater Oswald Schmiedgen hatte schon für „Apels Dresdner Marionettentheater" als Theatermaler gewirkt und seinen Enkel mit in die Aufführungen Apels genommen. Später half Woldemar Jurisch als junger Mann in der Apel-Bühne aus, 50 Pfennig waren seine Tagesgage. Seine ersten Figuren schnitzte er selbst.

Jurisch zog es zum Theater, doch für eine Ausbildung zum Schauspieler fehlten seiner Familie die Mittel. Schließlich gelang es ihm, durch seine abgeschlossene Tischlerlehre ein „Engagement" am Dresdner Staatstheater zu erhalten. Später arbeitete er als Bühnentechniker an der Staatsoperette und am Kulturpalast. In seiner Freizeit beschäftigte er sich mit Puppenspiel. Er spielte zunächst mit Figuren des Leipziger Schnitzers Paul Herbst, baute sich aber auch Marionetten selbst. Dabei nutzte er Köpfe von Theo Eggink. Jurisch war ein Tüftler. Er entwarf, probierte und verwarf seine Ideen wieder. Für seine Radfahr-Solonummer bedurfte es einiger Monate, bis sie perfekt war. Das kleine Fahrrad musste sich mit einem richtigen Kettenantrieb bewegen, der kleine Artist hatte auf dem Lenker einen Handstand auszuführen und anschließend musste er seine Füße wieder auf die Pedalen setzen, Pirouetten drehen und zum Schluss, wenn das Fahrrad in zwei Teile zerfallen war, auf dem Hinterrad mit dem Lenker in der Hand die Arena verlassen.

1952 erwarb Woldemar Jurisch die Lizenz als Berufspuppenspieler und trat mit Varieté-Marionetten auf. „Varieté", so Jurisch selbst, „lässt keine Langeweile aufkommen. Man kann äußerste Möglichkeiten verblüffender Bewegung konstruieren, die anderen Puppen versagt sind. Doch das verlangt ausgefeilte Spieltechniken."

Unvergessen bleibt sein etwas hektischer „Ansager", dem „Pannen" regelrecht den Schweiß auf die Stirn trieben. Er konnte in die Jackentasche greifen, ein Taschentuch hervorholen, sich die Stirn abtrocknen und das Tuch wieder in der Tasche verschwinden lassen.

Anlässlich der IX. Arbeiterfestspiele, die 1967 im Bezirk Dresden stattfanden, demonstrierte Jurisch in der „Puppenparade 67" eine Kugelspieler-Marionette aus dem berühmten Varieté von Gottfried Maria Helebrand. Er lieh sie zu diesem Zweck aus der Puppentheatersammlung Dresden aus.

Jurischs Können beeindruckte seinen Enkel Detlef Kaminsky so, dass dieser das Spielen mit Varieté-Marionetten von ihm erlernte.

Im Frühjahr 1982 gab Woldemar Jurisch seine Abschiedsvorstellung. Es war ein fröhliches Abschiednehmen, denn er spielte gemeinsam mit seinem Enkel und wusste, dass die Bühne, auch wenn sie nun an die Puppentheatersammlung verkauft war, von seinem Enkel und dem Museumsmitarbeiter Olaf Bernstengel weiter lebendig gehalten werden würde. Diese Aufführung war zugleich der Auftakt für die Gründung der Puppenspielgruppe „fundus – Das Museum auf Rädern", heute kurz „fundus-MARIONETTEN-dresden" genannt. Drei Jahre demonstrierten Detlef Kaminsky und

Olaf Bernstengel die Jurisch-Figuren. Dann traten sie mit Originalfiguren sächsischer Marionettentheater auf. Das „Varieté am Faden" – bis heute über 1.400 Mal aufgeführt – war geboren.

Jurisch konnte den Staffelstab weitergeben. Er nahm bis ins hohe Alter regen Anteil an den fundus-Auftritten im In- und Ausland. 1997 verstarb er nach langer Krankheit in Dresden.

IV. DRESDEN – EINE STADT DES PUPPENSPIELS

Ein folgenreiches Gastspiel

Das Zentrale Staatliche Puppentheater Moskau zu Gast in Dresden

Die Puppenspieler in beiden deutschen Staaten, in Ost und West, standen nach 1945 vor dem gleichen Problem der Neuorientierung. Hatten doch die Nationalsozialisten das Puppenspiel als „völkisches Brauchtum“ in ihren Dienst genommen und damit missbraucht.

In beiden Teilen Deutschlands fanden 1950 bedeutende Puppenspielertagungen und weitere Treffen statt. Sowohl in Kassel, wo sich im September die Puppenspieler der BRD versammelten, als auch im Herbst 1950 in Berlin und im Dezember in Dresden wurde vornehmlich die pädagogische Aufgabe des Puppenspiels hervorgehoben.

Hinzu kam, dass die Welt nach den Atombombenabwürfen auf Hiroshima und Nagasaki 1945 und durch den Atomwaffenversuch der Sowjets 1949 endgültig in das nukleare Zeitalter eingetreten war. Das bedeutete einzusehen, „dass der mit Verstand begabte Mensch, zwar zu immer neuen Erfindungen fähig ist, aber nicht in der Lage, die Folgen und Wirkungen solcher Eingriffe in die Natur richtig abzuwägen.“ (O. Kokoschka) Was sollte da der Kasper mit seinen Späßen ausrichten? Was konnte da Puppenspiel bewirken?

In Kassel wurde deshalb gegen eine Überbetonung des Intellekts aber auch gegen bloßen Materialismus, gegen eine Überbetonung des Stofflichen, Stellung bezogen. Für eine Pädagogik wurde plädiert, die Einfluss auf den „ganzen Menschen“, also auf Geist, Seele und Körper nehme. Deshalb fand das von Harro Siegel (Braunschweig) in Kassel aufgeführte Puppenspiel vom Doktor Faust so großen Anklang. Nicht nur die modern gestalteten Marionetten, vor allem der Geist seiner Inszenierung passte zu den Aussagen des Kongresses: „Wir haben den Intellekt perfektioniert, aber die Seele verloren.“ Harro Siegels surrealistisches Spiel „gab der Seele wieder Nahrung“, hieß es in einer Presserezension. Auch in Berlin ging es um die Perspektiven des Puppenspiels. Nicht nur der Kasper als Prügelverteiler habe sich überlebt , auch der reformierte Kasper, der „Hohnsteiner“, sei in seiner Rolle als positiver Held fragwürdig geworden. Der Referent der Ostberliner Tagung, Hubert Brandt, sagte: „Der Kasper als Erzieher büßt künstlerisch gesehen viel von seiner robusten Vitalität ein, deshalb wird er bei einer Erneuerung des Puppenspiels in die Versenkung fallen.“

In Dresden wurde eine Gegenoffensive gestartet. Die Weihnachtsschau in der Nordhalle, dem heutigen Militärhistorischen Museum der Bundeswehr, zeigte neben vielfältigen Handelsangeboten eine große Puppentheaterausstellung, die der Leipziger Lehrer und Puppenspielhistoriker Otto Link und der Hallenser Maler und Puppenspieler Oskar Barthold im Auftrage der Stadt Dresden und des Landes Sachsen organisierten. Am 17. Dezember fand im Rahmen der Ausstellung eine Puppenspielertagung statt und danach ein Leistungsvergleich sächsischer Puppenspieler.

War es Zufall oder planvolle Absicht, dass das große, 60 Mitglieder umfassende Zentrale Puppentheater Moskau unter der Leitung von Sergej Obraszow gerade zum Jahreswechsel 1950/51 in der DDR gastierte? Gerade als hier die Perspektiven des Puppenspiels diskutiert wurden?

Die Dresdner Puppenspielertagung bekräftigte die Rolle des Kaspers als Hauptfigur des Handpuppenspiels. Der Kasper solle als Sprachrohr des Volkes auf aktuelle Ereignisse reagieren und ein ironisches, spöttisches und kritisches Spiel bieten. Für das Marionettentheater wurde eine Gestaltung gefordert, die „das wirkliche Leben, das täglich Erlebte“ realistisch wiederzugeben habe. Oskar Barthold hatte dafür eine „moderne Raumbühne“ vorgestellt. Doch wer von den traditionellen Marionettenspielern hätte es sich leisten können, eine solche neue und teure Anlage anzuschaffen? Aber die Forderung blieb im Raum: Moderne Stücke bedürfen einer adäquaten Gestaltung.

In dieser Situation erlebten die Puppenspieler das faszinierende Spiel der Stabpuppen Obraszows. Hier wurde nicht die Illusion einer Menschenbühne geschaffen, die Figuren wurden nicht durch das Halbdunkel der Bühne mystifiziert. Sie blieben Puppen, die überzeugend geführt wurden. Auch Soloauftritte Obraszows zu Vortragsabenden mit Proben seines Könnens – in Erinnerung geblieben ist so manchem das zart gestaltete Wiegenlied mit der kleinen Handpuppe „Tjapa“ – trugen dazu bei, dass auch gestandene Puppenspieler wie beispielsweise Carl Schröder ihre Begeisterung öffentlich äußerten. „Der Radebeuler Kasper bedankt sich im Namen seiner zappelnden Brüder und Schwestern bei Prof. Obraszow für die beispielhafte Darbietung“ lautete eine Bildunterschrift in der „Sächsischen Zeitung“ vom 29. Dezember 1950.

Das Kompliment war gegenseitig. Sergej Obraszow, der Carl Schröder im Wettbewerb der sächsischen Puppenspieler mit dem ausgezeichneten Stück „Der Bauer als Millionär“ gesehen hatte, bezeichnete die herausragende Puppenführung und sprachliche Gestaltung als „aquarellhaft zartes Spiel und wahrhaft vorbildlich.“ In der Pressekonferenz hob er die hervorragenden Dialoge der deutschen Puppenspieler mit dem Publikum hervor. Aber zugleich kritisierte er die Guckkastenbühne mit den das Spiel der Puppen einengenden Prospekten: „Kein einziger Puppenspieler, der seinen Beruf ernst nimmt, kann noch so weiter arbeiten wie bisher.“ Mit diesen Worten gab die Presse die Forderungen der Funktionäre der damaligen Kulturpolitik wieder. Viele Puppenspieler nahmen sich Obraszows Figuren zum Vorbild. Paul Hölzig, der Leiter der „Bärenfelser Puppenspiele“ – noch ganz im Banne des Gesehenen – ging als Erster zu Beginn des Jahres 1951 daran, eine Inszenierung mit Stabpuppen nach Obraszows Vorbild zu konzipieren. Mit Unterstützung des Staatstheaters Dresden (Bühnenausstattung / Schauspiel-

Der Stabfiguren-Chor aus „Das ungewöhnliche Konzert" des Staatlichen Akademischen Zentralen Puppentheaters Moskau. Die Premiere war 1946. Rechts oben ist Sergej Obraszow um 1955 mit der Handpuppe „Tjapa" im „Wiegenlied" nach Mussorgskij zu sehen.

musik) bereitete er die Inszenierung des Solojow-Stückes „Der fröhliche Sünder" vor. Diese Geschichte des orientalischen Eulenspiegels Nasreddin schien wunderbar zu den Stabfiguren zu passen. Für die großen Stabfiguren benötigte Paul Hölzig auch eine völlig neue Bühne, eine Art Drehbühne, die vielfältige Verwandlungsmöglichkeiten zuließ. Die Werkstätten der Staatstheater konstruierten und montierten sie aus Stahlrohren. Damit war zugleich ein Modell gefunden, das zeigte, wie man die barockisierende Gassenbühne der traditionellen Marionettentheater ablösen kann. Gleichzeitig war mit Nasreddin eine neue lustige Figur auf der Bühne, die den Kasper zu ersetzen vermochte. Dieses Projekt war in mehrerer Hinsicht in den Augen der Kulturfunktionäre interessant und damit förderungswürdig. Das Gastspiel des Zentralen Moskauer Puppentheaters zeigte auch in der Theaterorganisation, in Form des kollektiven Ensemblespiels einen Weg für die Gründung staatlicher Puppentheater in der DDR.

Das Puppenspiel im Osten Deutschlands war „auf neuen Wegen". So hieß dann auch eine Broschüre, die in den ersten Monaten des Jahres 1951 erschien und die sowohl alle Geschehnisse um die Ausstellung, den Puppenspielerkongress und den Wettstreit der Puppenspieler als auch die Ergebnisse des Obraszow-Gastspiels publizierte. Die nun formulierten Erkenntnisse wurden zum Leitfaden der Lizenzüberprüfungen, die im Frühjahr 1951 begannen.

Alles, was nicht „den neuen Wegen" entsprach, wurde einer kritischen Sicht unterzogen. Zu Opfern dieser „Flurbereinigung" wurden insbesondere die traditionellen sächsischen Marionettenbühnen. Den wenigsten von ihnen wurde eine Spiellizenz zugestanden.

Das große Ensembletheater nach sowjetischem Vorbild war die Zukunft. Das war aber nur als staatliche oder kommunale Einrichtung denkbar. So entstanden die ersten Puppentheater der öffentlichen Hand der DDR. Das erste 1951 in Chemnitz, danach folgte Zwickau und als drittes Theater 1952 das Dresdner. Überzeugt von der Möglichkeit, mit den Stabpuppen-Inszenierungen Obraszow'scher Prägung bei einem breiten Kinder- und Jugendpublikum politische Wirkungen zu erzielen, wurde diese Puppenart in den staatlichen Bühnen der DDR, aber auch im Ostblock auf Jahre hinaus die bestimmende.

Die Vielfalt puppenspielerischer Erscheinungsformen ging vorerst in der DDR verloren, zu einseitig propagierte man das sowjetische Theatermodell. Erst Ende der 1960er-, Anfang der 1970er-Jahre wurde mit Beginn der „Erbe-Diskussion" und der Hochschulausbildung von Puppenspielern die Frage nach dem Verbleib der Marionette und dem Kaspertheater neu gestellt. Das Marionettentheater wurde in dieser Zeit von den staatlichen Puppentheatern faktisch wiederentdeckt. In der Folge kam es in den Achtzigerjahren auch zu einer kritischeren Haltung zur starren, dem künstlerischen Schaffen nicht immer dienlichen Theaterorganisation Obraszow'scher Prägung. Das Puppentheater Dresden brachte sich unter Leitung seines damaligen Intendanten Dietmar Müller vehement in diese Diskussion ein.

Fürwahr, das Gastspiel des Moskauer Zentralen Puppentheaters zum Jahreswechsel 1950/51 blieb nicht ohne Folgen, positive und negative.

„Nicht entwicklungsfähig. Lizenzentzug."

Dresdner Puppenbühnen nach der Formalismus-Debatte 1951

Die „Sächsischen Neuesten Nachrichten" schrieben am 26. September 1952: „Mehrfache Überprüfungen haben ergeben, dass die Bühne Apel mit ihrer Arbeit – trotz Aufführungen gegenwartsbezogener Stoffe – innerlich und äußerlich der Erstarrung verfallen ist, statt sich um ihre unerlässliche Weiterentwicklung und Qualifizierung zu mühen. Die staatliche Kommission für Kunstangelegenheiten wie der Rat des Bezirkes Dresden, Abteilung Kunst, können nach alledem die Bühne, besonders in einer Kunststadt wie Dresden, nicht mehr als tragbar ansehen."

Was war dem vorausgegangen? Nachdem bereits 1947 Stimmen laut wurden, die nur jene Kunst gelten lassen wollten, die eine unmittelbare Aufbauleistung für eine neue deutsche demokratische Kultur nachweisen könne, hieß es 1951 in einer Einschätzung des Sächsischen Ministeriums für Volksbildung: „Das Puppenspiel im Lande Sachsen lässt einen ganz offensichtlichen Verfall erkennen. Das ist insofern beklagenswert, weil sich in Sachsen das Puppenspiel ganz Deutschlands sehr stark konzentriert."

DRESDNER PUPPENTHEATER UND SZENOGRAPHEN DER GEGENWART

Puppentheater Karla Wintermann: „Die Liebesgeschichte vom gestreiften Kater und der Schwalbe Sina". Regie: Klaus Frenzel, Ausstattung: Annekatrin Heyne, 2003. (Foto: S. Dietrich)

„die puppen" – eine Dresdner Künstlerbühne. Kasper, eine Handpuppe von Max Kühne, 1975. (Foto: D. v. Alberti)

Schattenbühne „Windlicht“ mit „Jorinde und Joringel“. Regie und Ausstattung: Vera und Michael Holzweißig, 1998. (Foto: K. Schieckel)

Figurentheater Marco Vollmann mit „Hase und Igel“. Regie und Ausstattung: Marco Vollmann, 2004. (Foto: Bühnenarchiv)

Puppentheater Bretschneider & Funke: „Der Wettlauf zwischen Hase und Igel". Regie:

Bretschneider / Funke, Ausstattung: Gottfried Reinhardt, 1997. (Foto: F. Höhler)

Puppentheater Volkmar Funke mit „Ilse will, was Nils nicht will". Regie: Karla Wintermann, Ausstattung: Rainer Schicktanz, 2002. (Foto: P. Hornig)

Puppenspieler Gerd Kempe inmitten seiner Inszenierungen, 1999. (Foto: Bühnenarchiv)

Auftritt der Puppenbühne der Polizeidirektion Dresden. Verkehrserziehung mit Poldi, dem „Kinderpolizisten", während des Zuckertütenfestes im Zoo Dresden im Jahre 2005. (Foto: Archiv Kaminsky)

Handpuppen von Puppengestalterin Marlies Große, 2005. (Foto: Privat)

Puppenspielerin Cornelia Fritzsche mit „Der Kaiser und die Nachtigall“. Regie: Irene Voß, Ausstattung: Kerstin Schmidt, 2002. (Foto: Juliane Mostertz)

Wachwitzer Puppentheater: „Schneeweißchen und Rosenrot“. Regie und Ausstattung: Carola Ehlich / Hella Schütze, 1988. (Foto: Konrad Hirsch)

„mai hof puppentheater“ mit „Lysistrate oder Alle Macht den Weibern“. Regie: Hella Müller, Ausstattung: Rainer Schicktanz, 2003. (Foto: M. Petschel)

„fundus-MARIONETTEN-dresden" mit „Das tapfere Schneiderlein". Regie: Olaf Bernstengel, Ausstattung: Jana Pogorielová und Anton Duša, Slowakei. (Foto: O. Bernstengel)

„fundus-MARIONETTEN-dresden“ beim Gastspiel im „Sonnenhäusel“ Dresden mit „Varieté am Faden“, Juli 2005. Regie: fundus, Ausstattung: Rolf Wächtler, 1990-1993. (Foto: N. Bernstengel)

Dresdner Figurentheater: „Ein Feuerwerk für den Fuchs“. Regie: Jörg Bretschneider / Thomas Hänsel, Ausstattung: Matthias Hänsel, 2003. (Foto: Archiv Bretschneider)

Puppentheater Böhmel mit „Das Feuerzeug". Regie und Ausstattung: Susanne Böhmel. (Foto: R. Hofmann)

Puppentheater „Glöckchen": „Die drei kleinen Schweinchen". Regie: Carmen Paulenz, Ausstattung: Herbert Löchner, 1999. (Foto: C. Paulenz)

Puppentheater Dresden: „Oh, wie schön ist Panama“. Regie: J. von Jascheroff, M. Ringat, Ausstattung: J. von Jascheroff, 1996. (Foto: F. Höhler)

Der Szenograph Rainer Schicktanz in seiner Radebeuler Werkstatt, 2003. (Foto: V. Rößler)

Puppenbühne Hellwig Junior. Kasper, Teufel und Hexe aus: „Kasper und der Wassergeist Gluck Gluck“. Regie: Jens Hellwig, 1996; Figuren: Egon Gäble, um 1940. (Foto: Archiv Hellwig)

Jugend & KunstSchule Schloss Albrechtsberg Dresden mit Improvisationen in der Schattenbühne. Figuren: kollektiv, 1992. (Foto: Jugend & KunstSchule Schloss Albrechtsberg Dresden)

Plakat zum „HandFest No. 7“ des Bundes Sächsischer Puppen- und Marionettentheater e.V., 1997, Gestaltung: Volkmar Förster. (Archiv Bernstengel)

Der Szenograph Matthias Hänsel im Jahre 2005. (Foto: Hänsel)

Bühnenbildner, Puppenspieler, Maler, Autor, Diakon und Architekt Gottfried Reinhardt, 1995. (Foto: Frank Höhler)

Ein Theaterzettel von Heinrich Apels Dresdner Marionetten-Theater, um 1951.

Heinrich Apels Dresdner Marionetten-Theater
Leitung: Heinrich Apel Dresden N 6 Carlstraße / Ruf 55911

Die steinerne Blume

Russisches Märchen in sieben Bildern. Nach dem gleichnamigen Film für die Marionettenbühne umgeschrieben von H. Apel

Personen

Der Herr
Die Herrin
Severin — Oberaufseher
Kutrin — Aufseher
Prokoppitsch — Meister der Malachitschleifer
Danilo — Hirte
Sein Großvater
Katja
Anuschka — Dorfalte
1. Diener
2. Diener
Die Zofe
Die Zauberin des Kupferberges
Nicolo
Nicodemowitsch

1. Bild: Die Herrin der Malachitsteine
2. Bild: Der Meister der Steinschleifer
3. Bild: Das Herrenhaus 4. Bild: Die Schatulle
Pause
5. Bild: Der Hochzeitstag 6. Bild: Im Wald am Kupferberg
7. Bild: Die Herrin der Steine

Dieses Märchenspiel wurde von der Landesregierung — Kultusministerium — finanziert. / Bühnenbilder: Entwürfe und Ausführungen von **Ernst Meißner,** Staatstheater. / Kostüme: **Paula Apel** und **Charlotte Reinhold.** / Sprecher: **Heinrich Apel** und **Elly Apel.** / Musikalische Einrichtung: **Irmgard Krüger.** / Helfer: **Hermann Apel** und **Peter Rau.** / Einrichtung, Inszenierung, Regie **Heinrich Apel.**

Diese Einschätzung war das Ergebnis einer Überprüfung der Repertoirestücke sächsischer Puppenspieler, die vom Frühjahr bis Sommer 1951 durchgeführt wurde. Sie war eine Reaktion auf die negative Einschätzung von Kabarett, Varieté und Puppenspiel auf der 5. Tagung des ZK der SED vom April 1951. Für jene Puppenspieler, die an ihrem tradierten Repertoire festhielten, wurden die Konsequenzen eindeutig formuliert: „Wir machen Sie schon jetzt darauf aufmerksam, dass alle Bühnen, die nach dem 15.07.1951 in ihrem Spielplan Stücke enthalten haben, die seichten oder kitschigen Inhalts sind und den Forderungen einer fortschrittlichen demokratischen deutschen Kultur nicht entsprechen, mit einer Neulizenzierung nicht mehr rechnen können.“

So hieß es in einem Brief vom 16. April 1951 an den Marionettenspieler Robert Richter in Kamenz. Abgelehnt wurden vor allem Stücke nach Dramen der deutschen Klassik, Singspiele und Operetten, sowie Boulevard-Komödien, die im Kleinbürger- oder Bürgertum angesiedelt waren. Von Heinrich Apel stand unter anderem auf der Liste der gestrichenen Stücke: „Wilhelm Tell“, „Der Kaufmann von Venedig“ „Volpone“ „Der Hauptmann von Köpenick“, „Prinz Methusalem“, „Wo die Lerche singt“, „Zigeunerbaron“, „Friedemann Bach“, „Krach im Hinterhaus“, „Der Bund der Sieben“, „Die Kinder des Kapitän Grant“. Bestand hatten „Die Heirat“ nach Gogol, der zukunftsweisende Titel „ Das Dorf im Aufbruch“ und „Onkel Toms Hütte“ nach Mark Twain. Blickt man auf das Repertoire anderer sächsischer Puppenspieler, so bestanden vor der Kommission neben den deutschen auch die russischen Märchen „Der Feuervogel“ und „Die schöne Wassilissa“ oder Gegenwartsdramatik wie „Bürgermeister Anna“ nach Friedrich Wolf, „Der Weg ins Leben“ nach Makarenko und „An der Zonengrenze“. Manche der neuen Vorhaben wurden auch finanziell unterstützt. So erhielt die Autorin von „Die schöne Wassilissa“, Josepha Elstner-Oertel, 400 DM und Heinrich

Apel für die Inszenierung „Die steinerne Blume" 1.160 DM aus dem Kulturfonds der DDR. Russische Märchen in einer traditionellen Marionettenbühne zu spielen kann man sich noch vorstellen. Aber Gegenwartsstücke mit stark politischem Akzent?! Sie entsprachen nicht der traditionellen Marionettenspielweise. Es ging den Kulturfunktionären vorerst nur um die ideologischen Inhalte. Aber bereits wenige Wochen später wurden die Proszenien und Kulissen als naturalistisch-kitschig und unzeitgemäß abgetan. Die Marionettenspieler mussten ihre Bühnenportale auswaschen und einfarbig gestalten.

Die Kritik der Funktionäre zielte auf die Tradition, ohne deren Genese und historische Entwicklung zu kennen. Was sich einstmals als Unterhaltungstheater entwickelte um ein Massenbedürfnis zu befriedigen, sollte nun bilden und erziehen. Eine Forderung, die das Spiel der reisenden Marionettentheater nicht erfüllen konnte. Im Ergebnis der Überprüfungsaktion bekamen viele Puppenspieler die Nachricht, ihre Lizenz werde entzogen, sie sollten sich beim Amt für Arbeit um eine neue Tätigkeit bemühen. Heinrich Apel verließ die DDR und ging nach West-Berlin. Andere taten es ihm gleich. Wieder andere sollen ihre Bühnen vernichtet haben bzw. verkauften sie an Sammler.

Nur wenige Theater trotzten der rigiden Kulturpolitik. Sie nahmen an den verordneten Weiterbildungsveranstaltungen teil und versuchten über ihr „Hingehen" ihre Traditionen zu retten. Die Schulungen und Fachtagungen wurden langfristig seitens des Rates des Bezirkes Dresden oder auch des Ministeriums für Kultur vorbereitet. Im Herbst 1952 kam es zum berühmt-berüchtigten „Drei-Wochen-Lehrgang" im Parkhotel Dresden „Weißer Hirsch". Im Mittelpunkt der Tagesordnung stand das Finden neuer Stückideen, der Umgang mit der Sprache und das Verständnis der in dieser Zeit geführten Formalismus-Debatte. Dazu wurden langfristig kompetente Referenten gewonnen wie der Kunstwissenschaftler Joachim Uhlitzsch, der Dramaturg der Staatstheater Dresden Lutz Dammrau oder der Schriftsteller Siegfried Stephan, der sich in den städtischen Puppentheatern Chemnitz und Zwickau über das Genre Puppentheater sachkundig gemacht hatte. Die Verantwortlichen machten es sich nicht leicht, aber es war ihre Krux, mit Vertretern einer Puppenspielform zu debattieren, deren Geschichte und Auftrag, kurz deren Wesen sie einfach nicht verstanden hatten. Somit gingen diese Veranstaltungen vorerst völlig an den Interessen der traditionellen Puppenspieler vorbei. Wir lächeln heute, wenn wir lesen, dass diese gestandenen Prinzipale zum Beispiel eine schriftliche Prüfung über die Sprachtheorie Stalins ablegen mussten. Dass die Prüfungsergebnisse wieder mit der Einschätzung versehen wurden, die verbliebenen Marionettenspieler seien unbelehrbar, liegt auf der Hand. Erst nach 1953 liberalisierten sich die Schulungen allmählich. Man ging mit mehr Fingerspitzengefühl auf diese Berufsgruppe zu, ohne sie aus dem Prozedere der Lizenzierung zu entlassen. Lizenzentzüge aufgrund eines nicht zeitgemäßen Repertoires oder handwerklich und sprachlicher Mängel gab es noch bis zum Ende der Sechzigerjahre. Die Lizenzierung hatte bis 1990 Bestand, wenngleich sie seit den Siebzigerjahren zu einer relativ formalen Angelegenheit geworden war, denn über die Diskussion von „Erbe und Tradition" hatte sich auch die Auffassung über das traditionelle Wandermarionettentheater gewandelt. Es dauerte jedoch bis 1988, um die DDR-Kulturpolitik der Fünfziger- und Sechzigerjahre kritisch zu hinterfragen und das sture Festhalten an der barockisierenden Spielweise durch die letzten reisenden Theater anzuerkennen und als für die Theaterwissenschaft wertvoll zu betrachten. Das geschah auf einem Symposium im Herbst 1988, das die Puppentheatersammlung Dresden, unterstützt vom Verband der Theaterschaffenden der DDR und dem Rat des Bezirkes Dresden, organisierte.

Zu diesem Mosaikstein eine Kuriosität am Rande: Wenigstens einer spielte in 40 Jahren DDR ohne eine Überprüfung seines Handwerkes, ohne eine Einstufung zu besitzen, ohne jemals von der Obrigkeit entdeckt zu werden: Helmut Rohark, ein einfacher, unbekümmerter Handpuppenspieler, der regelmäßig mit seinem großen Handkarren, in dem er auch schlief, von Freital bis an den nördlichen Stadtrand Dresdens lief und in der Ausflugsgaststätte „Wald-Max", im Waldbad Weixdorf und zu verschiedenen Kleingartenfesten seine Bühne aufbaute. Sein Spiel war künstlerisch nicht wertvoll, aber unbeschwert. Es hatte in dieser Unbekümmertheit etwas Naives. Auf die Frage, ob er denn andere Dresdner Puppenspieler kenne, antwortete er einmal sinngemäß: Nein, aber er habe einmal zu einem Fest den Peter Wainsky – oder so ähnlich – gesehen. Aber der hätte auch nur mit Handpuppen wie er gespielt. Zum Verständnis: Peter Waschinsky war in den Siebziger- und Achtzigerjahren der DDR-Puppenspieler mit der größten internationalen Anerkennung. Roharks Spuren verloren sich mit der Wende.

Der 22. November 1952 – Erste Premiere!

Das Staatliche Puppentheater Dresden

„Bei Allah, wahrlich – die Sterne lügen nie, nur die Menschen, die sie befragen. Und du, mein Emir, bist ein wahrer Mensch!" So sprach der vermeintliche Sterndeuter Hussein Huslija zum Emir von Buchara.

In Wirklichkeit war es Hodsha Nasreddin, der sich als Sterndeuter in den Palast geschlichen hatte, um die Tochter des Töpfers aus dem Harem zu befreien. Der Wucherer Dsafar hatte den armen Töpfer betrogen und dessen Tochter Güldshan an den Emir verkauft. Und da sich Nasreddin in diese verliebt hatte, musste der Gerechtigkeit der Weg geebnet werden …

Nasreddin versteht es, den Emir mit astrologischem Gaukelspiel von Güldshan fernzuhalten. Mit allerlei Schelmenstreichen täuscht er den Emir und seinen Hof und gewinnt gar die besondere Gunst des Tyrannen. Es gelingt Nasreddin, die grimmige Haremswächterin zu überlisten und Güldshan zu befreien. Als die Flucht entdeckt wird, will der Emir die Freunde Nasreddins, die ihn beherbergt hatten, köpfen lassen. Um diese zu retten, gibt sich Nasreddin zu erkennen. Der Emir tobt und befiehlt, ihn zu ertränken. Doch der „fröhliche Sünder" krönt seine Schelmenstreiche, indem er den Emir noch einmal täuscht und statt seiner der betrügerische Wucherer ertränkt

Stabfigur Nasreddin. Ausschnitt eines Theaterplakates des Staatlichen Puppentheaters Dresden von 1952.

wird. Das gepeinigte Volk Bucharas atmet auf und Nasreddin zieht mit seinem treuen Esel Pfak weiter durch das alte Usbekistan.

Dieses Spiel mit 70 Zentimeter großen Stabpuppen, die von zwei Spielern geführt wurden und nicht nur mit ihren Armen weit ausholende Bewegungen vollziehen konnten, sondern auch noch mit Zugdrähten ausgestattet waren, die es dem „Sterndeuter" Hussein Huslija beispielsweise ermöglichten, die Augen gen Himmel zu verdrehen – „Wahrlich, wahrlich, Allah ist groß, Allah ist allmächtig!" – war das erste Stück, welches das 1952 neu eingerichtete Staatliche Puppentheater Dresden spielte. Paul Hölzig, der dieses sowjetische Stück um den orientalischen Eulenspiegel 1951 unter dem Titel „Der fröhliche Sünder" auf seiner Bühne erarbeitet hatte, spielte die Inszenierung 1952 als Auftakt des neu an den Landesbühnen Sachsen gegründeten Puppentheaters.

Die Gründung des Puppentheaters Dresden war eine Entscheidung des Landes Sachsen. Sie konnte aber erst nach der Auflösung der Länder und der Strukturierung der DDR in Bezirke abgeschlossen werden. Somit war es kein städtisches Theater, wie jene kurz zuvor in Chemnitz und Zwickau gegründeten Bühnen, sondern das erste staatliche Puppentheater der DDR. Es unterstand dem Rat des Bezirkes als Sparte eines Landestheaters, auch später, als es eigenständig wirkte.

Das Puppentheater war ein Tourneetheater, das zu dieser Zeit über kein festes Haus verfügte. Es gastierte vorwiegend im Bezirk Dresden. Als Leiter wurde der passionierte Puppenspieler Alexander Rötzsch (1901-1959) verpflichtet. Der geborene Leipziger hatte ursprünglich in Rochlitz eine eigene Puppenbühne betrieben, ehe er 1951 in Chemnitz das erste kommunale Puppentheater der DDR mitbegründen konnte. Alexander Rötzsch war ein sehr kreativer Künstler. Mit Georg Liebe hatte er die Hölzig-Inszenierung mit sieben Puppenspielern neu einstudiert und 1953 folgte ebenfalls in einer prächtigen Ausstattung das russische Märchen „Die Feuerrote Blume". Als Gestalter der großen Stabfiguren und Regisseur dieser Inszenierung nennt das Programmheft wieder Alexander Rötzsch.

Mit „Die feuerrote Blume“, im gewissen Sinne eine russische Version von „Die Schöne und das Biest“, wandte sich die Staatliche Puppenbühne Dresdens an die Kinder. 1954 kam der „Der Ochse von Kulm“ auf den Spielplan. Es war ein Stück für Erwachsene, zudem noch von politischem Inhalt geprägt: Mit Bauernschläue und List sollte der Bau eines Truppenübungsplatzes in Westdeutschland verhindert werden.

Dass gleich zu Beginn der Theaterarbeit auch für Erwachsene gespielt wurde, war Programm dieser ersten Zeit. In den folgenden Jahren wurde das Dresdner Puppentheater, wie die Bühnen in anderen Orten auch, in erster Linie Theater für Kinder. Ein Erwachsenen-Programm sollte erst allmählich in den Siebzigerjahren wieder entstehen.

Ab 1964 hatte die Dresdner Bühne ein eigenes Haus. Das Lichtspieltheater „Goldenes Lamm“ auf der Leipziger Straße wurde für diese Zwecke umgebaut und das Puppentheater war fortan auch eine selbstständige Einrichtung. Lange währte die Selbstständigkeit der Dresdner Bühne nicht. Die Kulturverantwortlichen sahen es als ein Kindertheater an und deshalb war es für sie nur rechtens, es als Sparte dem Kinder- und Jugendtheater „Junge Generation“ zuzuschlagen. Erst in den 1970er-Jahren gab es eine erneute Trennung, die 1998 wieder rückgängig gemacht wurde. Heute ist das Puppentheater wieder Teil des Kinder- und Jugendtheaters.

Wenn es in den 50 Jahren des Bestehens dieser Bühne immer wieder Strukturveränderungen gab, an der künstlerischen Arbeit änderte sich wenig. Dem Theater standen profilierte Gastregisseure und Szenografen des In- und Auslandes zur Verfügung. Aber es bekamen auch junge Absolventen der Klasse Bühnenbild von der Hochschule für Bildende Künste Dresden eine Chance.

Die Dresdner Puppentheatersammlung bewahrt eine Reihe der bedeutendsten Ausstattungen aus den ersten Jahren des Dresdner Puppentheaters. Dazu zählen die Figuren zum „Fröhlichen Sünder“, „Die feuerrote Blume“, „Der Ochse von Kulm“, „Münchhausen“ und natürlich „Tiger Peter“.

Der Puppenspieler und Regisseur Peter Beckert, der 1952 den Hodsha Nasreddin spielte, hatte 1965 die Idee, die Geschichte vom „Tiger Peter“ aufzuführen. Dazu gewann er als noch jungen Bühnenbildner Achim Freyer. Freyer hatte bei Brecht gelernt, verschiedene vielbeachtete Ausstattungen in der DDR geschaffen, bevor er das Land verließ, um sich in der Bundesrepublik weiter zu verwirklichen. Er wurde zu einem der bedeutendsten Szenografen der Gegenwart. Der junge Freyer schuf phantasievolle Stabfiguren, die in Form und Farbe sehr an den spanischen Surrealisten Joan Miró erinnerten. Diese Arbeiten trugen ihm damals von offizieller Seite die Schelte ein, sich an „dekadenter“ Kunst zu orientieren. Dennoch, in der spielerischen Umsetzung entsprachen sie der Poesie des polnischen Kunstmärchens von Gale und Januszewska. Die darstellerische Leistung von Brigitte Tanneberger als Puppenspielerin des kleinen Tigers wurde auf dem Internationalen Puppentheaterfestival 1965 in Bukarest prämiert. Das war nicht nur der erste große Erfolg des Dresdner Puppentheaters auf internationalem Parkett, sondern zugleich auch der erste Preis für eine Puppenspielproduktion aus der DDR.

Die starke Hinwendung zum Märchengut der osteuropäischen Völker war natürlich aus der allgemeinen gesellschaftlichen Orientierung in der DDR erwachsen. Sie hatte aber auch etwas mit der Tatsache zu tun, dass aus dem gesamten deutschen Sprachraum nur wenige gut spielbare Puppenstücke zugänglich waren. Nicht nur das Dresdner Puppentheater griff deshalb gern auf erprobte Stücke zurück, die ihre Partner in den osteuropäischen Ländern im Repertoire hatten. Freundschaftsverträge und der Austausch von Künstlern machten es möglich, recht unkompliziert Stücke, Ideen und Aufführungen auszutauschen.

Die 1950er- und beginnenden 1960er-Jahre wurden von einer Diskussion geprägt, die ergründen sollte, was das „Puppengemäße" darstellt. Im Ergebnis dessen kamen die Kulturfunktionäre u.a. zu der Ansicht, die Puppe habe wider den Naturalismus zu sein und das Puppentheater habe sich vom Schauspiel abzugrenzen. Tatsächlich herrschten auf den Bühnen reine Formen des Puppenspiels vor; entweder Handpuppentheater oder Spiel mit Stabfiguren oder Schwarzes Theater. Die Dramatik war geprägt von einfachen Handlungen mit Gut-Böse-Konflikt und kurzen Dialogen. Heute belächeln wir die so genannte „Kugelkopf-Ära", das bedeutet übertrieben gesagt: Jede Puppe hatte in dieser Zeit einen runden Kopf mit liebenswerten Knopfaugen. Dieses Entwicklungsstadium machte jedoch recht bald deutlich, dass die simplen ästhetischen Auffassungen die Möglichkeiten des Puppenspiels beschränkten. Nach 1970 wurde das Spiel im Guckkasten oder hinter der Paravent-Bühne zurückgedrängt. Puppen- und Schauspiel begannen sich miteinander zu reiben. Das war übrigens eine Tendenz, die auch international zu beobachten war. Das Puppenspiel fing an, langsam seine Grenzen zu suchen und – dies zeigten die 1980er-Jahre – es wollte sich nun auch bewusst mit anderen Künsten verbinden. Die offene Spielweise mit den Kombinationsmöglichkeiten von Puppenspiel, Schauspiel, Pantomime, Tanz, Gesang und möglichst Live-Musik wird für das Theaterspiel bis zum heutigen Tage prägend.

Das Staatliche Puppentheater Dresden hatte sich sowohl als ein Anrechtstheater etabliert, als auch für den freien Kartenverkauf. Seine ungünstige Verkehrslage, es war nicht im Zentrum und zudem noch an einer verkehrsreichen Straße gelegen, machte es mancher Schulleitung unmöglich, mit ihren Klassen 1 bis 4 dieses Theater zu besuchen.

Bis zum 50. Theaterjubiläum entstanden 169 Inszenierungen, davon über 25 für Erwachsene.

Von der Spielfigur zum wohlbewahrten Kunstgut

Die Puppentheatersammlung Dresden

Das Jahresende 2003 war für die Puppentheatersammlung geprägt von einem komplizierten Umzug aus ihrem Domizil „Hohenhaus" in den Radebeuler Lößnitzhängen zurück nach Dresden in die Garnisonkirche an der Stauffenberg-Allee. Was 1960 als Übergangslösung bezogen wurde, sollte für über 40 Jahre die Heimstatt dieser interna-

Eine Ausstellungsankündigung der Puppentheatersammlung Dresden in der Garnisonskirche, 2004. Die Abbildung zeigt eine Varieté-Marionette von Adolf Kleinhempel (Leipzig) aus der Zeit um 1916.

tional geachteten Puppentheatersammlung werden. Die Garnisonkirche ist wiederum eine Interimslösung bis hoffentlich zu einem letzten Umzug. Wohin dieser führen wird, ist noch nicht entschieden.

Noch ist die besondere Atmosphäre des Radebeuler Hohenhauses den Freunden des Puppenspiels geläufig. Das Hohenhaus, äußerlich ein stattlicher Renaissancebau, protzt innen mit seiner schweren hölzernen Architektur und dem schnörkeligen Mobiliar der Gründerzeit. Zwischen beiden fanden die Figuren der Puppentheatersammlung ihren Platz. So entstand ein Kontrast zwischen bürgerlicher Noblesse der Wende zum 20. Jahrhundert und volkstümlicher Theaterkunst. Sicherlich, die Präsentationsmöglichkeiten der Figuren waren beschränkt. Dennoch wandelte das Publikum erstaunt von Raum zu Raum und genoss die Gegensätze. Wenn es gar Ende September war und das Museum seine „Kasperiade" durchführte, der Park mit in das Festgeschehen einbezogen wurde, dann hatte der Kasper seine große Stunde, agierte auf den Händen seiner Puppenspieler und führte selbst durch das Haus: „Hier werden über 40.000 Exponate aufbewahrt, darunter mehr als 10.000 Theaterfiguren, also Marionetten, Handpuppen, Stabmarionetten, Figuren des Papiertheaters, des Schattenspiels und des Animationsfilms. Das meiste kommt aus Sachsen. Aber hier leben auch Vertreter meiner Verwandtschaft, zum Beispiel Punsch, die englische lustige Figur, oder Guignol aus Frankreich, Petruschka aus Russland und Semar aus Indonesien. Ganz besondere Raritäten sind jedoch das Rokokotanzpaar und mein Bruder, der Kasper der Familie Lorgie und der Reckturner aus dem Theater Messerer. Diese Figuren könnten das 18. Jahrhundert noch erlebt haben! Ach, wenn hier nur genug Platz wäre! So aber sind die meisten Puppen, Haustheater, Kulissen, handgeschriebene Textbücher und und und … in den Depots verpackt. Sie fragen, woher der ganze Reichtum kommt? Ganz einfach: Erstens brachte der Gründungsvater Otto Link seine Sammlung in das Museum ein, dann erhielten wir jene von Herrn Professor Kollmann, ferner wertvolle Erbschaften und Nachlässe namhafter sächsischer Puppenspieler von Apel und bis Zoo-Kasper. Und schließlich erhalten wir auch immer wieder Schenkungen vor allem aus den städtischen Puppentheatern! Doch jetzt entschuldigen Sie mich bitte, ich muss zur nächsten Vorstellung auf dem Waldplatz im Park."

Vor allen durch die „Radebeuler Kasperiade" und die Sonntagsöffnungen mit Puppentheateraufführungen wurde das Museum seit 1986 in der Region populär. International war es in der Puppentheaterszene längst eine stark beachtete Einrichtung neben den großen europäischen Puppentheatersammlungen in München, Lyon, Chrudim und Moskau.

Die Dresdner Sammlung wurde 1952 als „Forschungsstelle für Puppenspiel beim Landesmuseum für Volkskunst" gegründet. Die Leitung hatte bis zu seinem Tode 1959 der Lehrer und Puppenspielhistoriograph Otto Link inne. Er brachte rund 6.400 Exponate in die Sammlung ein.

Seine Nachfolge trat Rolf Mäser an. Unter seiner Leitung wuchs die Sammlung stetig. Wertvolle Nachlässe aus dem Bereich des sächsischen Wandermarionettentheaters konnten erworben werden, darunter einmalige Kollektionen von Theatrum-mundi-Figuren. Der Umfang der Sammlung und der besondere Gegenstand brachten der Puppentheatersammlung 1973 den Status eines selbstständigen Direktionsbereichs der Staatlichen Kunstsammlungen Dresden, der bis 1991 bestand. In dieser Zeit knüpfte Rolf Mäser als Mitglied der UNIMA-Exekutive, der Weltorganisation der Puppentheaterschaffenden, vielfältige internationale Kontakte, die sich positiv auf das Renommee des Museums auswirkten. Gleichzeitig vermittelte er, mit den wissenschaftlichen Möglichkeiten der Sammlung im Rücken, wichtige praktische Impulse. So fanden die Arbeitstage der DDR-Puppentheater, die Nationalen Puppentheaterfestivals und Publikationen des Henschel-Verlages Berlin namentlich direkt oder indirekt mit Beteiligung der Dresdner Sammlung statt. Zwischen 1982 und 1993 konzipierte und organisierte Olaf Bernstengel mehr als 30 Sonderausstellungen, die wesentlich zur Sichtung und Aufarbeitung der Bestände beitrugen. 1986 wurde eine erste Variante einer ständigen Ausstellung im Hohenhaus eröffnet, und damit war diese Prachtvilla erstmals für die breite Öffentlichkeit zugängig. Nach Jahren komplizierter Bautätigkeit zur Rettung des Hohenhauses, konnte nun Dank neu erschlossener Depoträume und einer Personalaufstockung konzentrierter nach innen und auch nach außen gearbeitet werden. Aus der Sammlung war ein Museum geworden, das es galt, für Kinder und Familien publik zu machen. „Kasperiade" und Puppentheateraufführungen waren dafür gute Garanten.

Seit 1991 ist die Puppentheatersammlung wieder eine Abteilung des Museums für sächsische Volkskunst. 1997 wurde der Volkskundler und Puppenspielhistoriograph Lars Rebehn Kustos der Einrichtung. Das kleine Museumsteam – neben ihm wirken eine Depotverwalterin, eine Restauratorin, Sekretärin und Hausmeister – nutzt die modernen Möglichkeiten der Depot- und Bürotechnik, um seine Museumsarbeit computergestützt auf einem ganz neuen Niveau zu gestalten. So gelang es in den letzten Jahren, vor allem die Herzstücke der Sammlung – Archiv und Bibliothek – so übersichtlich zu organisieren, dass sie für Fachleute schnell und tiefgründig nutzbar sind. Die räumlichen Voraussetzungen in der Dresdner Garnisonkirche begünstigen diese Arbeit. Für Ausstellungen wird man künftig verstärkt die Räume des Museums für sächsische Volkskunst nutzen, bis eines Tages ein endgültiger Standort gefunden ist, der auch die Spezifika eines Theatermuseums berücksichtigen kann.

Wo die Sonne mit den Kindern um die Wette lacht

Das Sonnenhäusel im Großen Garten

Zum sonntäglichen Familienspaziergang in den Großen Garten gehörte in den Dreißiger- und Vierzigerjahren auch eine Einkehr in die Sommergaststätte „Große Wirtschaft". Am meisten freuten sich die Jüngsten darauf, denn dort gab es ein Kinderkarussell, eine Schießbude und als Hauptspaß ein Kaspertheater. Es wurde von Johannes Niederlein (1891-ca. 1952) betrieben. Eine einfache Kasperbude ohne großen technischen Aufwand war das Domizil seiner Puppen und der Kasper eine in Sonneberg gefertigte Figur. Doch „aufdrehen" konnte dieser Kasper schon! In kurzen, halbstündigen Stücken baute Niederlein einen Konflikt zwischen Kasper, Tod und Teufel, vor allem aber mit dem Krokodil auf. Den Kindern machte es Spaß, wie der kleine Kasper das Krokodil besiegte: Nach einem kurzen Hin und Her streckte der Kasper einfach seinen Knüppel hochkant in das weit aufgerissene Maul des Krokodils. Dann legte er einen Strick wie ein Halfter um das Tier und ritt auf ihm davon. „Bis zum Zoo ist es ja nicht weit, da werde ich von dem Krakedol wohl nicht gleich herunterfallen!"

Allen Puppenspielern die Gelegenheit zu geben, unter technisch guten Bedingungen ein niveauvolles Puppenspiel auch unter freiem Himmel zu gestalten, das war der Traum von Georg Schramm, einem Volksbühnenmann mit Herz fürs Puppenspiel. Anfang der 1950er-Jahre unterbreitete er dem Dresdner Puppenspielaktiv, dem unter anderem der Puppenspielhistoriograph Otto Link und der Leiter des Staatlichen Puppentheaters Dresden, Alexander Rötzsch, angehörten, den Vorschlag, im Großen Garten einen solchen Platz für Puppenspiele zu suchen. An ein kleines Häuschen – aber mit Glockenturm, ähnlich dem Hohnsteiner Kasperhaus – hatte er gedacht. Doch als 1953 mit dem Beschluss zum Bau dieser Traum Wirklichkeit werden sollte, wurden seine Vorstellungen noch übertroffen. Die Architektin Krista Grunicke nahm sich 1954 des Projektes an. Gemeinsam mit der Bildhauerin Eva Schwager schuf sie ein Kleinod, das sich in die Barockarchitektur des Großen Gartens in wunderschöner Weise einfügt. Seit 1955 lacht die Sonne, die dem Haus das Gepräge und den Namen gibt, mit den Kindern über die Späße des Kaspers und all der anderen Protagonisten um die Wette.

Im Juli des genannten Jahres wurde das Sonnenhäusel – damals repräsentierte es einen Wert von 30.000 Mark – durch die Bühne „Onkel Heumann und Naglers Dresdener Kasper" eingeweiht. Seither erlebte so mancher Dresdner Range sein erstes Theaterspiel in dieser Freilichtbühne. In Scharen kamen die Kindergärten in der Woche und die Familien am Wochenende ins Sonnenhäusel.

Unter der Regie des Veranstaltungsbetriebes Großer Garten – die ohne Bärbel Schulze, von den Puppenspielern liebevoll „Frau Sonnenhäusel" genannt, nicht denkbar gewesen wäre – wurden jeden Sommer von Mai bis September anfangs 50, später 100 und 1961 beispielsweise 229 Veranstaltungen mit insgesamt 20.000 bis 25.000 Besuchern gegeben. Nur etwa zehn Vorstellungen fielen jährlich dem Regen zum Opfer. Das Sonnenhäusel machte seinem Namen alle Ehre!

Ein Stammtheater hatte es nur in den ersten Jahren. Es war die Dresdner Puppenbühne von Walter Heumann und Richard Nagler. Diese beiden Puppenspieler standen in der Tradition Oswald Hempels. Anders als Hempel gaben sie den Seppel an Kaspers Seite. Er war etwas schusslig und vergesslich. So musste der kluge Kasper die „Dummheiten" Seppels immer wieder ins rechte Lot bringen. Die Kinder erkannten sich in ihm selbst, denn gute Vorsätze kollidierten auch bei ihnen oft mit unzureichendem Können. Sie juchzten, wenn Kasper in der „Lügengretel" seinen Freund mahnte: „Mensch, Seppel, was haste nun wieder angerichtet? Der Gretel haste ihr Geburtstagsgeschenk verraten und mir die ganze Freude der Überraschung genommen, der Oma haste den Geburtstagskuchen versalzen und der Mieze die Bratwurscht überlassen, weil du vergessen hast, sie in den Kühlschrank zu legen!" Darauf Seppel: „Die Miez in den Kühlschrank?" „Nee, nicht die Mieze, die Bratwurst!" Dieser drolligen Wirkung wegen war der Seppel „Onkel Heumanns" ebenso beliebt wie der Kasper selbst.

Diese Bühne aber war nur eine von den 12 bis 15, die der Veranstaltungsbetrieb für eine Saison verpflichten konnte. Allerdings nutzte Richard Nagler das Sonnenhäusel nach 1957, als er aus gesundheitlichen Gründen nicht mehr mit Walter Heumann auf Tournee gehen konnte, gewissermaßen als sein Stammhaus. Die Vielfalt der Handschriften und das immer wieder anders klingende „Tri-tra-trullala" der verschiedenen Kasperbühnen machten die Eigenart dieser Spielstätte aus. Ganz unterschiedliche Puppentheater, private, staatliche oder kommunale, aber auch ausgezeichnete Amateurbühnen gaben dort ihre Visitenkarte ab und fanden ihre Zuschauer.

Einen Höhepunkt der Gastspiele bildete das Weltfestival der Puppenspieler zum UNIMA-Kongress 1984 in Dresden. Da jagte der Wiener Kasper mit seinem „Strolchi" über die Bühne, aus Hradec Kralové waren Puppenspieler mit dem russischen Kasperstück „Wie Petruschka heiratete" angereist, Bruno Leone aus Neapel präsentierte den Pulchinella und der Engländer Percy Press II ließ Punch mit seiner Judy sogar für Erwachsene auftreten.

In den folgenden Jahren versuchten auch andere Puppenspieler ein Erwachsenen-Publikum im Sonnenhäusel zu erreichen. In einer Co-Produktion Dresdner Amateure und Berufspuppenspieler entstand 1988 exklusiv für diesen Spielort die Inszenierung „Der fröhliche Totengräber".

„Onkel Heumanns und Naglers Dresdner Kasper" gastiert im „Sonnenhäusel". Die Fotomontage entstand um 1956.

Nach der Wende wurde es ruhiger um das Sonnenhäusel. Dann aber waren es die Puppenspieler selbst, die sich dafür einsetzten, diese Spielstätte zu erhalten und vor der Einrichtung eines Eiscafés zu retten. Die Verwaltung der Sächsischen Schlösser und Gärten als Betreiber des Großen Gartens bekannte sich ebenfalls zu dieser Traditionsstätte Dresdner Puppenspiels. Und so ist dieses schattige Plätzchen nach wie vor eine „heiße Sommer-Adresse" für das jüngste Publikum.

Heute läutet die kleine Glocke im Türmchen auf der Dachspitze hauptsächlich für die Vorstellungen des Puppentheaters Dresden und für die Puppenspieler „Funke & Bretschneider".

„Füttern verboten!"

Der Dresdner Zoo-Kasper

Er war vielleicht künstlerisch nicht der überragendste Mann der Dresdner Puppenspielszene, dennoch eine Besonderheit, und Generationen von Kindern können sich an ihn erinnern, an den „Zoo-Kasper". Hinter diesem Titel verbarg sich Egon Gäble, ein bescheidener Puppenspieler, der seinen Beruf überaus liebte.

Gäble gehörte zu jenen, die sich in den Zwanzigerjahren berufen fühlten, als Künstler in die Öffentlichkeit zu treten. Doch ehe er zum Puppenspiel fand, hatte er es in einem anderen Metier versucht. Er hatte eine Schauspielschule besucht, eine

Werbezettel für den Dresdner Zoo aus dem Jahre 1949. Er belegt: Zoo und Kasper gehören zusammen.

Lehre als Fotograf absolviert und sich zum Vortragskünstler ausbilden lassen, bis er 1931 endlich zu seiner Profession fand und Puppenspieler wurde. Als 26-jähriger begann er, im Dresdner Zoo aufzutreten. Wie ein Magnet zog sein Kasperhäusel die kleinen Tierparkbesucher an. Nach einem kurzen Vorspiel mit zwei lustigen Affenfiguren erlebten die Kinder mit ihren Eltern für eine halbe Stunde einen Kasper, der ihnen in spaßiger Form zeigte, „was richtig und gut, was falsch und schlecht ist", wie es Egon Gäble einmal selbst formulierte. In Übereinstimmung mit dem Zoo-Direktor vermittelte der Zoo-Kasper, in lustige Spiele verpackt und offen ausgesprochen, Verhaltensregeln für den Tierparkbesuch. Es galt, in kurzer Zeit eine spannende Handlung aufzubauen und in wenigen Minuten eine Konfliktlösung zu finden, die kleine Zuschauer beruhigte und zu den nächsten Tiergehegen entließ. Genau das war Egon Gäbles Stärke.

„Abenteuer im Zoo", „Seppel und das Krokodil" oder „Die verschwundene Eule – ein Kasperspiel aus dem Zoologischen Garten" – so hießen seine erfolgreichsten und selbst verfassten Stücke. Um beim letzten Stück zu bleiben: Eine Wahrsagerin überzeugte die Kinder, dass zu ihrer Arbeit eine Eule unentbehrlich sei. Da sie in der Natur keine fand, musste sie eben eine im Zoo stehlen. Der Kasper entlarvte die Absicht, brachte die Kinder auf seine Seite und gemeinsam verhinderten sie nicht nur den Diebstahl, sondern Kasper betrieb auch noch „Volksaufklärung", nämlich, dass man gar keine Wahrsagerin „zum Vergackeiern der Leute" brauche.

Jeder soll mit den Tieren liebevoll umgehen – das war die Grundaussage aller seiner Spiele und sein Kasper war darin Vorbild. Es war rührend anzusehen und anzuhören, wie er mit der verschüchterten Eule umging, die nun wieder in ihren Käfig „bugsiert" werden musste. Da vermittelte Egon Gäble ein Verständnis, welches das Tier als gleichberechtigtes Wesen ansah.

Gespielt wurde sonntags und mittwochs. Es gab jeweils zwölf Vorstellungen mit sechs unterschiedlichen Stücken.

Rein äußerlich war Egon Gäbles Hauptfigur ein Hohnsteiner Typ, der einen lustigen Federhut trug. Dabei war er ein richtiger, handfester Kasper, zwar ohne Flegeleien, aber den profanen Genüssen nicht abgeneigt. In Abendstücken ließ Gäble seinen Kasper resümieren: „Fressen und Saufen allein tut's nicht, gut sein gehört dazu."

Wie jeder Puppenspieler, der etwas auf sich hält, hatte Gäble auch Puppentheater-Klassiker in seinem Repertoire: „Dr. Fausts Höllenfahrt", „Rübezahl" und „Robinson", die er im Winter in Sälen und Schulen aufführte.

Wenn auch die Fachleute so manches an seinem Vortrag auszusetzen hatten – da fehlte es etwas an Temperament und Stimmumfang, und dort waren manchmal die weiblichen Parts nicht von den männlichen zu unterscheiden – Gäbles Herz gehörte dem Puppenspiel und das Publikum liebte ihn geradezu und übersah diese Schwächen. Carl Schröder urteilte einmal: „Es war manchmal geradezu erschütternd zu erleben, mit welcher Liebe und Besessenheit dieser Mann an seinem Beruf hing."

Der 1950 zum Zoodirektor berufene Prof. Wolfgang Ullrich war ebenfalls ein Liebhaber des Puppenspiels. Als Amateurspieler hatte er selbst schon sein Talent erprobt und als 18-jähriger Student assistierte er bereits dem Zookasper Egon Gäble. Als Zoodirektor hielt er seine Hände schützend über den Kasperspieler. Nämlich immer dann, wenn seitens der Kulturverantwortlichen Gäbles Arbeit als nicht puppenspiel- und zoogerecht in Frage gestellt wurde. Als Egon Gäble Mitte der Fünfzigerjahre Gefahr lief, seine Lizenz zu verlieren, setzte die Kommission die Bemerkung unter das Protokoll: „Spielt im Einvernehmen mit Prof. Ullrich." Egon Gäble dankte es auf seine Weise. Als sich durch das unkontrollierte Füttern der Zootiere die Erkrankungen und Todesfälle bei wertvollen Tieren häuften, schrieb der Zoo-Kasper geradewegs ein passendes Stück mit dem Titel „Füttern verboten".

1967 starb Egon Gäble. Bis zuletzt hatte er als Zookasper gewirkt. In den folgenden Jahren verwaiste erst einmal das eigens für ihn im erzgebirgischen Stil geschaffene Kasper-Haus. Aber es stand nach wie vor im Zoo und erinnerte die Besucher an ihre Kindheitserlebnisse. Auch die Dresdner Puppenspieler klopften immer wieder an der Tür des neuen Direktors Dr. Hohmann an. Ende der Achtzigerjahre kam es erstmals wieder zu Puppentheateraufführungen im Zoo, allerdings vor dem Kasper-Haus, denn das Innere war zweckentfremdet und wäre auch sonst kaum nutzbar gewesen, denn wer spielte schon wie Egon Gäble im Sitzen? Es fehlte die entsprechende Bühnenhöhe.

Nach der Wende erhielt Stefan Flinner die Möglichkeit, regelmäßig die Tradition des Zoo-Kaspers aufzunehmen. Das Häuschen wurde renoviert und Flinner fand einen Weg, seine und auch Gäble-Stücke aus den „Kasper-Fenstern" heraus zu spielen.

„Ihr spielt alle noch einmal auf meiner Bühne!"

Eugen Singldingers Puppenspieler-Kapelle

Sie ist schon ein Kuriosum, die Kapelle des Eugen Singldinger. Manch einer wird sich noch an diese mechanischen Figuren vor dem Theaterzelt Singldingers auf der Dresdner Vogelwiese erinnern. Etwas kantig, ruckartig bewegten sie ihre Instrumente, spielten sie Klavier, Horn, Bass, Schlagzeug, Violine und Akkordeon. Sicher, die Musik kam vom Band, von einem altem Smaragd-Tonbandgerät. Dennoch blieben die Besucher stehen und hörten den sechs Musikern zu. Das war jener Moment, auf den Eugen Singldinger wartete. Nun trat er als Rekommandeur in Erscheinung und warb, unterstützt von einem kleinen tanzenden Hund, für sein Marionetten-Varieté.

Was jedoch kaum einer der Neugierigen wissen konnte, fünf der sechs mechanischen Musiker trugen das Konterfei seiner Berufskollegen und der sechste war er selbst.

Wir wissen heute, dass am Piano Klara Gierhold sitzt, die Frau von Karli Gierhold, der mit Violine und Taktstock in den Händen die Kapelle dirigiert. Vorn links spielt Alfred Gassmann das Horn, während im Hintergrund vermutlich ein Mitglied der Marionettenspielerfamilie Elsner den Bass streicht. Das Akkordeon zieht Max Kressig und Eugen Singldinger bedient das Schlagzeug.

Die ganze Kapelle ist das Resultat einer Wette, die Singldinger um 1950 einging. Gegenüber seinen Kollegen behauptete er, sie würden alle noch einmal in seinem Theater auftreten. Doch von den zu dieser Zeit knapp 40 reisenden Bühnen war kaum zu erwarten, dass sich ihre Wege in Sachsen einmal so kreuzen würden, dass mehrere Marionettenspieler gemeinsam auf Singldingers Bühne stehen konnten. Eugen Singldinger aber saß der Schalk im Nacken, und er ließ diese mechanische, von einem kleinen Motor angetriebene Kapelle bauen. Seine Wette hatte er gewonnen.

Heute lebt von diesen „mechanischen Musikern" niemand mehr. Karli Gierhold, der sehr stolz darauf war, im Orchester der Traditionellen mitzuspielen, verstarb als letzter 1997. Ihm und seiner Familie ist die Dauerausstellung „Von der Schusterahle zum Marionettenzwirn" im Kreismuseum Bad Liebenwerda gewidmet.

Die genaue Zahl der Varieté-Vorstellungen, zu denen das Marionettenspielersextett einlud, ist nicht verbürgt. Es werden jedoch einige Tausend gewesen sein, denn Singldinger spielte auf den Rummelplätzen wenigstens zu jeder vollen Stunde sein Zirkus-Programm.

Wer war dieser Eugen Singldinger, der neben Manfred Sterl, der letzte Varieté-Spieler auf der Dresdner Vogelwiese war?

Singldinger war gebürtiger Bayer. Er erlernte als Zwölfjähriger das Marionettenhandwerk bei dem legendären Münchner Puppenspieler Papa Schmid. 1905/06 arbeitete er bei Franz August Schichtl, dem wohl berühmtesten Vertreter dieser bayrischen Puppenspieler-Dynastie. Von ihm eignete er sich viele Marionetten-Tricks an, die alle

Die Mechanische Kapelle von Eugen Singldinger, um 1950. Die Marionettenspieler waren (von links) Klara Gierhold, Alfred Gassmann, Karl Gierhold, vermutlich ein Spieler der Familie Elsner, Max Kressig und Eugen Singldinger.

in seinem späteren Marionetten-Varieté einen Platz fanden. Die Mehrzahl seiner Pantomimen, so zum Beispiel der Strauß, der aus einem Ei den Hanswurst ausbrütet, oder die Holländerin, die ihren trunkenen Mann heimkarrt, gingen auf Schichtl's Spielauffassungen zurück. Sein tanzender Tod soll sogar eine originale Schichtl-Marionette sein. Von Franz August Schichtl lernte er aber auch Grundkenntnisse der Magie und Clownerie, die er später ebenfalls in sein Programm einbaute.

Aus Köln kommend, wo 1944 fast sein gesamtes Theater einem Bombenangriff zum Opfer fiel, siedelte er sich 1944 in Gera an. Gemeinsam mit seiner Frau Hildegart – ihre beiden Söhne kehrten aus dem 2. Weltkrieg nicht heim – begann er, ein neues Theater aufzubauen. Den Schwerpunkt ihres Spiels bildeten jetzt die Varieté-Marionetten. Dazu gehörten u.a. Kurt, der Kunstradfahrer, Jumbo, der Wunderelefant, Anita, die Xylophonspielerin, das Boogy-Woogy-Tanzpaar, Tick, die Ente mit der Teufelsgeige und Tack, die Giraffe mit der Ziehharmonika, eine Schar lustiger kleiner Schimpansenkinder sowie Fridolin, der Trapezkünstler. Letzterer trägt ein Kostüm, das vom Fleiß und Geschick der Prinzipalin kündet. Sie nähte es 1930 und versah es mit 11.000 einzelnen Pailletten.

Eugen Singldinger übergab 1971 seinen 338 Inventarnummern umfassenden Bühnenfundus der Puppentheatersammlung Dresden. Darunter befinden sich der größte Teil seiner Varieté-Marionetten, Figuren zu den Puppenspielen „Dr. Faust", „Genoveva", „Gänse-Liesel", „Hänsel und Gretel" sowie „Rotkäppchen". Und selbstverständlich übergab er auch die mechanische Kapelle dem Museum. Dort spielt sie nach einer ausführlichen Restaurierung 1988 und die Altmeister des sächsischen Marionettenspiels werden wieder für einige Momente „lebendig".

Mit großer Stimme und raumgreifender Gestik

Carl Schröder (1904-1997)

Wer kennt ihn nicht, jenen hageren Herren mit der ausdrucksvollen Stimme, dem hart gesprochenen „t" am Wortende – so gar nicht sächsisch – und der großen Erzählgestik?! Noch im hohen Alter war er radelnd oder zeichnend anzutreffen an Rhein und Mosel. Manche Stunde verbrachte er auch um der Gesundheit willen in der Sauna. Carl Schröder ist ein Beispiel dafür, dass heitere künstlerische Arbeit für Jung und Alt selbst jung erhält. Und wenn noch ein gesunder Lebensstil hinzukommt, vermag es nicht zu überraschen, dass der Nestor des Handpuppenspiels, Carl Schröder, erst im 94. Lebensjahr 1997 verstarb.

Carl Schröder wurde 1904 in Kötitz bei Coswig geboren, Er gelangte auf Umwegen zur Welt der Puppen. Nach Mittelschule und Lehrzeit besuchte er zunächst die Maschinenbau-Fachschule in Chemnitz. Aber dann musste er das Schicksal vieler Altersgenossen in den Zwanzigerjahren teilen – er wurde arbeitslos. Nun ging er nach Berlin, absolvierte ein Werklehrerseminar und war anschließend in Jugendheimen tätig, wo er auch straffällig gewordene Jugendliche betreute. Schröder gehörte zu den modernen Erziehern, die mit den Zöglingen Wandertage veranstalteten, musizierten, Theater und Puppentheater spielten. Zugleich genoss er die überwältigende kulturelle Vielfalt Berlins mit seinen Theatern, Museen und Kinos. Und er beschäftigte sich aktiv mit graphischen Arbeiten. Im Zusammenhang mit der Ausstellung „Das junge Deutschland" erlebte er Vorstellungen der bedeutenden Puppenspieler Max Jacob, Carl Iwowski und Werner Perrey. Das ließ in ihm den Entschluss reifen, selbst Puppenspieler zu werden. Sein Anliegen war es, auf diese Weise künstlerisch und erzieherisch wirken zu können. Das Jahr 1928 galt für ihn als der Beginn seiner Puppenspielerlaufbahn. Mit ihr sollte er fortan seinen Lebensunterhalt bestreiten.

Schröder ließ sich von den Schauspielinszenierungen Erwin Piscators und Max Reinhardts sowie den großen Mimen jener Zeit inspirieren. Hier lernte er, was Sprache vermag. Nachhaltige Wirkung auf ihn hatte die Begegnung mit dem Graphiker und Theaterausstatter Professor Emil Orlik, der den jungen Schröder in seine Graphik-Klasse an der Lehranstalt des Berliner Kunstgewerbemuseums aufnahm.

Die ersten Figuren, mit denen Schröder spielte, hatten Holzköpfe aus der Werkstatt der „Hohnsteiner". Bald fertigte Schröder sich Figuren nach seinen eigenen künstlerischen Vorstellungen an.

In Berlin lernte er seine spätere Frau Henny kennen, die als Verkäuferin arbeitete, und 1929 heirateten sie. Mit ihr begründete er die „Radebeuler Puppenbühne". Vorher

Carl Schröder mit seiner Faust-Figur, links neben ihm der Puppenspieler Peter Beckert, 1984.

hatte er schon in Berliner Kinderheimen und Verkaufsstellen sowie auf Fahrten ins Thüringer Werratal mit seinen Handpuppen gespielt. Ein Faltbootwagen zum Transport des zerlegbaren Bühnengestells und ein Fahrrad waren seine ersten Fahrzeuge, um von Auftrittsort zu Auftrittsort zu gelangen.

In der Zeit des Nationalsozialismus wurde das Puppenspiel als deutsches Volks- und Brauchtum vom Staat gefördert. Schröder spielte privat und für die Organisation „Kraft durch Freude". Während des 2. Weltkrieges wurde er, wie auch andere Berufskollegen, zur Truppenbetreuung in die Frontgebiete entsandt. Schließlich gelangte auch er zum Volkssturm, während seine Frau in einem Rüstungsbetrieb arbeiten musste.

Nach Ende des Krieges setzte sich der Direktor des Volkskundemuseums Dresden, Prof. Reinhold Langner, bei der Sächsischen Landesregierung dafür ein, dass Schröder wieder eine Spielgenehmigung erhielt. Als Gage waren damals Kartoffeln, Mehl und andere Lebensmittel begehrter als Geld, daher waren Schröders Auftrittsorte überwiegend die Dörfer im Dresdener Umland.

Sein Repertoire schöpfte er aus der anspruchsvollen Weltliteratur und vor allem aus dem Schatz der deutschen Märchen und Sagen. Dazu zählten „Die Sage vom Rübezahl", „Der Wunschring", „Froschkönig", „Der Teufel mit den drei goldenen Haaren", „Der Geizhals auf dem Teufelsberg" und „Pinocchios Abenteuer"; für Erwachsene zeigte er „Das Spiel vom reichen Jedermann", „Der Vogelhändler", „Der Freischütz" und „Dr. Johannes Faust". Für „Der Bauer als Millionär" erhielt er 1950 die besten Referenzen bei einem Wettstreit der sächsischen Puppenspieler. Hohes Lob wurde ihm

1951 von Sergej Obraszow zu teil, der nach einer Schröder-Vorstellung bekannte, dass er von diesem deutschen Handpuppenspieler noch etwas lernen könne. 1957 wurde Schröder von Henryk Jurkowski, dem späteren langjährigen UNIMA-Präsidenten, zu einer großen Gastspielreise durch Polen eingeladen. An diese Reise erinnerte sich Schröder oft; sie war prägend. Er sah das zerstörte Warschau und Gefühle der Schuld überkamen ihn. Aber auch Freude, das er als einer der allerersten deutschen Theaterleute wieder in Polen spielen durfte. Im gleichen Jahr reiste er zur „Woche des Europäischen Puppenspiels" nach Braunschweig. Nach der ebenfalls 1957 erfolgten Wiederbegründung der UNIMA war Schröder viele Jahre Mitglied des Präsidiums dieser Organisation sowie Vorsitzender des UNIMA-Zentrums der DDR. 1972 wurde er zum Ehrenmitglied der UNIMA ernannt. Ein Höhepunkt seines Wirkens als aktiver Puppenspieler war die Einladung zu den Festwochen „Théâtre des Nations" 1959 in Paris. Er führte sein „Puppenspiel vom Dr. Faust" auf. Carl Schröder als Persönlichkeit und seine Figuren und Bühnenbilder errangen bei vielen nationalen und internationalen Wettbewerben und Ausstellungen hohe Anerkennung und so manchen Preis.

Von 1961 bis 1965 wirkte Schröder am DEFA-Studio für Trickfilme in Dresden. Unter seiner Regie entstanden u.a. die Handpuppenfilme „Der Roßdieb zu Fünssing" nach Hans Sachs, „Der Edelmarder" nach Friedrich Wolf, „Der Teufel mit den drei goldenen Haaren" nach den Brüdern Grimm sowie die satirische „Frau Holle"-Adaption „... nur ein Märchen". Schröder filmte keinesfalls Theaterinszenierungen ab, sondern er verband das Handpuppenspiel mit den immensen Ausdrucksmöglichkeiten der Film- und Studiotechnik. Seine Filme heute zu sehen ist immer noch ein Erlebnis.

1966 wurde Schröder zum Intendanten des Berliner Puppentheaters berufen, wo er bis 1969 ein vielseitiges und modernes Repertoire aufbaute, wo er aber auch erkannte, dass er kein Mann des Bürosessels war und administrative Arbeit nicht seinem Wesen entsprach. Seitdem wirkte er von seinem Wohnort Radebeul aus als Gestalter und Regisseur an den Puppentheatern in Magdeburg, Bautzen, Karl-Marx-Stadt, Dresden und Wittenberg sowie für private Theater wie zum Beispiel für Hans-Joachim und Ruth Hellwig (Dresden) und Peter Kaye (Salzwedel). Aber Schröder-Figuren wurden auch im St. Gallener Puppentheater, von den Bielefelder Puppenspielen oder im Windsbacher Puppentheater Kaspari geführt. Zu seinen bedeutendsten Arbeiten, die er im Brecht'schen Sinne immer wieder in Frage stellte und deshalb mehrfach inszenierte, gehören „Das Puppenspiel vom Doktor Faust" und „Pinocchio". Am Puppentheater Dresden inszenierte er 1980 mit großem Erfolg das tschechische Puppenspiel „Der fröhliche Totengräber", und unvergessen ist auch seine „Pinocchio"-Inszenierung von 1979.

Carl Schröder war bereits zu Lebzeiten eine Legende. Weise, diszipliniert und mit Herz arbeitete er, seine Kritiken waren scharf, aber nie verletzend. Ironisch antwortete er einmal auf die Frage, wie ihm die Premiere gefallen habe: „Die Musik war beeindruckend ..." Sein engagiertes Arbeiten trug maßgeblich dazu bei, dem Puppentheater in der DDR einen geachteten Platz in der darstellenden Kunst zu verschaffen. Seine Meinung, sein Urteil waren aber auch international gefragt.

Anlässlich seines 100. Geburtstages 2004 fand in der Galerie Radebeul eine Ausstellung statt, die auch an den Maler, Grafiker und Fotografen Carl Schröder erinnerte.

„So spiegele Dich in meinem Spiel und erkenne Dich selbst"

Das „Künstler Schattentheater Paul Bongers" 1948-1967

Das Schattenspiel gehört zu den leisen Formen des Figurenspiels. Seine Traditionen sind alt und sie lassen sich, besonders in Asien, über rund 1.000 Jahre zurückverfolgen. Ob in Indonesien, Sri Lanka, Indien oder China – das Schattenspiel ist dort lebendig und wird zelebriert als Kunst und als Mythos. Es trägt ausgeprägt religiöse Züge und gibt in starkem Maße Lebenshilfe.

Nach Europa gelangte das Schattenspiel erst zum Ende des 17. Jahrhunderts. Es gliederte sich ein in das Interesse an Chinoiserie, also an nachgeahmtem Chinesischen, ein Interesse, das bis weit in das 19. Jahrhundert anhielt. Das Schattenspiel war in Deutschland nie so verbreitet wie das Marionettentheater oder der Jahrmarktkasper. Deshalb ist es von außerordentlicher Bedeutung, dass gerade in Dresden und Radebeul zwei hervorragende Künstler dieses Genres lebten: Fritz Gay und Paul Bongers.

Paul Bongers war eine eigenwillige Persönlichkeit, ein Mensch voller Besessenheit. Ihm fiel es schwer, seine vielseitigen Begabungen zu kanalisieren.

Am 22. August 1892 in einer wohlhabenden Kaufmannsfamilie geboren, wuchs er mit Hausmusik und anderen musischen Eindrücken auf. Er lernte an der Realschule, besuchte danach viereinhalb Jahre die Kunstgewerbe-Akademie Dresden und belegte einige Semester Soziologie und Philosophie an der Leipziger Universität. Danach war er als Betriebsassistent, später als Innenarchitekt beschäftigt und verwirklichte sich auch als Kunstmaler. Er war eng befreundet mit dem bekannten Maler Theodor Rosenhauer. Bongers vermochte sich aber bis dahin nie richtig zwischen Kunst und Wissenschaft, zwischen Musik und Malerei zu entscheiden. Ständig war er ein Suchender. Als er das Schattenspiel als Synthese von künstlerischer und manueller Arbeit für sich entdeckte, war er bereits über 50 Jahre alt. So begann er 1947 mit dem Bau einer großen, für öffentliche Aufführungen geeigneten Schattenbühne. Dieses Vorhaben ging er nicht allein an, wenngleich er es recht rigoros und egozentrisch vorantrieb. Das „Triptychon von den Heiligen Drei Königen" nach Felix Timmermanns Erzählung wurde vorbereitet. Die Radebeuler Malerin Eva Böttcher entwarf die Figuren, der Schriftsteller Fritz Gay dramatisierte den Text, und Josef Hönig, ein Dresdner Pianist, komponierte die Musik dazu. Bongers selbst schuf die Figuren. Die Premiere fand am 25. Januar 1948 im Radebeuler „Haus der Kunst" statt. Knapp ein Vierteljahr später hatte „Signor Formica" nach E.T.A. Hoffmann Premiere. Mit diesem Stück machte Bongers jedoch die Erfahrung, dass das Schattenspiel eher für lyrisch-besinnliche Themen geeignet ist. Trubel und schallendes Lachen sind dieser Kunstform fremd. In seinen nächsten Inszenierungen berücksichtigte Paul Bongers diese Erkenntnis. Ein

Szene aus „Reineke Fuchs", aufgeführt vom Künstler-Schattentheater Radebeul, 1949.

Jahr später wurde „Reineke Fuchs" – für das Schattenspiel bearbeitet von Fritz Gay – aufgeführt.

Bongers beschrieb den Entstehungsprozess der Figuren wie folgt: „Naturtreue oder Vermenschlichung, Realistik oder Stilisierung stehen zur Debatte. Wir wollen eine mittlere Linie halten: real gesehene, aber sehr vereinfachte, begrenzt vermenschlichte Tiergestalten soll die Künstlerin schaffen. Wieder Kritik – Zustimmung. Nun erhalten die ersten Tiere ihre endgültige Fassung. Die ganzfigürlichen Entwürfe werden zerlegt, Arme, Vorderbeine usw. werden an den Drehpunkten durch Sicherungsanschläge und Federn verbunden. Kurz, der ganze Mechanismus wird geschaffen, damit die Figuren nicken, greifen, beugen, knien, sitzen, liegen usw. können, wie es ihre Bestimmung ist. Dann kann der Techniker die einzelnen Teile aus Sperrholz oder starker Pappe aussägen. Mit Schrauben, Nägeln, Federn, Drähten usw. setzt er sie nun zusammen, schwärzt sie und montiert sie an die vorhandenen Ständer, mit denen sie auf drei Schienen hin- und herbewegt werden." (Notiz aus dem Schriftwechsel Bongers, Archiv der Puppentheatersammlung)

In dieser Weise entstanden nach den Entwürfen von Eva Böttcher acht Inszenierungen. Fünf davon griffen religiöse Themen auf und prägten den Ruf der Radebeuler Schattenbühne als Theater der „Mission und Verkündigungsspiele". Rund 4.000 Vorstellungen gab Bongers mit seinen zumeist drei Spielern, drei Sprechern und drei Musikern in den Kirchgemeinden von der Ostsee bis zum Erzgebirge, vom Harz bis zum Oderbruch.

In den Spielen um das Wirken von Joseph und seinen Brüdern, Saul und David und dem Propheten Daniel verknüpfte er wohl am besten die bildnerischen Möglichkeiten des Schattenspiels mit der biblischen Botschaft vom Umgang der Menschen miteinander und ihrem Verhältnis zu Gott. Die Gestaltung und Bewegungen der Figuren wirkten ernst, getragen, ja zum Teil weihevoll, aber dennoch wirklichkeitsnah.

Mit seinen Aufführungen erreichte Bongers überraschend viele Gemeindemitglieder: „Wir hatten an dem Abend etwa 250 Personen in der Kirche. Ein normaler Gottesdienstbesuch bringt 50-60 Menschen zusammen. Diese Art der Verkündigung erreicht also weit mehr Menschen als ein Gottesdienst oder eine Bibelstunde. Schon deshalb wäre es zu begreifen, wenn dieser Dienst innerhalb der Volksmission durchgeführt werden könnte." (Aus einem Brief des Ev. Pfarramtes Falkenberg an Bongers, 3.12.1958)

Ab 1959 reisten Paul Bongers und seine Mitarbeiter unter der Schirmherrschaft der Kirche, denn ihre Vorstellungen dienten der Gottesehrung und der religiösen Erbauung. Sie umgingen damit die Bürokratie des Staates um Lizenzierung und Auftrittsgenehmigung. Dem Drängen staatlicher Stellen, weltliche Stoffe zu inszenieren, entsprach Bongers nicht. Im Ergründen und Verkünden menschlicher Verhaltensregeln sah er seine Aufgabe. Seine Vorstellungen vom Schattenspiel als Verkündigung konnte er jedoch nur verwirklichen, weil ihm so namhafte Künstler wie Eva Böttcher, Fritz Gay, Karl Frotscher und Günter Hörig zur Seite standen.

Im Jahr 1967 gab die Schattenbühne ihre letzten Vorstellungen, von da ab widmete sich Bongers wieder stärker der Malerei. Es entstanden Ölgemälde, die Kirchen seiner Heimat zeigen.

Anfang 1978 nahm er Kontakt zur Puppentheatersammlung Dresden auf, um seinen Schattenspielnachlass zu übergeben. Parallel dazu begannen die Vorbereitungen für eine erste Ausstellung seiner Bilder in der Dresdner Kreuzkirche. Beide Vorhaben konnte Paul Bongers nicht mehr selbst zu Ende führen. Am 16. April 1978 verstarb er in Radebeul.

Sein Fundus wurde von der Puppentheatersammlung übernommen und erstmals 1992 in einer Sonderausstellung im Radebeuler Schloss Höflößnitz einer breiten Öffentlichkeit zugängig gemacht.

„Das Leise werde hörbar ..."

Zum Wirken Fritz Gays

Die Reklame war sparsam. Aber immer, wenn in den 1950er- und 1960er-Jahren in Dresden Fritz Gays „die schatten" mit einer Aufführung angekündigt wurde, vermochte der Saal die Besucher nicht zu fassen.

Fritz Gay (1907-1969) war Kunstschriftsteller. 1948 hatte er das Dresden-Buch „Unsterbliche Stadt" herausgegeben und 1956 ein kleines, nicht minder bedeutendes Büchlein mit dem einfachen Titel „Puppentheatergeschichten", das Aussagen zu diesem Theatergenre von Cervantes über Goethe bis Kisch und den Symbolisten Fjodor Sologub enthielt.

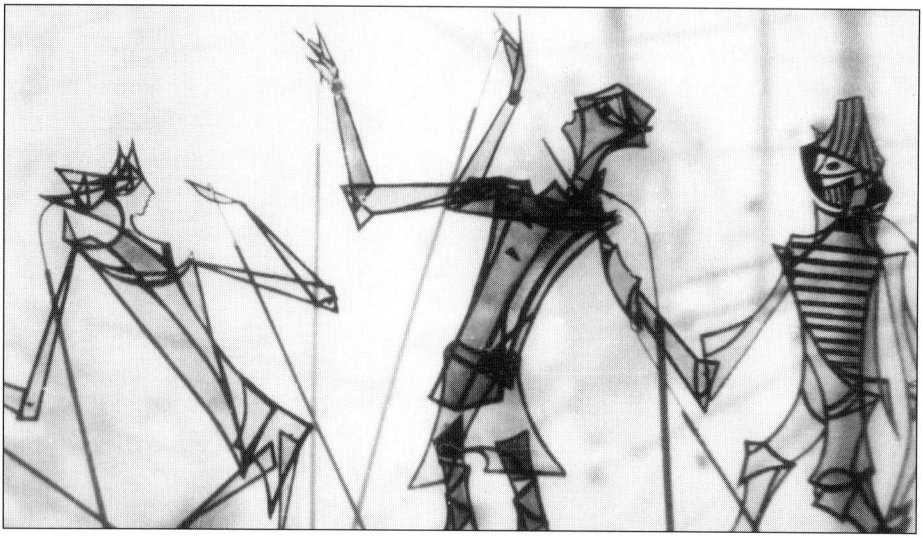

1948 dramatisierte er für den Radebeuler Paul Bongers ein Schattenspiel. Es sollte

Szene aus „Das blaue Licht": „die schatten", 1960. Figurengestaltung: Johannes Kühl.

für ihn nicht ohne Folgen bleiben. Eine intensive Beschäftigung mit der Technik, mit der Herkunft und Geschichte sowie der Bedeutung des Schattenspiels führten dazu, dass er 1957 eine eigene Bühne ins Leben rief, für die er Texte schrieb und dramatisierte und die er künstlerisch leitete, ohne jedoch selbst mitzuspielen.

Der Dresdner Maler Hans Neubert hatte ihm moderne Figuren nach fernöstlichem Vorbild geschaffen. Sie zeigten sich im Profil, aber das Gesicht war nach vorn gerichtet, dem Zuschauer zugewandt. Ihre aus buntem Plexiglas gefertigten Körper ließen farbige Schatten entstehen. Gespielt wurde ein chinesisches Stück mit dem Titel „Der Mann aus der Flut". Zart, den Figuren oder besser ihren Schatten gemäß, waren die Bewegungen nach einer Musik auf der Bambusflöte, die Immanuel Lucchesi – damals an der Komischen Oper Berlin engagiert – beisteuerte. Als Spieler bewährte sich unter anderem der junge Peter Beckert, der später einer der Protagonisten des Dresdner Puppentheaters werden sollte.

Dieses subtile Spiel entsprach ganz dem Menschen Fritz Gay, der stets das Kleine lobte und der die Verzerrungen der Welt ins Überdimensionale, die alles Leise überschrieen, fast mit körperlichem Schmerz empfand. „Das Leise werde hörbar, das Maß werde gefunden!" – das war sein Credo.

Als „ombres chinoises" kamen die Schattenspiele Ende des 18. Jahrhunderts von Frankreich ausgehend an den europäischen Höfen in Mode. Es war die Zeit, als man sich im Zuge der Aufklärung auch mit den außereuropäischen Kulturen auseinandersetzte. Das zarte Spiel entsprach sogleich der subtilen Rokoko-Welt. Für 1784 sind derartige Aufführungen auch in der Sommerresidenz des sächsischen Hofes in Pillnitz verbürgt. Doch aus fernöstlichem religiösem Ritual war Schattentheater, eine besondere Form des Puppenspiels geworden.

Fritz Gay nahm die ersten Erfolge seiner Bühne zum Anlass, weiter darüber nachzudenken, wie deren künstlerische Ausstrahlung noch zu steigern wäre. Von Goethes Farbenlehre angefangen über Delacroix, Kandinsky, Klee und Van Gogh studierte er die Aussagen der Maler über Farbenwirkung und kam zu dem Schluss: „Bei den farbigen Schattenfiguren wird Gauguins Thema vom ‚suggestiven Dekor‘ wichtig sein: reine Farbflächen, verbunden durch ausdrucksstarke, dekorativ schwingende Linien, die den Bleiruten der Glasmalerei gleichen.“

In dem Dresdner Maler und Kunsthändler Johannes Kühl fand er einen kongenialen Schöpfer der Figuren für seine neue Inszenierung „Das blaue Licht“ (1960). Dieses Grimm'sche Märchen mit der Musik des Zürichers Gottfried von Einem war für Erwachsene gedacht. Für die Kinder hatte Fritz Gay 1961 das Schattenmärchen „Schneewittchen“ und nach Prokowjew „Peter und der Wolf“ herausgebracht. Neben Stücken für das „Menschentheater“ entstanden Schattenspiele wie „Der kleine Zweifuß und sein Pferd“ (1963) – ein Indianermärchen – und 1967 das literarische Programm für Erwachsene mit Szenen nach Karl Čapek und Gogols „Der Mantel“.

Auf den Tourneen, die seine Bühne auf internationalen Puppentheaterfestivals nach Prag und nach Bochum, aber auch in andere westeuropäische Städte führte, hatte Fritz Gay andere Puppenspieler und Trends der Moderne kennen gelernt. In Aufsätzen schrieb er darüber und zog daraus Konsequenzen für sein Spiel. Die Konzert- und Gastspieldirektion der DDR, die damals als einzige Auftritte vermitteln durfte, traute dem intellektuellen Spiel offenbar kein Geschäft zu, anders Fritz Däbritz, der Leiter des Dresdner Puppentheaters. Er holte Fritz Gay an sein Haus, um unter seiner Leitung eine Schattenspielgruppe zu gründen. 1963 hatte das Schattenspiel „Schneemänner vor der Tür“ (Ausstattung Steffi Bluhm) und 1964 „Der Vogel Heiterkeit“ in der Ausstattung von Heinz Knappe Premiere. 1967 führten die Dresdner Puppenspieler „Schneewittchen“ als farbiges Schattenspiel auf. Die expressiven Figuren dazu schuf Helga Borisch. Alle drei Inszenierungen gehören zu den künstlerisch wertvollsten in der Geschichte dieses Puppentheaters. Sie würden ganz sicher auch heute noch ihr Publikum finden.

Für Fritz Gay war das Schattenspiel „... ein schönes, sehr teures Hobby“, wie er selbst schrieb. Nach seinem Tode wurde die Schattenbühne nicht weitergeführt. Es war seinerzeit die einzige in Europa, die mit modernen, farbigen Schatten an die alten fernöstlichen Traditionen anknüpfte und sie in das europäische Theaterverständnis einzuordnen wusste.

Kunst bringt Gunst

Das DEFA-Studio für Trickfilme

In den 1950er-Jahren erhielt Dresden als ein Zentrum des Puppenspiels eine neue Dimension. Mit der Gründung des DEFA-Trickfilmstudios 1955 war neben dem Staatlichen Puppentheater (1952), der Puppentheatersammlung (1952), dem Sonnenhäusel im Großen Garten (1955) und den rund zehn freiberuflichen Bühnen eine weitere Farbe auf die bunte Palette des Puppenspiels der Stadt gekommen.

Nach kurzem Anlauf waren die Puppentrickfilme „Schnaken und Schnurren" – Szenen nach Wilhelm Busch – erfolgreich. Nach einem Drehbuch und unter der Regie von Johannes Hempel 1957 gedreht, wurden sie 1960 auf dem XII. Internationalen Filmfestival in Karlovy Vary ausgezeichnet. Im gleichen Jahr erhielt auch der Film von Günter Rätz „Teddy Brumm" einen Preis auf dem Internationalen Filmfestival in Montevideo. Dabei waren die Filmemacher zu Beginn ihrer Arbeit durchaus keine Meister. Eine der Animatoren der ersten Stunde, Hedda Gehm, erinnert sich: „Die Gründergeneration des Dresdner Trickfilmstudios wurde nicht müde, den Staunenden zu erklären ‚was die Puppe alles kann'. Deshalb, weil sie selbst mit nicht erlahmender Begeisterung dies alles herausgefunden, erprobt, dem toten Material und der zur Verfügung stehenden Technik abgerungen hatte."

Trickfilm nannte man anfangs jene spezielle Art von Filmen, die nicht durch die Aufnahme lebendiger Darsteller zustande kamen. Die heute international übliche Bezeichnung „Animationsfilm" gibt den Sachverhalt klarer wieder. Die unbelebten Figuren, die an die Stelle der Schauspieler traten, seien es nun gezeichnete oder Silhouetten, Puppen oder originelle Objekte, mussten durch bestimmte Verfahren in Bewegung versetzt, also animiert werden. Es sind keine schnellen Tricks im Sinne von Zauberkunststücken, die im Endeffekt die Faszination bewirken, sondern es sind mit viel Mühe und unendlicher Geduld ausgeführte kleine Bewegungen. Jeder von ihnen gilt eine konkrete Überlegung im Vorfeld der Dreharbeiten. Die Animatoren müssen den Bewegungsablauf in kleinste Phasen, in viele verschiedene Stellungen zerlegen, damit diese einzeln von der Kamera festgehalten werden können. Aus der Aneinanderreihung tausender von Aufnahmen entsteht dann ein Film mit animierten Figuren. Für eine Sekunde Laufzeit des Films sind 24 Einzelbilder nötig. Mithin bedarf es für einen kurzen Film von zehn Minuten mindestens 14.400 Stellungen der Figuren und ebenso vieler Aufnahmen.

Das sagt etwas über die Technik des Filmens aus. Den Dreharbeiten gingen aber die Bauleistungen voraus. Hier waren Bühnenbildner und Puppenbauer, Kascheure, Tischler, Theatermaler und -plastiker gefragt. Alles zur Einheit gebracht, mit der Arbeit der Sprecher und Musiker verbunden und in die Hände eines Regisseurs und Dramaturgen gegeben ergab erst den Animationsfilm.

Johannes Hempel, einer der erfolgreichsten Regisseure des DEFA-Trickfilmstudios bekennt, dass er als Kind den Heimatschutz-Kasper Oswald Hempel erlebte und dort den Zusammenklang von Malerei, Musik und Theater erfuhr. Das trieb ihn dazu, Bühnenbildner zu werden. Vom Bühnenbildner zum Gestalter von Puppentrickfilmen war es kein großer Schritt, zumal die Trickfilmer das Gorki-Wort „Für Kinder muss man genauso arbeiten wie für Erwachsene, nur besser" sehr ernst nahmen. Und 80 Prozent der Filme, die gedreht wurden, wandten sich an die Jüngsten. Nicht nur eine geschmacksbildende Ästhetik, auch der Humanismus als Grundhaltung aller filmischen Arbeiten musste daher ein angestrebtes Ziel sein.

Bei den Filmemachern des Dresdner Trickfilmstudios wurde immer wieder das Anliegen des Animationsfilmes diskutiert: Unterhaltungswert oder Erziehungsabsicht, Märchenpoesie oder Realwert, politische Agitation oder Vermittlung unpolitischer Werte, das waren Pole der Auseinandersetzungen.

Zuerst blieb es bei moralischer Belehrung, nicht frei von Zügen der Kindertümelei. Kurt Weilers Puppentrickfilm „Der heimliche Weg" (1956) ist dafür ein Beispiel. Ein Junge stellt Vögeln nach und gerät dabei in eine Wildschweinfalle. Ja, wenn da seine Freunde nicht zur Hilfe gekommen wären ... Später traten vordergründige Erziehungsabsichten zurück, dennoch strahlten auch Märchen und Sagen gut gemeinte Lehren aus. Wie auch bei der „großen DEFA" in Babelsberg wurden alle Filme „politisch abgenommen". In den 1960er-Jahren gab es sogar eine öffentliche Wertung. So fanden im Kulturpalast Veranstaltungen statt, bei denen die Zuschauer, sprich Kinder Wertungen abgeben konnten. Vielleicht weil der Film „Haltet beides gut zusammen" in der Gunst des Publikums hinter dem Märchenfilm „Der Trommler" zurückstand, wurde diese Form der Publikumseinbeziehung eingestellt. In „Haltet beides gut zusammen" ging es um Hammer und Sichel. Diese beiden goldenen Werkzeuge hatten ein Mädchen und ein Junge als Lohn für fleißige Arbeit erhalten. So lange sie beide zusammenhielten, sollten ihnen die Werkzeuge Glück bringen. Was hier vordergründig moralisiert, wurde vom Kinderpublikum abgeschmettert. Die weit überwiegende Zahl der DEFA-Trickfilme ist jedoch von viel Poesie, einem feinem Humor und einer unaufdringlichen Moral durchzogen.

Eine Wertschätzung des DEFA-Trickfilmstudios war auch das Bemühen international anerkannter Kollegen, mit den Dresdner Künstlern zusammenzuarbeiten. 1976 entstand die erste Folge von Rübezahl-Filmen. Sie hieß „Rübezahl und der Schuster". Die Pro-

Szene aus „Däumelinchens Abenteuer" unter der Regie von Christl Wiemer, 1960.

Szene aus „Rübezahl und der Botengänger"; Co-Produktion des DEFA-Trickfilmstudios Dresden mit dem Kratký-Film Prag, 1976.

duktion dieser Filme geschah in Zusammenarbeit mit dem Kurzfilmstudio Prag. Das Thema war gut gewählt, denn diese Sagengestalt war den Bürgern beiderseits der Grenze bekannt. Die Figuren stammten von einem tschechischen Gestalter, Jan Cerny, die Dekorationen wurden in Dresden gebaut und die Regiearbeiten wechselten zwischen beiden Studios. Die Musik stammte von einem tschechischen Komponisten und wurde von einem Orchester in Dresden aufgenommen. Die Dreharbeiten begannen in Dresden. So paritätisch wie hier angedeutet, war die gesamte Besetzung, eine echte Gemeinschaftsarbeit also. Diese Filme zählten zu den Höhepunkten der DEFA-Trickfilmgeschichte. Sie wurden aber noch übertroffen von dem abendfüllenden Film „Die fliegende Windmühle" (Günter Rätz, 1982), der zu einem Kultfilm wurde und noch heute ein begeistertes Publikum findet, zum Beispiel bei den Filmnächten am Dresdner Elbufer.

Von alledem ist fast nichts mehr geblieben. 1992 schloss die Treuhand das DEFA-Trickfilmstudio. Eine Fortsetzung der Produktion unter dem Namen DREFA scheiterte an fehlenden Fördergeldern. Einige wenige Mitarbeiter des Dresdner Studios gründeten den HYLAS-Trickfilm Dresden, um weiterzuarbeiten. Das alte Handwerk wird nun unter Einbeziehung moderner Technik den computergeführten Zeichentrickfilmen entgegengesetzt

Heute bewahrt das Deutsche Institut für Animationsfilm e.V. im Rahmen der Technischen Sammlungen Dresden die geretteten Schätze des DEFA-Trickfilmstudios: rund 900 Trick- und Handpuppen, Dekorationen und Requisiten. Vor allem aber werden die Filme archiviert und für Filmfeste ausgeliehen. Das abgeschlossene Kapitel der Geschichte des DEFA-Studios für Trickfilme ist damit nicht mit einem märchenhaften

„Es war einmal“ abgetan. Für Forschung und Öffentlichkeitsarbeit steht der kommenden Generationen das wertvolle Material zur Verfügung.

Filmstars aus Papier

Silhouettenfilme von Lotte Reiniger und Bruno Böttge

Einen besonderen Namen machte sich das Dresdner Trickfilmstudio mit der Bewahrung der deutschen Tradition des Silhouettenfilms.

Bruno J. Böttge (1925-1981), ein junger Dokumentarfilmregisseur aus Halle, hatte, weil er sich schon immer für die schwarze Kunst des Scherenschnittes interessierte, zu seinem 26. Geburtstag ein altes Kulturfilmbuch mit einem Aufsatz von Lotte Reiniger bekommen und dazu zwei Filmkopien mit Märchensilhouettenfilmen von dieser Pionierin des Scherenschnittfilmes. Mit Vergnügen las er den Bericht Lotte Reinigers „Wie ich meine Silhouettenfilme mache“. „Wenn Sie zuhause keinen Tricktisch haben“, las er da, „nehmen Sie Mutters guten Stubentisch, sägen Sie ein Loch hinein und decken Sie das mit einer Glasplatte ab und beleuchten Sie diese von unten. Wenn Sie dann in der Stube das Licht löschen und auf Ihre Glasplatte die ausgeschnittenen Figuren legen, werden Sie mit Entzücken feststellen, dass Sie eine Silhouettenszene haben, die nur noch fotografiert zu werden braucht“.

Lotte Reinigers (1899-1981) bleibendes Verdienst ist es, gemeinsam mit ihrem Mann Carl Koch den ersten abendfüllenden Silhouettenspielfilm „Die Abenteuer des Prinzen Achmed“ geschaffen zu haben. Von 1923 bis 1926, also drei Jahre, hatten sie daran in experimenteller Arbeit gewirkt. 300.000 Einzelaufnahmen waren nötig, um Scherenschnitt an Scherenschnitt zu reihen und ihn zu bewegen, damit für den Betrachter die Filmstars aus Papier lebendig werden.

Lotte Reinigers Figuren zeugen von scharfer Beobachtung menschlicher Bewegung und menschlichen Verhaltens. „Wie ein Komponist den Rhythmus seiner Partitur im Takt festlegt“, skizzierte sie den Bewegungsgang der Handlung. Und obwohl es damals noch gar keinen Tonfilm gab, ließ sie das Tempo der Bewegungen von einem Komponisten am Klavier vorgeben. Der Erfolg ihres Filmes auch in Frankreich brachte ihr und ihrem Mann die Freundschaft des französischen Filmregisseurs Jean Renoir ein. 1930 schenkte er ihr einen Bildband über die italienische Commedia dell'Arte. Seitdem beschäftigte sie sich mit den Harlekinfiguren der Weltliteratur.

„Papageno, der muntere Vogelfänger aus Mozarts Zauberflöte“ war der Titel eines Zehn-Minuten-Filmes, den Lotte Reiniger 1935 noch in Deutschland drehte, ehe sie nach London ins Exil ging.

Neben Märchenfilmen entstanden immer wieder Gestaltungen musikalischer Themen verbunden mit der lustigen Figur des Theaters. Erinnert sei an die Filme „Carmen“ und „Harlequin“, ein Streifen über die Eskapaden Casanovas mit der Barockmusik des 17. Jahrhunderts.

Szene aus „Die Abenteuer des Prinzen Achmed" von Lotte Reiniger, 1923 bis 1926.

Szene aus „Der Nachtschmied zu Görlitz" von Bruno Böttge aus dem Jahre 1961.

Reizend endet der Streifen „Papageno“. Sich des alten Musters der Commedia dell’Arte von der Geburt des Harlekins aus einem Ei bedienend, lässt Lotte Reiniger den Film mit dem Duett Papageno/Papagena ausklingen und aus jedem der von den Vögeln herbeigerollten Eiern entspringt „Pa, Pa, Pa, Pa, erst ein kleiner Papageno, dann eine kleine Papagena …“.

Die Musik, die lichterfüllten Hintergründe und die in ihrem Profil vielfältig gegliederten tiefschwarzen Silhouettenfiguren machen die Faszination der Lotte Reiniger-Filme aus.

Bruno J. Böttge wurde – ohne Lotte Reiniger je begegnet zu sein – ihr eifriger Schüler. Über 40 Silhouettenfilme entstanden zwischen 1951 und 1981 unter seiner Regie und Mitwirkung. Die ersten produzierte er allerdings ganz alleine. Gefragt, was ihn an der Silhouette so reizt, dass er sich immer wieder dieses Mittels bediene, antwortete er, „… dass es die eigenartige produktive Widersprüchlichkeit ist, die mir die Silhouette liebenswert macht. Einerseits vermitteln die klaren Umrisslinien meinem Zuschauer unmissverständlich das, was ich damit sagen will. Andererseits bietet ihm die schattenhafte Fläche der Silhouette weiten Raum für die Entwicklung der eigenen Phantasie und die Möglichkeit, vorgeprägte Vorstellungen unterzubringen.“

Da damals 80 Prozent der DEFA-Trickfilme Kinderfilme zu sein hatten, kleidete Bruno J. Böttge seine Botschaften – den Zeitgeist bedienend – in selbst erfundene Märchen, so in „Prinzessin Springwasser“ (1957). Es ist die Geschichte des Bauernsohnes Hans, der sich in die Prinzessin verliebt hat, was aber der König gar nicht gern sieht. Er sperrt den Bauern kurzerhand den Brunnen und damit das Trinkwasser. Die Prinzessin schickt jedoch die Wachen fort, um die Bauern vorm Verdursten zu retten. Als der König daraufhin seine Tochter einsperrt, wird sie durch eine Bauernrevolte wieder befreit, der Brunnen geöffnet, der König verkriecht sich im Turm und die Prinzessin zieht mit ihrem Hans ins Dorf.

Immer siegen fleißige Bauern und Handwerker über Eigennutz und die Macht des Geldes, so in „Der Wunschring“ (1958) oder „Rumpelstilzchen“ (1960). In letzterem Film verschwinden mit dem Aufstampfen des erkannten Rumpelstilzchens alle Schätze des Grafen. Er selbst fällt in ein Loch, sein Schloss stürzt zusammen, die Müllertochter und ihr Kind aber sind gerettet. In der Sagenverfilmung „Der Nachtschmied zu Görlitz“ (1961) wird ein fauler Schmiedemeister, der seinen Gehilfen für sich arbeiten lässt, während er selbst im Ratskeller bechert, am Ende doch vom Teufel geholt.

An die Erwachsenen wandte sich Böttge u.a. mit dem Film „Da helfen keine Pillen“ (1961). Ein orientalischer Pascha muss der vielen „ Arbeit“ wegen immer essen und weil er immer dicker wird, Pillen zum Abnehmen schlucken. Der Medikus schickt ihn, da die Pillen nicht helfen, aufs Land zur Kur. Dort soll der Pascha einem Bauern eine entlaufene Ziege einfangen. Bei der Verfolgungsjagd erhält seine Figur immer normalere Konturen.

Zeitgemäße (DDR)-Botschaften wollte Böttge vermitteln. Wenn das auch manchmal sehr vordergründig geschah wie in seinem Kinderfilm „Haltet beides zusammen“ (1969) – Hammer und Sichel erschienen als Symbole für ewiges Glück –, schuf er doch mit seinen Bildmotiven Stimmungen, die Tore zu einem Wunderland zu öffnen vermochten.

Ebenso wie Lotte Reiniger und Carl Koch, der von Beruf Pädagoge war, stets das Gute siegen ließen, schuf der Märchenträumer Bruno J. Böttge Gleichnisse für das Leben. „Die Geschenke des Graumännchens“ (1957) – Brot und Salz gehören zusammen, so die Aussage – und „Die Zauberschere“ (1956) waren solche Sinnbilder. Die Zauberschere, ein Medium der Auflehnung, wurde zugleich zu einer Parabel auf das eigene Metier.

1957 besuchte Prof. Josef Skupa, der „Vater“ von Spejbl und Hurvinek, das DEFA-Trickfilmstudio und natürlich auch Bruno J. Böttge in seinem Atelier. Er war begeistert von den Dresdner Silhouettenfilmen und meinte: „ Zeichen- und Trickfilme machen alle. Wir auch. Aber diese Silhouettenfilme, das ist etwas typisch Deutsches. Das könnt nur ihr machen. Das müsst ihr machen!“

Und das geschah im DEFA-Studio für Trickfilme dann auch. Manfred Henke führte die Arbeit im Sinne Bruno J. Böttges weiter und für den Versuch, den Silhouettenfilm durch neue Gestaltungsmittel zu bereichern und weiterzuführen, steht der Name Horst J. Tappert. „Die Bürger von Schilda und der Maushund“ (1984) oder „Die Gänsemagd“ (1986) waren Sagen und Märchen, die in sich ihre Widersprüche haben und damit auch das reale Leben widerspiegeln. „Die Gänsemagd“ war ein Versuch, den Bildeindruck durch eine Bildsprache (Jugendstilassoziationen) zur Wirkung zu bringen.

Als das Dresdner Silhouettenstudio 1992 aufgelöst wurde, war es das einzige in der Welt, das noch diese schwarz-weiße Wunderwelt produzierte. Der letzte Film, den das ZDF 1990 bestellt hatte, war sinnigerweise das Märchen „Hans im Glück“. Nach und nach war alles verloren gegangen …

Heute entstehen Animationsfilme per Computeranimation und ob es zu einer Renaissance des Silhouettenfilms kommen wird, ist fraglich. Eine Hoffnung gab Bruno J. Böttge selbst, als er eine antike Sage – als Symbol der Ewigkeit – an den Anfang der Traditionslinie setzte. „Die Tochter Dibutates, am Hals des sie verlassenden Geliebten weinend, erblickt über dessen Schulter hinweg plötzlich sein Schattenprofil, von der Sonne an die Mauer geworfen. Sie umreißt es mit einem Stift, um wenigstens das Bild von ihm zu behalten.“

Puppentheater aus Spaß an der Freude

Amateurpuppentheater in Dresden

Im 19. Jahrhundert und bis zum Ende des Dritten Reiches war das Amateurschaffen geprägt durch das Puppenspiel in der Familie und der Schule. An anderer Stelle wurde ausführlich berichtet, welche große Beliebtheit die Theateraufführungen auf den kleinen Heimbühnen, den Papiertheatern hatten, die im Wohnzimmer just an der Stelle aufgebaut wurden, wo heute der Fernseher steht.

In den Schulen dominierte das Laienspiel, das persönliche Spiel. Aber es gab auch Klassen, die sich, zum Beispiel angeregt durch die Erlebnisse auf ihren Fahrten zum Hohnsteiner Kasper, mit dem Handpuppenspiel beschäftigten. Doch in Dresden und in der ostsächsischen Region war das Schulpuppentheater nie so stark ausgeprägt wie zum Beispiel wenige Kilometer weiter östlich im tschechischen Nachbarland. Dort ging die Amateurbewegung aus der Bewegung zur Wiedergeburt der tschechischen Kultur ausgangs des 19. Jahrhunderts hervor und trug wichtige nationalpolitische Züge. Es war das Amateurschaffen, das dem professionellen Puppentheater wesentliche Impulse gab. Amateurgruppen in Tschechien haben nicht selten eine Vereinsgeschichte von mehr als 60 oder sogar 80 Jahren. Ganz anders bei uns, wo sich das Amateurpuppenspiel eigentlich erst in der DDR herausbildete und diese Amateure daher immer etwas neidvoll auf die Erfahrungen tschechischer Bühnen blickten.

In der DDR wurde das Amateurschaffen oder, wie es bezeichnet wurde, das „künstlerische Volksschaffen" staatlich gefördert. Es war in der Regel in volkseigenen Betrieben, in Schulen und Hochschulen angesiedelt. Für das Dresdner Amateurpuppenspiel trifft diese allgemeine Regel nicht zu. Hier waren die meisten Bühnen ohne einen betrieblichen Träger organisiert, d.h. sie bestanden auf völlig privater Basis. Alle Bemühungen in den Siebzigerjahren, diese Bühnen zu reglementieren, schlugen fehl. Später wurde diese Besonderheit als für Dresden charakteristisch anerkannt.

Mit der Vereinigung der beiden deutschen Staaten ist auch ein 40-jähriges Kapitel Dresdner Amateurpuppenspiels so gut wie abgeschlossen, denn nur ein einziges Amateurpuppentheater existiert noch in Dresden. Von ihm wird noch die Rede sein.

Mit einem Abstand von 15 Jahren kann man diese Zeit wie folgt einschätzen: Das Amateurpuppentheater bewahrte das sächsische Puppenspielerbe. Einmal hatten viele der künstlerischen Leiter ihre ersten Eindrücke vom Puppenspiel durch das traditionelle sächsische Wandermarionettentheater oder durch die Dresdner Handpuppenbühnen erhalten. Anna-Luise Richter – ihr ist noch ein besonderer Mosaikstein gewidmet – saß als Kind in den Vorstellungen des Dresdner Heimatschutzkaspers Oswald Hempel. So auch Marianne Krause, die später eine Schularbeitsgemeinschaft leitete. Max Kühne von der Bühne „die puppen" wurde in unmittelbarer Umgebung des Zoo-Kaspers Egon Gäble groß. Frank Gunkel schaute als Jugendlicher Carl Schröder über die Schulter und Rolf Wächtler vom Marionetten-Varieté „Girol" lernte von Karl Gierhold, einem der Wandermarionettenspieler. Der Autor des Beitrages selbst hat Eugen Singldinger mit seinem Marionetten-Varieté auf der Dresdner Vogelwiese und den Zoo-Kasper noch lebhaft in Erinnerung. Er wurde aber auch durch die Arbeit von Anna-Luise Richter an das Puppenspiel herangeführt. Wen wundert es, dass die Spielweisen dieser Vorbilder in die eigene Arbeit einflossen und sich ein freundliches, aber auch kritisches Verständnis zum Erbe herausbildete?

Anders als in den restlichen Bezirken der DDR wurde daher in Dresden dem Kasperspiel ein breiter Raum gewidmet. Es sind in erster Linie die Familienbühnen zu nennen, die ihr eigenes Spiel entwickelten. Werner und Elfriede Brade setzen sich in den Fünfziger- und Sechzigerjahren für ein zeitgemäßes Puppenspiel ein. Sie erhielten

1961 sogar die Lizenz als Berufspuppenspieler, was damals einer kleinen Sensation gleichkam. Max Kühne wandte sich dem Kasper zu, spielt ihn verhalten, aber nicht humorlos. Sein Kasper ist am rechten Ort zur rechten Zeit und weiß die Handlung voranzutreiben. Anders der Kasper von Werner Kläßig. Er steht in der Tradition eines Egon Gäbles und Karl Irmschers: liebenswert, pädagogisch-belehrend und suggestiv in der Fragestellung. Oftmals konnte er die aus dem Häuschen geratenen kleinen Zuschauer kaum bändigen. Aber auch die Puppenbühnen des VEB Pentacon (mit einer eigenen festen Spielstätte im Klubhaus des Betriebes), die „Kleine Arche" (eine Puppenspielgruppe der evangelischen Kirche), die Arbeitsgemeinschaft Puppenspiel der 44. POS und des Pionierpalastes Dresden versuchten sich im Spiel mit der lustigen Figur. Der Bindung an die Tradition vermochten sich nur wenige Bühnen zu entziehen. Es dominierten daher die reinen Puppenspielformen in der Guckkastenbühne oder über dem Paravent. Eine offene Spielweise, das heißt mit sichtbarem Spieler oder Mensch mit Puppe zu kombinieren, wie das anderenorts experimentell erprobt oder auch künstlerisch erarbeitet wurde, blieb in Dresden selten. Lediglich das „Rahmen-Theater" unter Leitung von Bernd Meyer-Rähnitz inszenierte 1984 ein originelles, auf Schauspiel im Stile der Tanzmeister-Schule, auf Pantomime und Objekttheater setzendes „Karl-Valentin-Programm". Die Regel war, dass die Bühnen sich am Bewährten orientierten und so auch den konventionellen Publikumsinteressen entsprachen.

Die Dresdner Bühnen spielten vorrangig für ein Kinder- und Familienpublikum. Wohngebietsfeste, Urlauberbetreuung im nahen Osterzgebirge und Kinderweihnachtsfeiern der Dresdner Betriebe waren meist die Auftrittsgelegenheiten am Wochenende. Das Spiel für Erwachsene blieb die Ausnahme. Aber es war Wunsch und Absicht einer jeden Bühne, auch eine Abendvorstellung zu erarbeiten. So inszenierten „die puppen" den „Krämerskorb" und „Der kluge Bauer", beide nach Hans Sachs. Gerd Kempe spielte Anfang der Achtzigerjahre ungestüm und unbelastet als Neuling in der Szene „Schimpanse, der Darwin-Affe" nach Motiven von Pocci. 1988 kam es unter der Leitung des Berufspuppenspielers Grischa Kästner-Kubsch zur Aufführung von „Der fröhliche Totengräber" von Jiři Mahon im „Sonnenhäusel" des Großen Gartens. Diese Inszenierung war bemerkenswert, weil Puppenspieler aus drei verschiedenen Bühnen und die Folk-Gruppe „Die Siebeneichener" zusammenarbeiteten. Die Inszenierung wurde unkonventionell mit offen geführten Ganzkörperfiguren gespielt. Die eigentliche Handlung war in eine Rahmenhandlung eingebettet, die eine gastronomische Betreuung des Publikums verlangte. Die Handlung entwickelte sich aus einer Wirtshaus-Atmosphäre heraus. Gerade letzteres war nicht in Einklang zu bringen mit den konventionellen Auffassungen des Volkseigenen Veranstaltungsbetriebes als Träger dieses Projektes. Das Ergebnis war, dass der „Totengräber" nach einigen wenigen Vorstellungen selbst begraben werden musste! Das Projekt scheiterte nicht an den ideologischen Dogmen staatlicher Kulturpolitik, sondern an den starren organisatorischen Schemen eines staatlichen Trägers.

Die Dresdner Amateurbühnen wurden, wie damals üblich, von den Kabinetten für Kulturarbeit auf Stadtbezirks-, Stadt- und Bezirksebene angeleitet. Die Bezirksarbeitsge-

Szene aus „Die Gaukler kommen" der Jugend & KunstSchule Schloss Albrechtsberg Dresden, 1992.

meinschaft veranstaltete jährlich ein verlängertes Wochenende in ihrem Schulungsobjekt Schloss Rammenau. Es standen künstlerisch-praktische Fragen im Mittelpunkt der Zusammenkunft. Einzelne Bühnen stellten Vorhaben im Probenstadium vor, Berufskünstler leiteten die Seminare der Theorie- und Praxisarbeit in Sachen Regie, Dramaturgie und Ausstattung. Partner der Amateure waren Mitarbeiter des Staatlichen Puppentheaters Dresden, der Puppentheatersammlung und des DEFA-Trickfilmstudios. Diese Zusammenkünfte wurden, so schätzen heute viele der Teilnehmer ein, gern angenommen, denn zwischen den Bühnen herrschte eine kameradschaftliche und hilfsbereite Atmosphäre und die Weiterbildungsthemen entsprachen ihren eigenen Vorschlägen; kulturpolitische Seminare spielten in diesem Genre kaum eine Rolle. Die Atmosphäre wurde nur getrübt, wenn es um die Einstufungen der einzelnen Gruppen ging. Dann gab es schon heftige Auseinandersetzungen und Widersprüche zu den Auffassungen der Beratergruppe. Das waren jene Momente, wo politisch-ideologische Interessen deutlich gemacht wurden, die sonst im Alltag des Dresdner Amateurspiels kaum eine Rolle spielten. Es erfolgte eine Einstufung mittels der Prädikate „Grundstufe", „Mittelstufe" und „Oberstufe". Finanziell drückte sich das so aus, dass je Mitglied der Bühne und je Vorstellung 4 Mark in der Grundstufe erhoben werden konnten, in der Mittelstufe 6 Mark und in der Oberstufe 10 Mark. Solisten konnten sich in einer Spanne von 15 bis 40 Mark pro Auftritt bewegen. Dieses Einstufungssystem wurde damals wegen des bürokratischen Verfahrens und des geringen finanziellen Anreizes heftig kritisiert. All diese Diskussionen führten zu nichts. Sie scheiterten an der Hierarchie zentralistischer Kulturpolitik.

Ende der Achtzigerjahre existierten in Dresden zwölf Amateurpuppentheater, zuzüglich einer nicht erfassten Zahl von Arbeitsgemeinschaften im Bereich der Volksbildung.

Von diesen arbeiten heute nur noch wenige. Einige gaben ihre Passion aufgrund der beruflichen Anforderungen oder eines Wohnortswechsels auf, andere wechselten in die freie Szene bzw. nutzten ihr Spiel zu nebenberuflichen Erwerbszwecken. Das reine Amateurspiel wird heute noch im Rahmen der Jugend & KunstSchule Schloss Albrechtsberg Dresden gepflegt. Elke Weber-Meinka gelingt es, Kinder ab der dritten Klasse so für das Puppenspiel zu begeistern, dass viele von ihnen erst die Bühne verlassen, wenn sie sich auf das Abitur vorbereiten müssen. Diese „Abschiedsvorstellungen", wie zum Beispiel jene des „Kleinen Prinzen" von Saint Exupéry im März 1996, zählen zu den Höhepunkten in der prallen Chronik dieser aus der Arbeitsgemeinschaft Puppenspiel des Pionierpalastes hervorgegangenen Bühne. Dem Ensemble der Jugendkunstschule dürften durch seine kontinuierliche Arbeit in allen Bereichen des Puppenspiels, von der Handpuppe, über die Marionette bis zum Schattenspiel, die größten Reverenzen zukommen, denn die Zahl jener Kinder, die lernte, miteinander im Team zu arbeiten, ist mit Sicherheit größer als in allen anderen Dresdner Amateurpuppentheatern.

Kaspertheater trotz Hitze oder Eis …

Kläßigs Kasperspiele

Kaspertheater trotz Hitze oder Eis – so groß ist die Spannweite der Erlebnisse von Annelies und Werner Kläßig, wenn sie lebhaft von ihren Auftritten als „Striezelmarkt-" und als „Sonnenhäusel-Kasper" erzählen.

Die Kläßigs gründeten ihre Bühne im März 1954. Werner Kläßig war damals als Elektriker tätig und seine Frau als Montiererin. Sie betrieben fortan ihr Spiel als Amateure. Ihre Freizeit verbrachten sie mit dem Puppenspiel und entwickelten auch eine Familienatmosphäre, in der ihre beiden Kinder geborgen und harmonisch aufwuchsen. Sohn Matthias nahm den „Kulturimpuls" des Elternhauses auf. Er wurde Lehrer für Gesellschaftstanz und betreibt heute eine eigene Tanzschule.

Die „Traditionellen Kasperspiele Werner Kläßig" gastierten vor allem im Rahmen der FDGB-Ferienbetreuung im Osterzgebirge, in verschiedenen Dresdner Jugendklubs, in Kindergärten und zu Volksfesten. Weihnachten war auch für sie, wie eigentlich für alle Puppenspieler, der Höhepunkt des Jahres. Dann nämlich kamen die Angebote zur Gestaltung von Kinderweihnachtsfeiern in den Betrieben. Immer wieder wünschten sich die Betriebsgewerkschaftsleitungen die Weihnachtsstücke „Der Wunschzettel", „Der verschwundene Weihnachtsstollen", „Kasper kauft einen Tannenbaum" oder „Das Weihnachtspaket". Das war bis 1989 so. Nach der Wende galt es, sich der Konkurrenz zu erwehren, und Zeit und Geld für eine betriebliche Kinderbetreuung blieb den noch bestehenden Betrieben nicht. Wenn das eine auch wegbrach, der Striezelmarkt erstrahlte in festlicherem Glanz, und so blieb auch das Märchenschloss mit dem großen Adventskalender und der Handpuppenbühne auf dem Dresdner Altmarkt bestehen. Das „Traditionelle Kaspertheater Kläßig" führte dort seine Stücke,

Der Striezelmarkt-Kasper mit der großen Schar seines Publikums, 1982.

je nach Wetter, in gekürzter Form auf. Denn wer wollte sich schon gern kalte Füße holen? Auch wenn sie ihre Stücke einstrichen, oft standen Werner und Annelies Kläßig auf den vereisten Holzbohlen der Guckkastenbühne. Trotzdem fragten sich die Zuschauer genau dann: Steht der Kasper auf glühenden Kohlen? Weshalb dampft es so über der Spielleiste? Der Dampf erklärte sich niemals mit Hitze, sondern mit Kälte. Es war die Atemluft der Spieler, die über die Spielleiste stieg. 1997 gastierten die Kläßigs zum 20. und letzten Male auf dem Striezelmarkt. Sie verkürzten vielen Kindern und Erwachsenen das allnachmittägliche Warten auf den Weihnachtsmann und sein Öffnen des Adventkalender-Fensters. Heute wird das Puppenspiel auf dem Dresdner Striezelmarkt unter anderem fortgesetzt von den Puppenbühnen „Glöckchen", dem „Lausitzer Puppentheater" und den „fundus-MARIONETTEN-dresden".

Das lustige „Tritratralala" des Kaspers von Werner Kläßig erklang auch 20 Jahre lang im „Sonnenhäusel" des Großen Gartens. Kläßigs Bühne zog, wie jene von Heumann und Nagler in den 1950er-Jahren, hunderte Kinder in ihren Bann. Wenn Kasper seine Abenteuer mit dem Wassermann erlebte, wenn „Großmuttel" Geburtstag feierte oder der Goldschatz des Königs gesucht wurde, dann gab es für viele Kindergärtnerinnen kein Halt mehr. Sie fuhren gern bei schönem, sonnigen Wetter mit ihren Schützlingen in das schattige Sonnenhäusel-Areal. Die Kläßigs konnten die Rekord-Zuschauer-Vorstellung in der fast 50-jährigen Sonnenhäusel-Geschichte für sich verbuchen: 504 zahlende Gäste bei einem Kasperspiel im ganz traditionellen Guckkasten!

Die Koffer werden jedem Puppenspieler im Alter schwerer. Umso wichtiger ist es für ihn, eine leichte Spielvariante zu finden. Das gelang Werner Kläßig mit seinem

„Zauberspaß mit Puppen". In offener Spielweise, nur noch mit Paravent, zaubert sein Kasper mit ihm und umgekehrt er mit seinem Zögling. Natürlich wurden die Kinder in das Geschehen kräftig einbezogen. Es gesellte sich sinnfällig die eine Kleinkunst zu der anderen. Und so trat Werner Kläßig noch bis über seinen 70. Geburtstag hinaus auf, bevor er sich endgültig zur Ruhe setzte.

„Frohsinn und Lachen brauchen sie mehr als andere"

Anna-Luise Richters therapeutisches Puppenspiel

„Frohsinn und Lachen brauchen sie mehr als andere." – Die Rede ist von erkrankten, schwer erkrankten Kindern, die in der Medizinischen Akademie „Carl Gustav Carus" in Dresden Aufnahme fanden. Die diesen Satz prägte und ein Leben lang ihre ganze Kraft für die Genesung der Jüngsten einsetzte, ist Anna-Luise Richter.

Von Haus aus ist sie Kindergärtnerin und Hortnerin. Zu Beginn der 1950er-Jahre wechselte sie in die Sonderschuleinrichtung der Medizinischen Akademie. Neben ihrer pädagogischen Tätigkeit pflegte sie vor allem das Puppenspiel, dem sie in dieser Einrichtung eine besondere Bedeutung zumaß. Mit den Mitteln des Puppenspiels sollten körperbehinderte Kinder schneller zueinander finden, Freudiges erleben, sich angeregt fühlen zum Erzählen und Unterhalten.

1957 wurde das Puppenspiel lehrplanvertiefend auf der Station K 9 in den Unterricht und die Freizeitgestaltung eingeführt. Und tatsächlich konnte dank der Puppe gar manche Scheu überwunden und Vertrauen gewonnen werden. Gleichzeitig setzte Anna-Luise Richter das Puppenspiel auf der Infektionsstation ein, um den Kindern, die sich voneinander isoliert aufhalten mussten, Partner zu geben.

Ihre ersten eigenen Aufführungen – „Frau Holle" und „Der Froschkönig" – spielte sie mit einfachen, selbst gebauten Marionetten. Im Laufe der Zeit wurden Figuren, Bühne und Spielweise vervollkommnet. Gemeinsam mit ihrem Lehrerkollegen Karlheinz Owe spielte sie Märchen am Krankenbett. Der Erfolg war so groß, dass bald auch im Alltag des Heilungsprozesses mit den Mitteln des Puppenspiels gearbeitet wurde. Im gleichen Jahr nahm Anna-Luise Richter am Treffpunkt der Puppenspieler im Amt für Denkmalpflege Dresden teil und war dabei, als die Stadtarbeitsgemeinschaft Laienpuppenspiel gegründet wurde. Des Weiteren konsultierte sie erfahrene Puppenspieler und fand auch den Weg zu Otto Link, dem damaligen Leiter der Puppentheatersammlung.

Anna-Luise Richter lernte die verschiedensten Spieltechniken kennen und untersuchte sie hinsichtlich ihrer Eignung für das Spiel am und im Krankenbett. Dies durften nicht die großen Theateraufführungen sein. Es mussten kleine, schnell herstellbare, damit schnell spielbare und leichte, Erfolg versprechende Spielarten gefunden werden. 1961 reiste sie zum X. Amateurpuppentheaterfestival ins tschechische „Puppenspiel-Mekka" nach Chrudim. Dort sah sie Handschuhpuppen. Die einfache

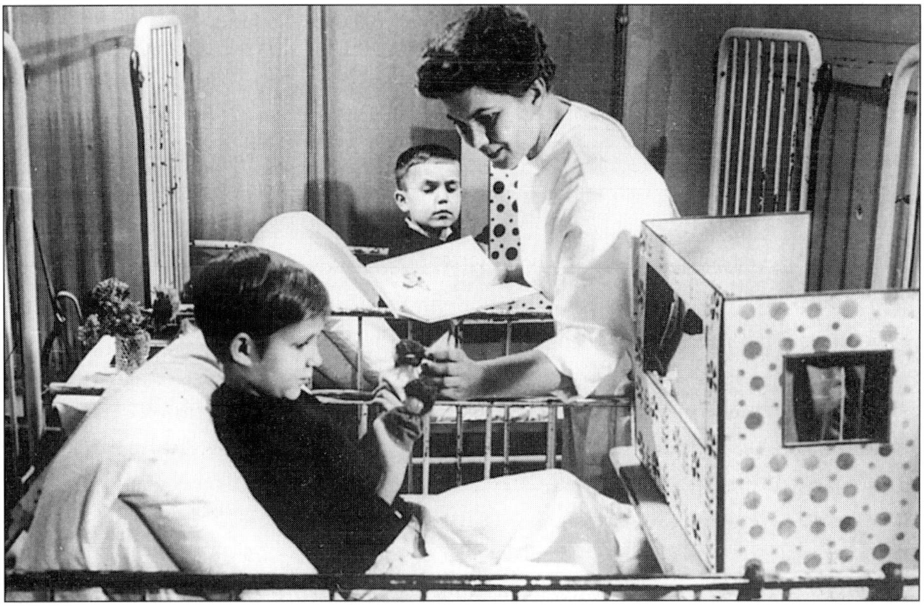

Anna-Luise Richter bei der Beschäftigung kranker Kinder auf der Infektionsstation der Medizinischen Akademie „Carl Gustav Carus". Die Aufnahme entstand 1958.

Herstellung und die grotesken Spielwirkungen begeisterten sie. Zurückgekehrt an ihre Arbeitsstätte, wurde sofort probiert. Mit solchen aus Handschuhen gestalteten Figuren wurde das Lesestück „Jimmy und Fred" in einer Beschäftigungsstunde erarbeitet. Der Spaß war für die Kinder groß. Dennoch, Luise Richter war aufmerksam genug zu erkennen, dass es die Kleinen sehr anstrengte, im Bett zu liegen und mit ausgestreckten Armen zu spielen. Also musste eine noch einfachere, leichtere, aber genauso lustige Lösung gefunden werden. Und sie fand diese in Form der Fingerpuppe. In einen Tischtennisball oder Gummiball gleicher Größe wurde ein Loch geschnitten, etwas größer als der Durchmesser des Zeigefingers der kleinen Spieler, denn im Kopf sollte ja noch das Filz- oder Stoffstück Platz finden, das die Bekleidung der Puppe darstellte. Der Ball wurde mit Woll- oder Filzhaaren versehen, das passende Gesicht aufgemalt und schon konnte das Spiel beginnen. Aber Anna-Luise Richter wollte den Kindern auch im Krankenbett einen Hauch von Theaterspiel vermitteln. Also gehörte ein kleiner einfacher Bühnenbau, der auf dem Bett-Tisch Platz fand, noch dazu. Viele Lesebuch-Geschichten wurden auf diese Art mit großer Freude nachgespielt.

Anna-Luise Richters therapeutische Arbeit mit den Mitteln des Puppenspieles wurde bekannt. Das Bochumer Puppenspieltreffen 1965 empfahl ihre Erfahrungen auch an andere Kliniken. 1969 hielt sie einen viel beachteten Fachvortrag in Chrudim zum Thema „Frohsinn und Lachen der kindlichen Zuschauer bei Puppenspielveranstaltungen".

Frohsinn und Lachen kam in der Folgezeit eine noch größere Bedeutung zu, denn Anna-Luise Richter begann auf der Station K II zu arbeiten, jener Station, auf der krebskranke Kinder behandelt wurden. Mit den Spielen von „Rapunzel", „Mischka, der Bär", „Leckermäulchen", „Das goldene Herz" und weiteren Erzählungen aus Finnland, Bulgarien, Frankreich und der Sowjetunion zielte sie auf eine moralische Stärkung der schwerkranken Kinder. Mit dieser Vielfalt der Märchen, ihrer unterschiedlichsten Herkunft, versuchte sie den auf sich bezogenen Blickwinkel der Kinder zu erweitern, ihnen zu erzählen vom Leben der Kinder anderenorts, von deren Problemen und Stärken. Anna-Luise Richter hat mit ihrem Puppenspiel vielen Kindern in ihren schwersten Stunden und auch in ihren letzten Stunden Freude gebracht. Noch heute erinnern sich längst erwachsene Kinder, die ihrer Krankheit trotzten, der Fürsorge ihrer damaligen Erzieherin Frau Richter.

Aber Anna-Luise Richter hielt auch den Kontakt zu anderen Amateurpuppenspielern. Durch ihre freundliche, offene Art, ihr klares überlegtes Urteilsvermögen und ihre Hilfsbereitschaft war sie ein gern gesehenes Mitglied der „Familie" der Dresdner Amateurpuppenspieler. Sie war nicht nur Mitglied dieser Gemeinschaft, sondern eigentlich die „Mutter" des Ganzen, denn durch ihren überzeugenden Optimismus – sie kannte durch ihre klinische Arbeit eben auch die Schattenseiten des Lebens sehr genau –, führte sie die Amateurgruppen immer wieder zusammen, fand die rechten Worte, um als Vorsitzende der Bezirksarbeitsgemeinschaft im Bezirkskabinett für Kulturarbeit die Interessen der Spieler zu vertreten.

Heute lebt sie in einem Dresdner Seniorenheim, immer noch rüstig und wirbelnd und so den anderen HeimbewohnerInnen Mut machend, ihr Leben noch zu genießen. Doch zwischen ihrem Eintritt ins Seniorenalter und heute liegen über 20 Jahre. Davon arbeitete sie noch rund acht Jahre in der Puppentheatersammlung Dresden als „gute Fee der Ordnung" im Archiv dieses Museums. Mit Akribie und Fleiß bearbeitete sie vor allem den umfangreichen Bestand der Theaterbilderbögen, der Schaustellerzettel, der Vielzahl von Ankündigungen der Wandermarionettentheater und der Plakat- und Fotosammlung. So beendete sie ihre Berufstätigkeit unmittelbar im Bereich Puppenspiel und schuf nochmals Bleibendes. Das Wirken Anna-Luise Richters stand nie im Mittelpunkt von Festivals oder von Premierentrubel. Es lag abseits der professionellen Kunstentwicklung und hatte dennoch die gleichen Ziele und Erfolge, nämlich jene, die Oswald Hempel einst auf einen Nenner brachte: „Man muss die Menschen froh machen." Seine Botschaft hatte Anna-Luise Richter in ihrer Kindheit erreicht.

Mit neun Jahren Theaterdirektor

Die Puppenbühne Hans-Joachim und Ruth Hellwig

„Mit neun Jahren Theaterdirektor!" – Dies merkt Hans-Joachim Hellwig gern schmunzelnd an, wenn er auf sein Leben als Rezitator, Puppenspieler und Theaterleiter zurückblickt. Es war 1944, der „totale Krieg" war ausgerufen. Sämtliche Theater und Kultureinrichtungen hatten geschlossen. Eine Sehnsucht nach Harmonie und Ruhe zog in vielen Familien ein, Kinder fanden sich zusammen und spielten „Hoftheater". Einige nahmen auch ihre Kasperpuppen und traten vor ihresgleichen auf, so auch Hans-Joachim Hellwig in Großmutters Wohnstube auf der Paulstraße in der Dresdner Neustadt. Jeden Sonntag gab er eine Vorstellung und immer war es ein anderes Stück, selbst erdacht oder nach dem Märchenbuch verfasst. 10 bis 15 Zuschauer drängelten sich in das extra für dieses Ereignis ausgeräumte Zimmer. Die Großmutter, von Beruf Schneiderin, förderte das Interesse ihres Enkels. Sie nähte die Kleidung für seine ersten Marionetten und machte ihm auch klar, dass das Schneiderhandwerk durchaus auch einem Puppenspieler nützlich kann. Hans-Joachim erlernte es nach der Schulzeit. Aber er blickte immer zu den Schauspielern des Dresdner Staatsschauspiels auf. Mit 14 nahm er Schauspiel- und Sprachunterricht, unter anderem bei Helene Jedermann und Marga Zingler. Das Geld dafür verdiente er sich als Karussellkassierer auf dem Alaunplatz. Hellwig spielte 1947 mit seinen ehemaligen Mitschülern aktuelles Theater für Kinder, schrieb die Stücke selbst. Die Aufführungen fanden im Freien statt, um die etwas Jüngeren vom gefährlichen Spiel auf den nahe gelegenen Exerzier- und Munitionsplätzen abzuhalten.

Der junge Hellwig wollte zu Erich Ponto in die Lehre. Doch Ponto verließ zu dieser Zeit das Dresdner Staatsschauspiel, und so trat Hellwig in das Stanislawski-Studio ein. Parallel dazu war er Komparse in der Staatsoperette. Er lernte vor allem Rezitieren, also einen gepflegten Umgang mit dem Wort. Dem Puppenspiel blieb er treu. Er saß bei Heinrich Apel d. J. in den Vorstellungen und beschäftigte sich mit dem Hohnsteiner Spielstil. Er lernte Egon Gäble, den Zoo-Kasper kennen, der den jungen Enthusiasten genau so schätzen lernte wie den damals gerade ins Amt eingeführte Zoo-Direktor Wolfgang Ullrich. Zu dieser Zeit, um 1950, suchte Woldemar Jurisch für seine Bühne einen Sprecher, denn ihm war aufgrund seiner schlechten sprachlichen Leistungen die Lizenz verweigert worden. Hans-Joachim Hellwig spielte mit ihm zusammen und das Theater war gerettet. Beide gastierten oft bei der Wismut oder in Kur- und Kinderheimen. 1952/53 entdeckte Heinz Holzapfel, der Leiter des gerade gegründeten Puppentheaters Zwickau, Hellwig. Hellwig blieb aber nicht lange in Zwickau. Er kam als Puppenspieler und Schneider zurück nach Dresden an das Theater Junge Generation. Hier animierte er die Tierfiguren in den Schauspielen „Rotkäppchen" und „Die feuerrote Blume" von Jewgeni Schwarz. Für „Timur und sein Trupp" bewährte er sich als Uniformschneider.

1953 lernte er Ruth Schönstein, seine spätere Frau und Spielpartnerin, kennen, die ganz wesentlich das „Hellwig-Handpuppenspiel" mitprägte. Doch dem erfolgreichen Aufbau einer eigenen Puppenbühne stand die restriktive DDR-Kulturpolitik der 1950er-Jahre entgegen. Sowohl 1955/56 als auch 1958 erhielt er keine Lizenz, als er sich mit „Kalif Storch" der Jury des Bezirkes vorstellte. Die Hellwigs wichen nach Mecklenburg aus. Dort konnten sie für die Konzert- und Gastspieldirektion der DDR spielen. Erst 1962 bekam Hans-Joachim Hellwig eine Auftrittserlaubnis als Puppenspieler. Nun baute er sich ein Repertoire auf und nutzte die Möglichkeiten, vermittelt von der KGD, in Klub- und Kulturhäusern aufzutreten. Aber viele Vorstellungen organisierte er auch selbst. Dazu gehörten Aufführungen in Kinder- und Ferienheimen sowie Schulen.

Stets war er daran interessiert, seine Theaterkenntnisse zu qualifizieren. Bis 1968 war es vor allem der Tscheche Dr. Erik Kolár, der regelmäßig in der DDR auftrat und Kurse sowie Lehrveranstaltungen vor allem in Dramaturgie und Regie für Puppenspieler hielt. Es gehörte zum guten Ton, ein „Kolár-Schüler" gewesen zu sein. Auch Ruth und Hans-Joachim Hellwig waren solche. Leider konnte Kolár, aufgrund seines Engagements im Prager Frühling, seine Lehrtätigkeit in der DDR nicht fortsetzen.

1969, das Dresdner Puppentheater Hans-Joachim und Ruth Hellwig war inzwischen eine Institution geworden, nahm der Prinzipal eine neue Herausforderung an: Er wurde Leiter des Staatlichen Puppentheaters Dresden. In seiner Amtszeit bis 1974 wurden die etablierten Spielplanlinien kontinuierlich fortgesetzt. Mit Peter Beckert und Brigitte Tanneberger hatte er zwei hervorragende Puppenspieler. Die jungen Absolventen der Prager Akademie für musische Künste (DAMU) Konstanza Kavraková-Lorenz, Hartmut Lorenz und Carmen Paulenz brachten neue Impulse ein, auch die Zusammenarbeit mit dem bekannten polnischen Regisseur und Theaterleiter Jerczy Zitzmann wirkte sich positiv auf die künstlerische Entwicklung des Theaters aus. Hellwig verwirklichte einen Spielplan, der sich konsequent am Publikum orientierte. „Nikita, der Fellgerber", „Der kleine Löwe" und „Drei kleine Schweinchen" gehörten über mehrere Spielzeiten zu den Lieblingsinszenierungen der Dresdner Kinder.

Büro- und Verwaltungsarbeit, kurz Administration, war doch nicht das, was ihn glücklich machte. Er trat zurück und betrieb wieder praktische Puppenspielarbeit. „Der Spielzeugkönig" und „Der Verkehrsteufel" in der Ausstattung von Christine Werrmann sollten zu Markenzeichen seiner Bühne werden. Fernsehaufzeichnungen machten diese Inszenierungen DDR-weit bekannt.

Ende der Siebzigerjahre kam es zu einer Annäherung an Carl Schröder. Der Altmeister, der in seiner aktiven Spielzeit gern in jedem Handpuppenspieler einen Konkurrenten sah, begann jetzt für Hans-Joachim Hellwig zu arbeiten. Es entstanden „Aladin und die Wunderlampe", „Der Goldschatz in der Mühle", „Kasper und der Weihnachtsmann" sowie das Spiel vom Räuber Karasek.

Wo die Hellwigs gastieren, sind sie gern gesehene Gäste, denn es ist bekannt, dass sie über handwerkliches Geschick und über eine Ausstattung verfügen, die – gemäß ihrem Credo – einen „Aha-Effekt" auslöst, wenn sich der Vorhang öffnet. Und immer wieder war es Ruth Hellwig, die mit ihrer variablen Stimme den unterschiedlichsten Figuren Charakter verlieh. Genannt seien nur aus dem „Tapferen Schneiderlein" der Schneider und die Prinzessin oder die Gestaltung von Mephisto, Wagner, Charon und die Herzogin im „Dr. Faust". Dieses Spiel war die letzte große Inszenierung der Hellwigs. 1999 hatte sie in der Regie von Carmen Paulenz und der Ausstattung von Michaela Stahl und Siegrun Garre Premiere. Den Text schrieb Richter de Vroe.

So große Erfolge die Hellwigs auch beim Publikum hatten, Ehrungen auf den DDR-Festivals blieben ihnen versagt, denn sie spielten in einer Zeit, als die ersten Absolventen der Schauspielschule „Ernst Busch" Berlin die Szene stürmten, als mit ihnen neue staat-

Ruth und Hans-Joachim Hellwig, umringt von ihrem begeisterten Publikum, um 1995.

liche Puppentheater in Erfurt und Neubrandenburg gegründet wurden. Sie gaben dem Puppentheater der DDR neue Impulse, die wiederum staatliche Anerkennung fanden. Zwar genossen die freischaffenden Puppenspieler mittlerweile mehr Anerkennung, doch die auf ein Jahr begrenzten Lizenzvergaben wurden nicht aufgehoben und die staatlichen Theater erhielten nach wie vor eine großzügigere Unterstützung.

An der soliden und publikumsnahen Arbeit der Hellwigs gab es nichts zu rütteln. Sie traten im Programm des XIV. UNIMA-Kongresses auf und wurden gesehen, unter anderem von Friedrich Arndt, einem der letzten „Hohnsteiner". Er lud dieses Dresdner Puppentheater nach Hamburg ein. Die Abteilung Kultur des Rates des Bezirkes Dresden stimmte der Einladung zu, so fand sie auch Zustimmung „ganz oben". Ruth und Hans-Joachim Hellwig gastierten in den folgenden Jahren noch einige Male in der BRD und in Österreich.

Nach der Wende war es Hans-Joachim Hellwig, der sofort erkannte, dass nur mit einem Verband der sächsischen Puppenspieler ein Wort bei der Neustrukturierung der sächsischen Kulturlandschaft mitgesprochen werden kann. Tatsächlich waren die Puppenspieler die ersten Kleinkünstler, die sich zusammenrauften und davon auch profitierten. Das Land Sachsen förderte ihre Arbeit finanziell und unterstützte das „HandFest", eine Leistungsschau eben des „Bundes sächsischer Marionetten- und Puppenspieler", großzügig. Heute, in Zeiten der knappen Kulturkassen, erhält auch der „Bund" nur knapp bemessene und zweckgebundene Zuwendungen.

Ruth und Hans-Joachim Hellwig halten – er bereits 60 Jahre – immer noch die Puppen in der Hand. Aber sie spielen nur noch auf Zuruf, der eigene Tourneebetrieb ist eingestellt, die Koffer sind leichter geworden, aber nicht in die Ecke gestellt. Hans-Joachim Hellwig werkelt an einem lang gehegten Traum: wieder einmal mit Varieté-Marionetten spielen, wie er sie einst bei Apels sah und mit Jurisch führte!

Sohn Jens trat in die Fußstapfen der Eltern. Er studierte Puppenspiel an der Berliner Schauspielschule „Ernst Busch“, gastierte in verschiedenen Ensembles, war einige Spielzeiten lang Direktor des städtischen Puppentheaters in Dessau, arbeitet heute freiberuflich und lebt in Radebeul.

Das „Tritratrullala“ im Kinderzimmer

Von gewerblichen Puppengestaltern und dem Puppenspiel in der Familie

Bei so viel Puppenspiel allerorten, ob auf dem Jahrmarkt, in der Kasperbude beim Familientanz, in den Ausflugslokalen usw. … da konnte der kindliche Nachahmungstrieb nicht gebremst werden. Und wenn die Szenen des robusten Jahrmarktkaspers im Kinderzimmer nachgespielt wurden, da mussten sie schon etwas aushalten, die „Kasperle-Puppen“! Man stelle sich nur vor, wie der Kasper mit der Pritsche um sich schlug und seine Opfer, die Räuber oder Hexen, auf die Spielleiste „nudelte“. In den seltensten Fällen spielten die Kinder zu Beginn des 20. Jahrhunderts, wie es sich die Pädagogen für das „Jahrhundert des Kindes“ wünschten, eine klar wiedergegebene, in feinste hochdeutsche Worte gesetzte Handlung; Kaspertheater als ein Vorzeigeobjekt für die gute Familie. Eines leisteten die einfachen Handpuppen, die in den Dreißiger- und Vierzigerjahren des vergangenen Jahrhunderts die Kinderzimmer „bevölkerten“ zweifellos: Sie hielten die Liebe zum Kasperle und seinen Freunden lebendig.

Die Handpuppen waren in der Regel kleine Puppen mit einem etwa fünf Zentimeter großen, gedrechselten oder per Hand geschnitzten Holzkopf und mit Kleidern aus billigen Stoffresten. Komplett waren die so genannten „Industrie- Puppen“ erst mit den obligaten gedrechselten und schwarz gestrichenen Holzbeinen. Die Spielwarenhändler verkauften diese Figuren zu den ebenfalls industriell hergestellten Kaspertheatern, zumeist in ganzen Sätzen, bestehend aus Kasper, Seppel, Großmutter, Prinzessin, König, Räuber und Gendarm sowie Tod, Teufel, Hexe und Jude. Ein Krokodil durfte ebenfalls nicht fehlen und ebenso wenig eine Glocke, die das Spiel einläutete. Und nicht zu vergessen, die für den Kasper lebenswichtige Pritsche.

Um zeitgemäße Stücke zu spielen, solche beispielsweise, die der Verlag Arwed Strauch in Leipzig herausgab, gesellten sich auch noch Figuren wie der Schieber und der Richter, Indianer und Chinesen sowie Tünnes und Schäl hinzu. Max und Moritz sowie verschiedene Clowns erweiterten die Szenerie der „Lustigmacher“, denn nicht nur die traditionellen Kasperstücke wurden von den Kindern nachgespielt, sondern auch alles andere aus ihrer Erlebniswelt wie die Kinder- und Abenteuerliteratur oder die Spiele auf der Straße. Erst die Gesamtheit der Erlebnisse gab die Grundlage ihrer Puppenspielthemen ab.

Die Nachfrage regelte das Angebot. All das boten die Spielzeughändler relativ billig an, weil diese Figuren als „Industriepuppen“ ausgewiesen wurden. Doch der Begriff ist ebenso wenig zutreffend wie der Vorwurf, es sei Billigware. Die Herstellung der Puppen geschah in den Dörfern des Thüringer Waldes, vor allem in Crock (bei Eisfeld) und Catterfeld (bei Ohrdruf), als Heimarbeit unter manufakturartigen Bedingungen.

Die Rohlinge wurden auf der Drechselbank maschinell vorgeformt. Ab 1930 half die Kopierfräse nach einer einmal geschaffenen Form, die Holzköpfe immer wieder neu zu reproduzieren. Das war das einzige „Industrielle“ dieser Produktion. Denn alles Weitere, das Nachschnitzen und die weitere Bemalung, blieb Handarbeit. Die Kinder überzogen die Köpfe durch einfaches Eintauchen mit einer Gips-Leim-Schicht, die alle Unebenheiten ausglich und einen sauberen Farbauftrag gestattete. Den Frauen war es vorbehalten, den Puppenköpfen mit spitzem Pinsel ein Gesicht zu geben und, wenn es der Verleger nicht anders auswies, auch die Puppenkleider zu schneidern. Der Verleger bestimmte über Aufträge, Quantität und Termin der Produktion, aber auch über den kargen Stücklohn. So war die „Kasperei“ für die Kinder der „Kasperköpfe-Schnitzer“ durchaus keine Idylle. Nach dem Hauptsitz der Verleger und Unternehmer wurden die Spielfiguren dann auch als Sonneberger oder Ilmenauer Puppen bekannt.

Gelegentlich trifft man auch heute noch den Begriff an, der bis in das 19. Jahrhundert üblich war: „Nürnberger Spielwaren“. Diese kamen jedoch in den seltensten Fällen aus Nürnberg. Vielmehr hatten dort ansässige Händler über Jahrhunderte Thüringer Spielzeug als Nürnberger Ware vertrieben. Zum Ende des 19. Jahrhunderts waren es auch Thüringer Kaufleute, die das Exportgeschäft organisierten. Die Schnitzer von Crock nannten ihre Erzeugnisse „Boleschnell-Köpfe“. Dieser mundartlich verfremdete Ausdruck verweist auf Figuren des französischen „Polichinelle-Theaters“. Und tatsächlich, bei Sammlern befinden sich Puppenköpfe, die in ihrer Typisierung einerseits dieser französischen Form des Puppenspiels und andererseits den Puppenschnitzern aus Crock zugeordnet werden können.

Andere Figuren, beispielsweise zum englischen „Punch & Judy-Spiel“, sind beredter Beleg für ausländische Nachfragen. Nach der Weltausstellung 1897 in Chicago gab es Riesenaufträge von US-amerikanischen Kaufhäusern für die Thüringer Spielzeugindustrie. Die Herstellung der Kasperpuppen musste rationalisiert werden. Jetzt verwendete man für die Augen Abziehbilder und vergröberte die Schnitzerei. Charakteristische Merkmale wurden jedoch beibehalten, sodass man anhand der Form der Ohren oder der Bemalung die genaue Herkunft der Köpfe zu bestimmen vermag.

Gegenwärtig werden diese Heimbetriebe wieder belebt. In Crock beispielsweise setzt Hans Dressler in der 3. Generation die 1896 gegründete Familientradition fort.

Nicht nur die Kasperpuppen als Kinderspielzeug wurden produziert, auch Bühnenfiguren für die Hand der Erwachsenen. Dass sich selbst Berufskünstler der Thüringer Puppen bedienten, ist vielfach belegt. Allerdings veränderten diese Spieler die Figuren in Farbe und Kostüm, um gewissermaßen als Markenzeichen ihren ganz eigenen Kasper auf die Bühne zu bringen. Selbst die allererste Figur des berühmten Puppenspielers Max Jacob war ein „Sonneberger Kasper“.

Handpuppen für das Kinderzimmer; in der Mitte Dresdner „I-Puppen". Die Postkarte entstand 1994.

War es die Masse und die damit verbundene immer schablonenhaftere, somit ausdruckslosere Form, dass die „Industriefigur" ihre Anziehungskraft verlor?

Die Eltern, die aus erzieherischen Gründen familiäres Puppenspiel pflegten, griffen lieber zu den so genannten „Künstlerpuppen", die in kleinen Serien schon 1911 im Angebot waren.

Carlo Böcklin, Sohn des Malers Arno Böcklin, hatte sie 1908 entworfen und bis in die Zwanzigerjahre hinein waren sie, zuerst aus Steinpappe und dann aus Holz gefertigt, im Handel erhältlich. Später wurden in zunehmendem Maße die von Theo Eggink geschnitzten und auf der Bühne Max Jacobs gezeigten „Hohnsteiner" favorisiert.

Daneben gab es noch eine ganze Reihe anderer kunstgewerblicher Produzenten von Kasperfiguren, deren Erzeugnisse sich von den herkömmlichen Industriepuppen ebenfalls durch Individualität und bessere Verarbeitung auszeichneten. Seit 1921 bot beispielsweise Edi Kallista, er wohnte zu jener Zeit in Niederwartha, aus Stoff gefertigte „Künstlerpuppe" an. Beliebt und ihrer Formschönheit wegen begehrt waren auch jene Figuren, die aus den Werkstätten der Waldorf-Gemeinschaften hervorgingen.

Seit 1931 stellte Grete Strippel in Dresden textile Handpuppen her. Die Dresdner Firma Curt Meißner knüpfte 1947 mit ihren „i"- Künstlerpuppen an die Tradition der Stoffpuppen an. Ihre Erzeugnisse sind insbesondere jener Generation in guter Erinnerung, die in den 1950er- und 1960er-Jahren Kind war. Später waren die „Dresdner Künstlerpuppen" ein Exportartikel und kaum noch auf dem DDR-Spielzeugmarkt erhältlich. Heute werden sie wieder in anspruchsvollen Geschenk-Boutiquen angeboten.

Auch die Thüringer Spielwarenhersteller traten in der DDR mit neuen Ideen hervor. Die Sonneberger Firma „Spiel-Dorst“ verlegte seit 1966 eine Reihe von Gestalten des Kinderfernsehens der DDR. Solche Figuren wie „Korbine Früchtchen“ oder „Lodrian, der Feuerteufel“ trugen die pädagogischen Ansichten des Staates direkt in die Kinderzimmer. Der traditionelle Kasper stand nicht mehr allein im Mittelpunkt und das fügte sich trefflich in die kulturpolitische Orientierung jener Jahre ein.

Das 20. Jahrhundert, das „Jahrhundert des Kindes“, ist Geschichte. Ob die Kinder im Mittelpunkt des Jahrhunderts standen, soll hier nicht beantwortet werden. Was jedoch das Puppenspiel betrifft, so war gerade im letzten Jahrhundert ein großer Qualitätssprung zu verzeichnen. Da es überwiegend zu einem Theater für Kinder wurde, kommt seine vielfältige und erfolgreiche Entwicklung natürlich in allererster Linie den Jüngsten zugute. Und betrachtet man die lebendige Puppenspielszene in Dresden, dann sollte es kein Kind in der Stadt gegeben haben, dass im letzten Jahrhundert nicht mehrmals Puppentheater live erlebt hat.

Wer sich heute auf den Weg in ein Spielzeuggeschäft macht, wird Handpuppen im Angebot vermissen oder nur in schlechter Qualität vorfinden. Andere Waren haben die Handpuppen verdrängt und eine Unterhaltung per Fernseher oder Video ist bequemer. Puppengestalter wie Marlies Große (Radebeul) etwa, die seit 1990 Puppen in eigener Werkstatt herstellt, spüren das an ihrem Umsatz. Deshalb arbeitet Große zugleich für die freien Puppenbühnen in den alten und neuen Bundesländern.

Barbie-Puppen, Game-Boy, Computerspiele und eine Menge Kuscheltiere triumphieren heute über den Heimkasper. Aber „tot“ ist der Kasper deshalb noch lange nicht. Er hat nur seine Vorrangstellung in den Kinderzimmern eingebüßt. Sein „Tri-Tra-Trullala“ ist schon noch zu hören.

Dresden – Sieben Tage Welthauptstadt des Puppenspiels

Der XIV. UNIMA-Kongress 1984

1980 kam Dr. Mäser, Direktor der Puppentheatersammlung und Vertreter der DDR in der UNIMA-Exekutive, vom XIII. Kongress der Weltorganisation der Puppenspieler aus Washington zurück, und zwar mit dem Exekutiv-Beschluss, dass der nächste Kongress in der DDR, in Dresden stattfinden solle. Selbstverständlich war das eine Mitteilung, die das Kulturministerium bzw. die örtlichen Veranstalter nicht wie eine kalte Dusche traf. Die organisatorischen und finanziellen Möglichkeiten waren vorher schon geprüft worden, ob es Sinn mache, eine derartige Mammut-Veranstaltung in die DDR zu holen. Eigentlich konnte es kein langes Überlegen geben, denn der Kongressort hatte zwischen Ost und West zu wechseln. Prag war 1957 und 1969 Veranstalter, Bukarest 1958, Warschau 1962 und Moskau 1976. Es blieben offen Bulgarien, Ungarn und die DDR. Interne Vorabsprachen, wie sie auf ost-ministerieller Ebene üblich waren, brachten die Entscheidung, die DDR (und Dresden) solle sich bewerben.

Der XIII. Kongress in Washington 1980, im riesigen Areal des Universitäts-Campus durchgeführt, setzte Maßstäbe ob der Dimensionen. Das Nationale Vorbereitungskomitee der UNIMA-DDR, zusammengesetzt aus Vertretern der Verwaltungsebenen, dem Verband der Theaterschaffenden, der UNIMA-Sektion und Praktikern ging die Vorbereitung generalstabsmäßig und mit einem Budget im Rücken an, das garantierte: Hier kann sich die DDR weltoffen und mit einer interessanten Kongress- und Festivalgestaltung präsentieren. Und tatsächlich, Dresden erlebte sieben Theatertage prall gefüllt mit Aufführungen und internationalen Begegnungen, wie nie zuvor und nie danach. Die folgenden Zahlen lassen ahnen, was in diesen Augusttagen im Zentrum der Stadt los war: Auf 1.000 Besucher war man eingestellt. 1.500 Anmeldungen wurden realisiert und mindestens weitere 300 Interessierte waren angereist. Die Bettenkapazität der Hotels war weitestgehend gebunden, hinzu kamen Internatsplätze der Hochschulen und die Jugendherbergen der Stadt.

Die zahlenmäßig stärksten Delegationen kamen aus Japan, den USA, Kanada und der BRD. Aus dem Osten reiste man vor allem aus der ČSSR, der Sowjetunion und Bulgarien an. Es trafen sich Puppenspieler aus mehr als 40 Ländern. Das Anbringen der Fahnenmasten vor dem Kulturpalast gestaltete sich kurzzeitig als Problem. Es waren Puppenspieler aus Ländern angereist, mit denen keine diplomatischen Beziehungen bestanden. Was tun? Man versuchte, diplomatisch zu sein. Die Vertreter aus Süd-Korea und Israel wurden offiziell begrüßt, aber ihre Staatsfahnen hängte man nicht aus. Viele Puppenspieler, vor allem aus Japan, den USA und Australien, waren mit Kind und Kegel angereist. Für die Kleinsten wurde eine Kinderbetreuung durch die Kinderklinik der Medizinischen Akademie im Kulturpalast eingerichtet.

Die Verpflegung der vielen Teilnehmer war ein Problem. Oftmals reichten die Stühle nicht und die berühmten Warteschlangen drohten zum Chaos zu werden. Der abendliche Puppenspieler-Treff sollte eigentlich im Restaurant des Kulturpalastes stattfinden, schön am Tisch, weiß eingedeckt. Dann kam der rustikale Jazz-Klub „Die Tonne“ ins Gespräch, auch er erwies sich als zu klein. Schließlich entschied sich das Vorbereitungskomitee mit dem Ministerium für Kultur im Rücken für die Ausstellungshallen am Fučik-Platz – eine Entscheidung gegen die Abteilung Kultur des Rates der Stadt, die diese nicht für Gastronomie gedachten Räume für nicht repräsentativ genug hielt. Die Vertreter der Stadt sollten im gewissen Sinne Recht behalten. Ein gastronomisches Erlebnis waren die Fučik-Hallen nicht. Die westlichen Teilnehmer erlebten die DDR „live“: Schlangestehen nach Bier. Das Bier selbst war nicht das Problem, aber die nicht in ausreichender Anzahl installierten Zapfhähne. Dennoch, der Stimmung tat dies keinen Abbruch. Die Fučik-Hallen waren das Domizil der Puppenspieler bis in die frühen Morgenstunden. Heute wissen wir, dass die Entscheidung für diese Hallen auch eine Entscheidung der Staatssicherheit war.

Der Kongress an sich interessierte eigentlich die wenigsten der angereisten Freunde des Puppentheaters. Der große Festsaal im Kulturpalast war während des Kongresses

Plakat zum XIV. UNIMA-Kongress 1984. Die Gestaltung oblag Ekkehard Walter, Dresden 1983.

spärlich gefüllt. Was alle sehen wollten, war das Festivalprogramm. Es wurden über 150 Vorstellungen mit 78 Inszenierungen aus 22 Ländern in 15 Dresdner Spielstätten gezeigt! Hinzu kamen weitere 26 Veranstaltungen in der off-Szene. Trotz freier Fahrt auf der Straßenbahn waren die Spielstätten – alle Dresdner Theater – zu weit auseinander gelegen, um den Teilnehmer festivalgemäß von Vorstellung zu Vorstellung hetzen zu lassen. 75.000 Zuschauer erlebten die Aufführungen, darunter 12.500 Dresdner. Die Nachfrage nach Karten konnte vor allem für die Dresdner nur selten befriedigt werden. Sergej Obraszow erklärte sich bereit, mit seinem Solo-Programm eine Sondervorstellung im Kongresssaal des Hygiene-Museums aufzuführen. Das Ergebnis war: Puppenspieler, die keine Karte für Obraszow in ihrem gewählten „Ticket-Paket" hatten, protestierten.

In diesen Tagen gastierte in Dresden die Weltprominenz der Puppenspieler neben den besten Puppenspielern der DDR. Auf dem Programm standen zum Beispiel Inszenierungen von Paul Zaloom, Eric Bass oder Roman Paska aus den USA, das Puppentheater Bleich aus der Schweiz zeigte seine Interpretation von Jura Soufers „Astoria". DRAK aus Hradec Kralové begeisterte mit einer Shakespeare-Adaption des „Sommernachtstraumes". Albrecht Roser hatte seinen berühmten Marionetten-Clown Gustav und das ganze Ensemble seines Solo-Programms mitgebracht. Aus Frankreich kam das „Velo-Theater" mit „Krokodil, Krokodil", ein witziges Spiel mit und rund um ein Fahrrad mitten im Dresdner Großen Garten. Das Stockholmer Marionettentheater unter Leitung von Michael Meschke zeigte das Ramayana-Epos. Aus Asien waren selbstverständlich auch Puppenspieler zu Gast, sie kamen aus Indien und Japan, nicht zu vergessen die mitreißenden Trommler aus Süd-Korea, die am Abschlussabend den Kulturpalast fast zum Bersten brachten. Zu ihnen gesellten sich aus der DDR das Puppentheater Neubrandenburg mit „Die Umsiedlerin" nach Heiner Müller, Peter Waschinsky mit seinem „Casparet", „Zinnober" mit „Der Jäger des verlorenen Verstandes", das Karl-Marx-Städter Ensemble mit „Undine, die Wassernixe", das heimische Puppentheater mit „Pinocchio" u.v.m.

In den Fucik-Hallen trafen sich die „Kasperspieler" aus aller Welt. Unter ihnen waren auch der Hallenser Frieder Simon mit seinem Kasper, Henryk Kemeny mit Vitesz Laszlo, Philippe Casidanus mit Guignol und Percy Press II mit seinem Punch. Auf der Straße der Befreiung (Hauptstraße) kamen die Amateurpuppenspieler zusammen und boten täglich ein Open-Air-Spektakel.

Das Wetter spielte in der ganzen Woche hervorragend mit und so hätte man denken können, niemand würde das umfangreiche Ausstellungsprogramm wahrnehmen. Im Gegenteil, über 220.000 Besucher wurden in den acht Sonderausstellungen und vier Kabinett-Ausstellungen gezählt, die zwischen 1. Juni und 23. September 1984 stattfanden. Die Ausstellungsmacher hatten sich das Kongressthema „Die Begegnung des Puppentheaters mit anderen Künsten und seine Wirkung in unserer Zeit" zum Motto ihrer Arbeit gemacht. Ausgangspunkt war der Gedanke, alle Dresdner Museen und ihre spezifischen Sammlungsschwerpunkte mit dem Puppentheater zu verbinden. Das gelang hervorragend. Im Verkehrsmuseum gab es die Kabinettschau „Verkehrstechnische Errungenschaften und ihre Widerspiegelung im Puppentheater das 19. und 20. Jahrhunderts" und im Armeemuseum „ Militaria im Puppentheater zwischen 1805 und 1918" zu sehen. Die Porzellansammlung zeigte in Sondervitrinen Figuren zur Commedia dell'Arte, der Mathematisch-Physikalische Salon „Automaten", die Weber-Gedenkstätte in Dresden-Hosterwitz „Der Freischütz im Papiertheater", die Skulpturensammlung führte ihre Bestände antiker griechischer Gliederfiguren mit jenen der Berliner Antikensammlung zusammen, im Radebeuler Schloss Hoflößnitz hatten Jahrmarktattraktionen ihr temporäres Zuhause und im Rundkino fand das DEFA-Trickfilmstudio Dresden Platz, Figuren aus seiner knapp 30-jährigen Geschichte zu zeigen. In Räumen der Hochschule für bildende Künste wurde eine jurierte Sonderausstellung mit dem Titel „Das Puppenspiel in der bildenden Kunst der DDR" eröffnet. Im Stadtmuseum und im Volkskunstmuseum waren erstmals Bestände der Puppentheatersammlung zur 350-jährigen Geschichte des Puppenspiels in Dresden bzw. zum „Theatrum mundi" zu sehen. Und schließlich war unter Verantwortung des Verbandes der Theaterschaffenden im Pretiosensaal des Dresdner Schlosses die Hauptausstellung „Tradition – Alltag – Experiment – DDR-Puppentheater – Szenographie der Gegenwart" gestaltet worden.

Dresden stand im August 1984 ganz im Zeichen des Puppentheaters der Welt und seiner Vielfalt an künstlerischen Handschriften. Das Interesse der Dresdner, schon immer offen für dieses Genre, wurde nochmals gesteigert. Aber die Puppentheatersammlung blieb zwei weitere Jahre öffentlich nicht zugängig und das Staatliche

Puppentheater schloss seine Pforten wegen einer mehrjährigen Rekonstruktion. Es spielte in kleinen Interimsstätten weiter. Lediglich die Amateurszene konnte sich konsolidieren. Das Puppenspielensemble des VEB Pentacon baute im Betriebsklubhaus die „Mini-Bühne", eine feste Spielstätte für Dresdner Amateure.

Wenn auch in Dresden nach 1984 kaum ein Aufschwung des Puppenspiels zu verzeichnen war, so sollte das Weltfestival der DDR-Puppentheater-Szene insgesamt wichtige Impulse geben. Ensemble und Solisten hatten den Vergleich mit der Welt genossen und erkannten, dass ihre Position durchaus eine sehr beachtenswerte war. Das Selbstbewusstsein der Macher stieg in den Folgejahren und die begonnene Hinwendung zu Inszenierungen für Erwachsene fand Bestätigung. Es hatte sich gezeigt, Puppentheater ist nichts Unverbindliches, eben kein belustigendes Tri-Tra-Tralala, sondern eine darstellende Kunst mit hohem künstlerischem Anspruch, aber auch mit einem politischen Engagement, ganz gleich wo und durch wen. Ein Randergebnis, aber sicherlich kein unwesentliches war, dass von nun an auch Puppenspieler zu jenen Künstlern zählten, mit denen sich die DDR gern im westlichen Ausland schmückte.

Von Faust bis Antigone

Puppenspiel für Erwachsene

Im 19. Jahrhundert, in der Blütezeit des Marionettenspiels, war Puppentheater für Erwachsene das Normale, das für Kinder die Ausnahme. Erst gegen Ende des 19. Jahrhunderts entdeckten die Marionettenspieler die Märchenstücke für Kinder als eine zusätzliche Einnahmequelle. So verkündet beispielsweise ein alter Theaterzettel der Bühne Richard Bonesky um 1890: „Heute Sonntag Nachmittag ½ 3 Uhr große Extra-Kindervorstellung ‚Der gestiefelte Kater'".

Im 20. Jahrhundert wurde das Spiel für Kinder die Hauptsache und der Film für viele ein Theaterersatz, wenngleich die reisenden Marionettenspieler auf dem Land immer auch ein erwachsenes Publikum für sich gewannen.

Noch heute ist die Meinung anzutreffen, Puppenspiel sei nur etwas für Kinder. Doch Puppenspieler, die etwas auf sich hielten, hatten ständig auch Erwachsenenstücke in ihrem Repertoire. Eines der bekanntesten war das Puppenspiel vom „Dr. Faust". Noch 1950 spielte Heinrich Apel d. J. auf seinem Marionettentheater den Puppenfaust mit einem vitalen Kasper als den volkstümlichen Gegenspieler des Erzzauberers und Schwarzkünstlers, dem der Teufel nichts anhaben konnte und der die Lacher stets auf seiner Seite hatte.

Carl Schröder brachte eine Mischung von Goethes Faust und dem alten Volksstück zur Aufführung. Dabei trat der Geheimrat Goethe im Vorspiel selbst auf. Heute reisen die „fundus-MARIONETTEN-dresden" mit einer böhmischen Variante des Faust-Spiels durch die Lande. Alles, was dieser Lesart eigen ist, wird auf einer dem böhmischen Haustheater nachempfundenen Bühne gezeigt: die Reise an den Hof des Königs von Portugal, der Mordversuch an Faust, weil dieser die Braut des Königs begehrt, der Seesturm und das Erscheinen von Meeresungeheuern, die Kruzifix-Szene, in der Faust den Mephisto zwingt, ihm das große Kreuz von Jerusalem zu bringen und schließlich der ungewöhnliche Schluss: Faust überlistet Mephisto und wandelt als reumütiger Sünder durch die Welt. Und nicht zu vergessen ist der komische Pimperl, die ältere Form der böhmischen lustigen Figur „Kašparek".

Nachdem das Staatliche Puppentheater Dresden 1952 mit der „Der fröhliche Sünder" an den Beginn seines Wirken gleich ein Erwachsenenstück gesetzt hatte und 1954 mit Erfolg Klaus Eidams Satire „Der Ochse von Kulm" spielte, setzte das Theater diese Serie 1959 mit Klaus Eidams „Münchhausen" fort. Jene Inszenierung erlebte jedoch nur acht Aufführungen. Sie scheiterte an den engstirnigen Auffassungen der damaligen Kulturfunktionäre. Sie ordneten die Inszenierung wegen der Figurengestaltung (Achim Freyer) als formalistisch ein. Entsprechend der so genannten Formalismusdebatte dieser Zeit beargwöhnten die Kulturfunktionäre jedwede Abweichung von Naturalismus und Realismus.

Anlässlich der Festwoche „15 Jahre Staatliches Puppentheater Dresden" im Jahre 1967 inszenierte der tschechische Gastregisseur Zdĕnek Vyskočil das Märchen von des Kaisers neuen Kleidern unter dem Titel „Der nackte König" in zwei Fassungen: eine für die Kinder und eine für Erwachsene. In der Presse musste eine derartige Konzeption erst mit Obraszow-Zitaten verteidigt werden: „Sinnbilder sind Mittel, Lebensweisheiten zu offenbaren" und „... schärfste gesellschaftliche Konflikte und Prozesse können damit deutlich gemacht werden". Letzteres wollte man offenbar nicht, deshalb ließ die Erwachsenen-Fassung noch bis 1969 auf sich warten. Erst 1976 wandten sich die Künstler der Dresdener Puppenbühne wieder dem Erwachsenenspiel zu. Erinnert sei an die Inszenierung „Celestina" nach einer Vorlage von Fernando de Rojas.

Drei Jahre später zeigten die Puppenspieler Hella und Dietmar Müller – damals noch am Städtischen Puppentheater Zwickau engagiert – in Dresden ihr Marionettenstück „Kasper treibt den Teufel aus" nach einem Fastnachtsspiel von Hans Sachs. Die klobigen, aber sehr originellen Figuren schuf der Meißner Holzbildhauer Lothar Sell. Die Zuschauer waren überrascht vom Reiz der „bewegten" Sell-Plastiken und sie amüsierten sich köstlich über die komische Erotik in diesem derben volkstümlichen Spiel.

Kabarett und in den letzten Jahren immer mehr auch das Puppentheater hatten in der DDR das Privileg, wenn auch in verschlüsselter Form, gesellschaftskritisch zu sein. Die Zuschauer, gewöhnt auch zwischen den Zeilen zu lesen, hatten an solchen Puppenspielen ihren Spaß, ihr intellektuelles Vergnügen. Ein herausragendes Beispiel dafür ist die Inszenierung „Die Jäger des verlorenen Verstandes" der freien Berliner Puppenspielgruppe „Zinnober" aus dem Jahre 1981. Zinnober gastierte damit in der ganzen DDR, und ihr Spiel war auch mehrfach in Dresden zu sehen. Darin agierte ein Volkspolizist. Seine stereotype Frage „Hauptwachtmeister Scheuermann. Wer sind sie?" und der Satz „Die Fragen stelle ich!" gingen in den Alttagssprachschatz vieler Zuschauer ein, wurden benutzt, um die DDR-Gegenwart zu belächeln. Aber auch der in seinem Thron, in eigener Selbstherrlichkeit, gefangene Herrscher spiegelte in erschreckender Weise die gesellschaftliche Wirklichkeit wider.

Ebenfalls in den 1970er- und 1980er-Jahren gastierte oft das „Original Kunstfiguren- und Casper-Theater LARIFARI“ von Frieder Simon (Halle) in Dresden. Herzerfrischend und doppeldeutig des Kaspers Anspielungen zum Beispiel in der „Genovefa“. Am Ende soll in Erinnerung an ihr Auffinden eine Kapelle im Wald errichtet und jährlich ein großes Fest gefeiert werden, das „weit über unsere Verhältnisse hinausgeht“. Der Kasper sprach's und die Zuschauer dachten sofort an die pompösen Feste zum „Tag der Republik“ und an die Pfingsttreffen der FDJ und lachten.

An dieser Stelle muss auch auf Gottfried Reinhard verwiesen werden, der in all seinen Stücken eine respektlose, aber sehr intelligente Gesellschaftskritik einbrachte. Gottfried Reinhard, studierter Architekt, wandte sich seit 1961 der Bühnenbildnerei für das DEFA-Trickfilmstudio und später auch für das Puppentheater Dresden zu. Seit 1972 spielte er selbst Handpuppentheater zumeist in Ateliers, Künstlerwohnungen, kurz im privaten Bereich. Seine Lesarten griechischer Tragödien, sächsischer Schwänke und viele seiner grotesken Reime waren voller Anspielungen auf die DDR-Verhältnisse. Reinhard gehört zu jenen Künstlern, die sich in keine gesellschaftlichen Zwänge pressen lassen. Auch heute gilt das Credo für sein Spiel: „Mein Theater soll die Bombe des Lebens entschärfen!“

Mit der „Jüdin von Toledo“ nach Feuchtwanger wurde 1988 im Städtischen Puppentheater ein Stück aufgeführt, das die Toleranz gegenüber Andersdenkenden anmahnte. Es war die unmittelbare Reaktion des Intendanten Dietmar Müller und des Ensembles auf die Auseinandersetzung der DDR-Oberen mit der kirchlichen

Szene mit Romeo und Julia aus dem gleichnamigen Stück von Th. Brasch nach Willliam Shakespeare, aufgeführt im Puppentheater Dresden. Regie: R. Herzog, Ausstattung: D. Ruhland, 1994.

Friedensbewegung, insbesondere mit der Aktion „Schwerter zu Pflugscharen". Das zarte poetische Spiel mit lebensgroßen Figuren, die von ganz in Schwarz gekleideten Puppenspielern bewegt wurden, mahnte das verständnisvolle Umgehen von Juden und Moslems miteinander an und eben noch mehr.

Ein ebenso wichtiges Thema war das kritische Aufgreifen des Ringens um die Macht in der „Antigone" 1989, oder ein die Auseinandersetzung mit dem Aufkommen faschistoider Denkstrukturen zeigender „Arturo Ui" von Bert Brecht. Aktuelle Anlässe, die Eskalation der Gewalt unter Jugendlichen einerseits, und die Verteidigung des Rechts der Jugend auf individuelles Glück andererseits, bestärkten die Dresdner Puppenspieler, für Jugendliche und Erwachsene im Frühjahr 1994 Shakespeares „Romeo und Julia" in das Repertoire aufzunehmen.

Unter Leitung von Dietmar Müller spielte sich das Theater kulturpolitisch wirkungsvoll durch die Zeit der politischen Wende. Müller baute auf Traditionen und bestand aber auch auf Neuentdeckungen für das Puppentheater. Wichtig war ihm stets die Aussage des Stückes. Nie ging es ihm um vordergründigen, sich beim Publikum anbiedernden Klamauk.

Finanzielle Zwänge führten 1998 zur Aufgabe der Selbstständigkeit des Dresdner Puppentheaters. Seitdem ist es wieder eine Sparte des Theaters Junge Generation. Aufgrund der Baufälligkeit seines Domizils „Goldenes Lamm" auf der Leipziger Straße musste das Theater nach mehr als 30 Spielzeiten in das Rundkino Prager Straße umziehen. Dort spielt es mit einem wesentlich verkleinerten Ensemble bis heute. Auf dem Spielplan stehen auch weiterhin Stücke für kleine und große Leute.

Das Phänomen von Pappritz

„Ritschers-Künstler-Marionetten-Theater" im Dresdner Umland

Wohl jeder Zuschauer erinnert sich gern an die glanzvollen Abende volkstümlichen Marionettenspiels im Gasthof Pappritz, nahe des Dresdner Fernsehturms. Etwa 150 Personen fasste der Saal offiziell. Bis zu 350 Zuschauer sollen an manchen Abenden im Winter 1984 gezählt worden sein. Dicht gedrängt saß man auf den Holzstühlen oder lehnte auf Tuchfühlung zum Nebenmann an den Wänden. Der Tresen wurde zur Empore und das Fensterbrett zum Rang. Obwohl die Heizung defekt war und draußen ein eisiger Wind über das Schönfelder Hochland pfiff, war keinem kalt. Und mitten unter den Zuschauern Marta Ritscher, die kleine warmherzige Frau, bei ihrem ersten Auftritt: dem Abriss der „Billetten". Behände schob sich die 78-jährige durch die Zuschauerreihen, jeden freundlich ansehend und insgeheim prüfend, ob wohl Konkurrenz im Saal sei. Danach verschwand sie hinter der Bühne mit den Worten: „... 's geht glei los, Roland koam!" Ihr Sohn Roland verließ dann mit der Holzschachtel, die seit altersher das Wechselgeld und die Einnahmen enthielt, den Kassentisch, ging hinter die Bühne und das Spiel begann.

Im Jahre 1963 war Walter Ritscher, der Prinzipal, gestorben. Mutter und Sohn mussten nun ihr Repertoire allein aufführen. Zu den meistgespielten Stücken gehörten „Karl Stülpner“, „Gräfin Cosel und „Im Weißen Röß'l“.

Marta Ritscher führte und gestaltete alle Frauenrollen, ihr Sohn Roland übernahm die Männerparts. Allein in „Verlorene Mädchen“, einem Sittendrama in sieben Akten, sprach die betagte Martel die Jeanette, Madame Lamotte, Miß Leona, Floretta und Pasquarette. Jede ihrer Rollen, gleich welchen Lebensalters oder Charakters, wurde zu einem Kabinettstück – einstmals der Rührung, später der unfreiwilligen Komik. Ihre Beliebtheit beim Publikum schmälerte das freilich in keiner Weise. Ein ähnlich unverwechselbares Spiel gelang auch Roland Ritscher. Erinnert sei nur an „Karl Stülpner, der grüne Rebell“. In diesem Stück sprach er zwölf Männerrollen mit ganz unterschiedlichem Ausdruck.

Nach dem Tode des Vaters kam Roland Ritscher in siebenter Generation die Rolle des Prinzipals zu. Die Ritschers sind Teil der über 70 Familien umfassenden sächsischen Marionettenspielersippe. Sie sind direkt verwandt mit der Puppenspielerfamilie Lippold. Rolands Urgroßvater, Ernst Ritscher, heiratete 1878 eine geborene Lippold. Über die Lippolds gehen die genealogischen Beziehungen zu den Familien Koppe, Bonesky, Lanzendorf, Stopp, Trommer und auch zu einer der ältesten Puppenspielerdynastien, den Listners. Gern berief sich Roland Ritscher auf einen Listner-Vorfahren, der Schnellläufer gewesen sein soll. Die Überlieferungen dazu sind allerdings widersprüchlich. Laut „Komet“-Darstellung vom 18. Mai 1935 soll er am Hofe des Kurfürsten August III. mit dieser Profession seinen Unterhalt verdient haben. Der Puppenspieler Richard Bonesky berichtete im „Puppentheater“, Heft 7, 1925/26 von einem Listner, der bei dem Fürsten von Lichtenstein und Waldenburg als solcher angestellt wurde. Wer sich nun wirklich bei wem als schneller Bote verdingte, kann nicht mehr geklärt werden. Nach heutigem Erkenntnisstand scheint lediglich sicher zu sein, dass Christian Heinrich Listner (1747-1830) der erste Marionettenspieler der Listner-Lippold-Ritscher-Dynastie war.

Das Marionettentheater Ritscher verband seit den 1920er-Jahren die barockisierenden Spielauffassungen des 19. Jahrhunderts mit einer noch größeren Üppigkeit der Ausstattung, Andere Marionettenspieler taten es ihm gleich, um der Konkurrenz des Filmes, damals noch des Schwarz-Weiß-Filmes zu widerstehen. Walter Ritschers Theaterausstattung wurde vom Theatermaler Kurt Auerswald geschaffen, und die überwiegende Zahl der Marionettenköpfe stammte von den Schnitzern Rudolf Schmotz, Alfred Maatz und Ullrich. Die ungewohnt naturalistischen Puppenköpfe von Schmotz unterschieden sich stark von den größtenteils recht naiv gestalteten Kopfformen des 19. Jahrhunderts. Seine ausgeprägten Charakterköpfe typisierten nun noch stärker das Spiel der Marionetten.

Roland Ritschers Aufführungen waren immer gekennzeichnet vom Volkstheaterverständnis der Zwanziger- und Dreißigerjahre des 20. Jahrhunderts. Wenn auch die Farben der Ankündigungszettel in den Siebziger- und Achtzigerjahren immer greller wurden und sich der Zeit anpassten, so kündigten sie nach wie vor die tradierten Un-

Links ist ein Plakat zum Pappritz-Gastspiel 1985 zu sehen. Ritschers Künstler-Marionetten-Theater gastierte dort u.a. mit „Krach im Hinterhaus“ (Szenenfoto rechts).

terhaltungsstücke an. Das waren außer den bereits erwähnten Dramen noch „Krach im Hinterhaus“, „Das Herz einer Frau“, „Wenn Ehemänner schwindeln“, „Goldrausch“, „Wenn abends die Heide träumt“, „Wenn am Sonntagabend die Dorfmusik spielt“, „Wo die Alpenrosen blühen“, „Die Mühle im Schwarzwald“, „Auf der Alm, da gibt's koa Sünd“. Für Kinder standen vorwiegend klassische Märchen auf dem Spielplan. Mit diesem Repertoire bereisten Roland und Marta Ritscher seit 1963 mit Wohn- und Packwagen mehr als 100 ostsächsische Orte, insbesondere rund um Bischofswerda und Oppach. Größere Städte mit einem vielfältigen Kulturangebot mieden sie. Ihr Wirkungskreis waren die Landgemeinden. In den Dörfern waren sie meist die einzigen und daher gern gesehenen Anbieter darstellender Kunst.

Im Sommer 1986 kamen die Wagen der Ritschers in Rippien bei Dippoldiswalde für immer zum Stehen. Dort erkrankte Marta Ritscher schwer. Am 13. Oktober verstarb die damalige Seniorin des sächsischen Wandermarionettentheaters im Alter von 79 Jahren.

Roland Ritscher spielte noch einige Jahre gemeinsam mit seiner Frau Irma sein Marionetten-Varieté. Er zeigte Nachspielfiguren wie die kleine Reifentänzerin, die Kautschuk-Akrobatik, den Kugelspieler, die tanzenden Hunde, die akkurat geführte Stuhlbalance oder den sich in mehrere Figuren verwandelnden Türken. 1995, als seine Frau nach kurzer, schwerer Krankheit verstarb, musste er auch dieses Spiel aufgeben. Ohne einen Partner waren die meisten der Varieté-Figuren nicht zu führen. Zu seinen letzten Aufführungen gehörten jene zum Fest „Park der Sinne" und in der Loschwitzer Kirchgemeinde. Allzu gern kehrte er dorthin zurück, wo er seine größten Erfolge erzielt hatte: damals am Dresdner Elbhang im Gasthof Pappritz.

Seitdem hütete Roland Ritscher seinen Schatz, die Bühne und all die kostbaren Ausstattungsstücke, in seinem Haus in Bielatal in der Sächsischen Schweiz. Im Frühjahr 2002 trennte er sich für acht Wochen von den meisten seiner Marionetten und einem Teil des Zubehörs. Er übergab sie der Puppentheatersammlung Dresden für eine repräsentative Sonderausstellung im Museum für sächsische Volkskunst. Kaum war die Schau in der Presse beworben worden, schon strömte ein interessiertes Publikum wie sonst nur zu den Weihnachtsausstellungen in das Museum auf der Köpckestraße. Der Erfolg der Ausstellung war mit ausschlaggebend dafür, dass die Puppentheatersammlung im Herbst 2003 die komplette Marionettenbühne Ritscher erwerben konnte.

In dieser Zeit feierte Pappritz seine 175-Jahr-Feier. Roland Ritscher kam gern der Einladung zu einer öffentlichen Gesprächsrunde nach. Sie war für ihn auch Anlass, das Buch „Wie einst bei Dreher und Schütz in Potsdam ... Das Marionettentheater Ritscher, Bielatal" für viele der Anwesenden zu signieren. Es sollte zugleich sein letzter öffentlicher Auftritt sein. Am 29. März 2005 verstarb Roland Ritscher nach langer, schwerer Krankheit in Dresden.

Mit der musealen Bewahrung des Theaters, dem Erscheinen eines Buches, der Existenz einer ausführlichen Fotodokumentation von Petra Walter-Moll und Frank Höhler, mit den 1984 und 1985 entstandenen Dokumentarfilmen sowie einigen Tonbandaufnahmen ist das Wirken der Marionettenspielerfamilie Ritscher in einem Maße für die Nachwelt dokumentiert, wie es in keinem zweiten Fall gelang.

„Wer, Wann, Was, Wo?"

Ein Puppenspielmonat in Dresden

Blättert man in den einschlägigen Monatsprogrammzeitschriften der Stadt, so fällt auf, dass im Terminal unter „Bühnen" bzw. „Kinder" einst recht häufig Puppentheateraufführungen genannt werden. Im August 1994 waren es beispielsweise 107 Veranstaltungen! Regelmäßig nannte das Puppentheater der Stadt Auftritte. Im Sommer fanden diese zumeist im bekannten Sonnenhäusel statt. Viele Familien begaben sich am Wochenende auch in die Zschoner Mühle und besuchten dort die Programme in der Theaterscheune. Unter dem Thema „Gaukler, Clownerie und Zauberei" fand zu dieser Zeit das 4. Nickerner Schlossfest statt. Natürlich waren dort Puppenspieler mit von der Partie und gleich gegenüber im Zelt des Eselsnestes luden weitere Aufführungen ein. In der Woche waren es im Jahr 1994 noch die Kultur- und Freizeitzentren „mari", „Prohliser Kulturetage", „Der Rudi", das „Pentacon Kultur- und Medienzentrum", die „Kinder- und Jugendbibliothek", das „Kreativstudio Zschertnitz“ und die „Club Passage“, die regelmäßig monatlich Puppenspieler einluden, um vor Kindergärten und Schulen aufzutreten. Damals bestand noch eine gewisse Euphorie, sich überall neu entfalten zu können. Die Einrichtungen waren auf der Suche nach Profilen und die Puppenspieler auf der Suche nach Auftrittsorten.

Wer waren nun damals und bis heute die Puppenspieler, die um die Gunst des sächsischen Publikums rangen? In Dresden gab es schon zu DDR-Zeiten „private Puppentheater“. Es waren die Bühnen von Hans-Joachim Hellwig, Susanne Böhmel, Carmen Paulenz, Werner Lorenz, Wolfgang Zobel, „Firlefanz – das Theater mit Puppen“ und das Marionettentheater von Wolfgang Schwarze. 1989 kam noch Gerd Kempe hinzu. Er war eigentlich gelernter Facharbeiter für Nachrichtentechnik, hatte aber die Liebe zum Puppenspiel entdeckt und kam über die Amateurbühne des Pentacon-Klubhauses und mit eigenen kreativen Ideen zum Sprung in die Freiberuflichkeit, d.h., er erhielt wie alle anderen die so genannte „Pappe“, den Erlaubnisschein des Rates des Bezirkes.

Diese Bühnen spielten, vermittelt durch die Konzert- und Gastspieldirektion oder auf freie Terminierung in Schulen, Kindergärten, in FDGB-Ferienheimen und zu Betriebsfeiern. Außer Wolfgang Schwarze, der sein Handwerk im traditionellen Marionettentheater von Fritz Puder (Freital) erlernte, Werner Lorenz, der aus dem Kaufmännischen herüberstieg, und Hans-Joachim Hellwig, der sich zuerst am Zoo-Kasper Egon Gäble orientierte, dann aber auch bei anderen Puppenspielern über die Schulter schaute und so gemeinsam mit seiner Frau Ruth sehr erfolgreich eine Handpuppenbühne betreiben konnte, hatten alle anderen den Beruf des Puppenspielers bzw. einen Theaterberuf hochschulmäßig erlernt. Carmen Paulenz studierte Puppenspiel sogar an der DAMU in Prag. Sie und andere freiberufliche sächsische Puppentheater schlossen sich 1990 zum „Bund Sächsischer Puppen- und Marionettentheater“ e.V. zusammen. Diese insgesamt 17 freiberuflichen Bühnen waren die ersten Kleinkunstunternehmen in Sachsen, die daran dachten, sich zu organisieren, um sich eine Chance in der Marktwirtschaft zu sichern. Das brachte ihnen einen guten Vorsprung ein. Sie konnten aus dem großen Topf der Kulturförderung der ersten Jahre schöpfen und so ihre Bühnen neu orientieren. Ein Jahr später wurde das 1. HandFest organisiert, eine repräsentative Schau der Inszenierungen von Mitgliedern des Bundes und einigen Gästen. Die sächsischen, aber auch die Dresdner Bühnen speziell zeichnen sich durch Traditionsbewusstsein und handwerkliche Solidität aus. Da sie es gewohnt sind, den Sehgewohnheiten des Publikums zu entsprechen, setzten sie auch in der Gegenwart nicht auf ein Sich-Ausprobieren oder Experimentieren. Puppenspiel wird in der Regel in der Reinheit seiner Formen aufgeführt. Der Puppenspieler als Schauspieler, damit Partner der Figur auf offener Bühne, „spielt“ fast keine Rolle. Das hat natürlich zur Folge, das Dresdner Puppenspiel das Etikett „konservativ“, aber dennoch publikumsnah trägt. Aus dieser allgemeinen Einschätzung fallen Gerd Kempe, Jörg Brettschneider und Karla Wintermann etwas heraus, da sie sich meist auch als Personen geschickt in ihre Spiele einbringen.

Das bereits erwähnte „HandFest“ fand, gefördert durch die Landesregierung Sachsen, das Kulturamt der Stadt Dresden und Sponsoren, bis 1998 jährlich im Kulturpalast statt. Es zog tausende Kinder und Familien an. Im ersten Haus am Platze, im Studiotheater, den Gesellschaftsräumen und auf dem Puppenspielermarkt herrschte eine lebhafte und heitere Atmosphäre, wie eigentlich nur 1984 zum XIV. UNIMA-Kongress. Über die Jahre wiederholte sich allerdings zu Vieles im Verlaufe dieses Festes. Das einst erfolgreiche Konzept begann zu stagnieren, und seit 1998 schwebte das Damoklesschwert der fehlenden Finanzierung auch über dieser Veranstaltung. Die Entscheidung fiel, es nur noch alle zwei Jahre zu veranstalten. Für 2002 kam auch der Kulturpalast nicht mehr in Frage. Der Bund, jetzt mit über 35 Mitgliedern, wich in die Hochschule für Bildende Künste aus. 2004 fand das Fest im Kulturrathaus der Stadt und in den nahe gelegenen Passagen der Königsstraße statt. Die Marktwirtschaft, das „Sich-Rechnen-Müssen“ hatte damit auch hier zugeschlagen …

1996 verließen nach heftigen Kontroversen auch einige Puppenspieler und künstlerische Mitarbeiter das Puppentheater der Stadt, um nun freiberuflich ihren Ansprüchen an die Puppenspielkunst nachzukommen. Volkmar Funke inszenierte und spielte vorerst gemeinsam mit Jörg Bretschneider, bevor sie auch eigene Wege beschritten, um später wieder zusammenzuarbeiten. In kurzer Zeit bauten sie sich ein kurzweiliges, sowohl große als auch kleine Zuschauer erfreuendes Repertoire auf. Besonders Jörg Bretschneider bereichert mit seinem komödiantischen Talent die Dresdner Szene. Darüber hinaus ist er ein gern gesehener Gast im In- und Ausland. Volkmar Funke bringt mit seinen Soloinszenierungen und Liederprogrammen einen weiteren Farbtupfer in die heimische Kleinkunstszene. Auch Hella Müller, ehemals am Dresdner Puppentheater tätig, gründete 1998 ihr eigenes Haus in Weißig, das „mai hof puppentheater“. Mittlerweile hat sich diese Theateradresse herumgesprochen. Kindergruppen finden in der Woche oft den Weg ins Schönfelder Hochland und Familien füllen am Wochenende zum Beispiel bei „Dornröschen“, „Pfuiteufelchen“ oder der „Biene Maja“ dieses kleine Theaterchen mit 40 Plätzen.

Karla Wintermann fährt vom nahe bei Dresden gelegenen Röhrsdorf aus zu ihren Gastspielen. Mehrmals im Jahr gastiert sie mit ihren Märchen in den romantischen Räumen von Schloss Weesenstein.

Werner und Anneliese Kläßig, die „Striezelmarkt-Kasperei“, gaben nach der Wende den Amateurstatus auf und besorgten sich eine Steuernummer, genau wie Max Kühne und seine „puppen“. Das Wachwitzer Puppentheater, als Familienbühne von Carola und Rainer Ehlich gegründet, spielt in langjähriger, wesentlicher Zusammenarbeit mit Hella Schütze. Es arbeitet ebenso wie das Schattentheater „Windlicht“ von Vera und Michael Holzweißig als eine nebenberufliche Bühne. 1997 folgten die „fundus-MARIONETTEN-dresden“ in die Freiberuflichkeit.

Heute, 2005, spielen in bzw. starten zu ihren Auftritten aus Dresden und dem Umland zwölf Puppenbühnen. Werner Lorenz, die Kläßigs und Marianne Zobel haben mittlerweile ihr Spiel altersbedingt aufgegeben. Marco Vollmann ist mit seinem „Kleinen Figurenspiel“, einer stationären Bühne im Stadtteil Pieschen, 2004 hinzugekommen.

„Feuer, Wasser, Erde, Luft – Von Göttern und Menschen II“, eine Co-Produktion von Theater Junge Generation Dresden / Puppentheater mit dem Goethe Institut Tunis und dem Centre National des Arts Dramatiques et Sceniques du Kef. Regie: H. Ikkola, Ausstattung: B. Haage, 2004.

Wer heute Puppentheater spielt, hört immer noch die alte Frage, die auch den Altvorderen schon gestellt wurde: „Na, und können Sie denn davon leben?“ Die Antwort ist einfach: „Ja, aber wir müssen uns drehen, Nischen finden, Veranstalter überzeugen und wir dürfen keine Auftrittsmöglichkeit auslassen.“ Die Situation ist nicht einfach für die freiberuflichen Puppenspieler und sie ist zugleich typisch für alle Kleinkünstler. Sie müssen unter Tarif arbeiten, um gegenwärtig noch engagiert zu werden. Auch wenn viele Familien begriffen haben, dass kulturelle Erlebnisse nicht mehr verschenkt werden, die alte DDR-Vorstellung, Kunst dürfe nur wenig kosten, ist noch weit verbreitet. Hinzu kommt natürlich, dass die Budgets der Veranstalter immer kleiner werden. Gagenhöhen in öffentlichen Dresdner Kultureinrichtungen liegen heute oftmals nur bei 50 bis 60 Prozent von jenen in den Altbundesländern. Diese Tatsache gefährdet nicht in erster Linie das Leben der Puppenspieler, sondern beschränkt ihre Möglichkeiten, ihre künstlerischen Ideen wirkungsvoll in der Praxis umzusetzen: Der eine muss auf den Regisseur verzichten, der andere kann sich keine größere, damit mehr Publikum ansprechende Inszenierung vornehmen, weil das Auto bzw. der größere Lagerraum nicht bezahlbar sind. Wiederum ein anderer beginnt, die Ausstattung selbst zu entwerfen und zu bauen, um Kosten zu sparen. Ein vierter würde gern mit einem oder zwei Kollegen zusammen auftreten, eine größere Arbeit anpacken. Doch kann er die Gage verdreifachen? Das Ensemblespiel überhaupt, das dieses Genre ebenfalls auszeichnet, ist durch die angespannte Finanzsituation im Kulturbereich stark gefährdet. Die Gefahr einer Verflachung der Arbeit, einer Stagnation in der künstlerischen Entwicklung ist das eigentliche Problem. Das aber ist nur mit Hilfe der Gesellschaft prinzipiell zu ändern.

Um das Defizit der Gagenhöhen auszugleichen, müssen die Puppenspieler mehr auftreten. Das verlangt aber genügend Auftrittsorte, und jetzt endlich schließt sich der Kreis zum eingangs genannten Beispiel von 1994: Schlagen wir den Veranstaltungskalender vom Mai 2005 der Stadt Dresden auf, so werden immerhin 87 Vorstellungen angekündigt, die sich auf folgende Spielstätten konzentrieren: Das Puppentheater der Stadt, das „mai hof puppentheater“, das „Kleine Figurenspiel“, die Mimenbühne im „wechselbad“, das Stadtteilhaus Äußere Neustadt mit der „Wanne“ und die Zschoner Mühle mit ihrer Theaterscheune. In den Monaten September bis Mai können die Dresdner aus mindestens 15 Puppenspielangeboten an den Wochenenden wählen. Das ist wahrlich kein kleines Angebot. Aber im Unterschied zu 1994 mussten einige Kultureinrichtungen wegen gestrichener finanzieller Förderung schließen, und die wenigen noch existierenden Clubs erhalten nur so geringe Mittel, dass sie kaum Festgage zahlen können bzw. gleich auf Eintrittsanteile übergehen. Üblich ist die Regelung 70:30, günstigstenfalls 80:20, d.h. die höhere Prozentzahl der Einnahmen ist der Lohn für den Puppenspieler. Sie tragen heute mehr denn je das Risiko, bei Sonnenschein und Badewetter leer auszugehen.

Die Dresdner Puppenspieler treten, wie all ihre Kollegen, gern auf. Wer einmal ein Publikum, ganz gleich ob Groß oder Klein, für sich einnehmen konnte, der weiß, diesen Kick muss er immer wieder haben. Und so werden sie auch diese gegenwärtig schwierige kulturelle und wirtschaftliche Situation überstehen, getreu dem alten Motto „Der Kasper stirbt nicht!“ und getreu dem Leitsatz des Dresdner Heimatschutzkaspers Hempel: „Man muss die Menschen froh machen.“

EPILOG

Die Autoren gestalteten diese Mosaiksteine auf der Grundlage ihrer Recherchen in den Archiven der Puppentheatersammlung Dresden, der Stadt Dresden und dem Staatsarchiv Dresden. Frühere Veröffentlichungen in der Tagespresse oder in Form des so genannten „Sammelsuriums", einer losen Blattsammlung mit Erläuterungen zu den Exponaten der Puppentheatersammlung, flossen genauso in dieses Mosaik ein wie die vielen Informationen und Erfahrungen Dresdner Puppenspieler.

Wenn die Stadt Dresden 2006 das 800. Jubiläum ihrer Ersterwähnung feiert, dann blickt die Stadt auch auf eine reiche Theater- und Festkultur zurück. Teil dieser ist – und diesen Nachweis wollte das vorliegende „Puppenspielmosaik" ebenso erbringen – auch ein vielgestaltiges Puppenspiel vom Jahrmarktkasper, über das Marionettentheater, eine künstlerisch hoch stehende Schattenspielkunst bis zum Ensembletheater und zu einer erfolgreichen freien Szene.

Die Autoren bedanken sich besonders bei Herrn Lars Rebehn, Kustode der Puppentheatersammlung Dresden, für seine wissenschaftliche Beratung.

LITERATURVERZEICHNIS

BERNSTENGEL, OLAF: *350 Jahre Puppenspiel in Dresden* (Ausstellungsbegleitheft). Frankfurt (Oder), 1984.

BERNSTENGEL, OLAF: *Das Repertoire volkstümlicher Marionettenspieler in Sachsen zwischen 1850 und 1900, dargestellt am Beispiel von Apels Marionettentheater.* Diplomarbeit, 1985, Typoskript.

BERNSTENGEL, OLAF: *Handpuppenspiel.* Begleitheft zur gleichnamigen Ausstellung der Puppentheatersammlung Dresden, 1990.

BERNSTENGEL, OLAF: *Das sächsische Wandermarionettentheater zwischen 1800 und 1933.* Diss. A, 1991. Typoskript.

BERNSTENGEL, OLAF / SCHOLZE MANFRED: *„sammelsurium“,* 30 Erläuterungsblätter der Puppentheatersammlung Dresden. 1992-1993.

BERNSTENGEL, OLAF: *Sächsisches Wandermarionettentheater.* Dresden, Basel, 1995.

Bernstengel, Olaf: *Wie einst bei Dreher und Schütz in Potsdam ... Ritscher's Künstler-Marionettentheater,* Bielatal. Görlitz-Zittau, 2002.

HEMPEL, OSWALD: *10 Jahre Puppenspieler.* Dresden, o.J.

HERRDE, BERD / LINK, OTTO / MÄSER, ROLF: *Theatrum Mundi.* Dresden, 1984.

KÜHN, ERNA: *Man muß die Menschen froh machen.* Dresden, 1938.

MÄSER, ROLF: *Altsächsische Marionetten.* Berlin, 1977.

POLENZ, BENNO VON: *Kasperle in Sachsen.* In: Sächsische Heimat. Dresden, 1920.

REBHAHN, LARS: *Die Puppenspielerfamilie Logie,* Gerolzhofe, 1997.

REBEHN, LARS: *Die Puppentheatersammlung des Museums für sächsische Volkskunst.* Dresden, 1999.

REBEHN, LARS: 50 JAHRE PUPPENTHEATER DRESDEN (Folder). Dresden, 2002.

SCHUMANN, PROF. DR.: *Apels Marionettentheater in Dresden.* In: Mitteilungen des Vereins für sächsische Volkskunde. Dresden, 1920.

Puppentheater – gestern und heute. Katalog zur gleichnamigen Ausstellung der Puppentheatersammlung Dresden, 1976.

Kurze, biografisch oder ereignisorientierte Beiträge in: *Mitteilungen der Puppentheatersammlung Dresden 1958 bis 1989.* Autoren: überwiegend Otto Link, Rolf Mäser, Elise Metz, Olaf Bernstengel.

Kalenderblätter von Manfred Scholze in *„Sächsische Heimat“,* Landesverein Sächsischer Heimatschutz, seit 1992. (Mosaikstein 2, 4, 11, 12, 13, 16, 21, 22).

Buchhinweise

Dresden
Rundgänge durch die Geschichte

igeltour Dresden

ISBN 3-89702-801-8
14,90 € [D]

Das **Elbtal**
in alten Fotografien

Hrsg. Dirk Palm

ISBN 2-84253-511-6
20,00 € [D]